MÉMOIRES
SECRETS

Pour servir a l'Histoire de la République des Lettres en France, depuis MDCCLXII, jusqu'a nos jours.

ANNÉE M. DCC. LXXXV.

1 *Janvier* 1785. Non-seulement l'édit d'emprunt n'a point passé tout de suite aux chambres assemblées le mardi 28; mais il y a été arrêté des représentations au Roi, qui, vu les circonstances, ont été rédigées promptement & brièvement, quoique fortes & énergiques. L'on devoit faire accompagner le premier président, chargé de les prononcer, de la députation ordinaire; mais le Roi a voulu qu'il n'y eût à cette cérémonie que le premier président & deux présidents. S. M. ayant persisté à ordonner que

l'édit fût enrégiftré, il l'a été le 30 décembre, & publié hier 31.

Cet édit porte création d'un emprunt de cent vingt-cinq millions en vingt-cinq mille billets de mille livres, produifant intérêt à cinq pour cent, & rembourfables en vingt-cinq ans, avec accroiffement de capital.

L'emprunt eft motivé fur la néceffité de continuer avec exactitude l'acquittement des dettes de la guerre derniere, fur les engagements pris pour accélérer les paiements arriérés & fur ce qu'exige une fage prévoyance dans les circonftances préfentes.

On a fait cet emprunt tel, qu'il puiffe fuffire, non-feulement pour éviter dans une même année l'inconvénient de recourir à de nouvelles reffources, mais auffi pour entretenir au tréfor royal cette utile abondance, qui facilite toutes les difpofitions d'ordre & d'économie.

Outre que la grande quantité de numéraire qui exifte en circulation, permet de porter l'emprunt au taux où on l'a monté, le contrôleur-général y a été invité par l'empreffement du public.

Au refte, ce miniftre n'a garde d'abufer de la confiance exceffive des prêteurs; il ne la regarde que comme un acheminement aux opérations effentielles & falutaires qu'il a en vue : elles feroient impraticables fans le crédit, & par elles il deviendra inébranlable.

Après ces belles phrafes & d'autres plus illufoires, l'auteur ne difconvient pas que le volume des dettes s'accroît par l'emprunt que les circonftances néceffitent ; mais elles fe trouvent, fuivant lui, compenfées en grande partie par l'ex-

MÉMOIRES SECRETS

POUR SERVIR A L'HISTOIRE

DE LA

RÉPUBLIQUE DES LETTRES

EN FRANCE,

DEPUIS MDCCLXII JUSQU'A NOS JOURS;

OU

JOURNAL D'UN OBSERVATEUR,

CONTENANT les Analyses des Pieces de Théâtre qui ont paru durant cet intervalle; les Relations des Assemblées Littéraires; les notices des Livres nouveaux, clandestins, prohibés; les Pieces fugitives, rares ou manuscrites, en prose ou en vers; les Vaudevilles sur la Cour; les Anecdotes & Bons Mots; les Eloges des Savants, des Artistes, des Hommes de Lettres morts, &c. &c. &c.

TOME VINGT-HUITIEME.

. . . . *huc propius me,*
. . . . *vos ordine adite.*
Hor. L. II, Sat. 3, ℣. 81 & 82.

A LONDRES,

CHEZ JOHN ADAMSON.

M. DCC. LXXXVI.

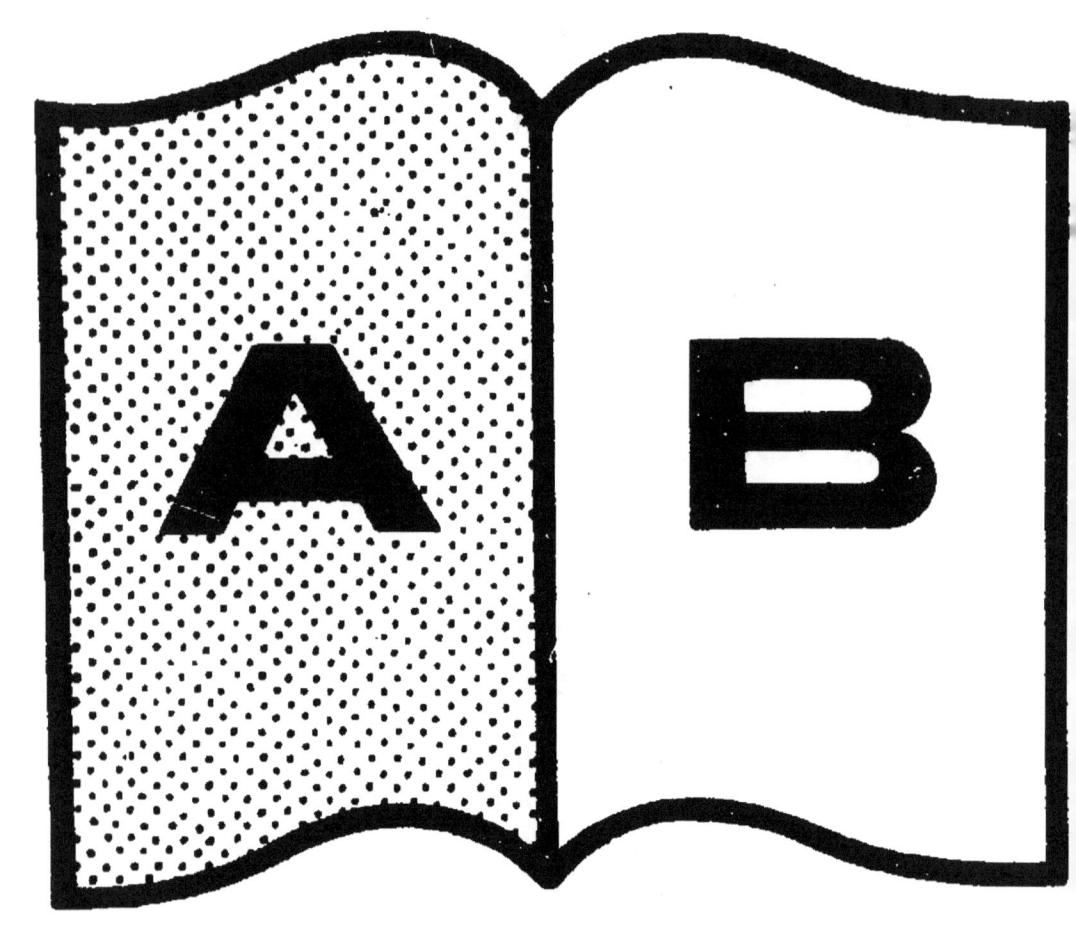

Contraste insuffisant

NF Z 43-120-14

tinction effectuée cette année de plusieurs objets remboursables à époques, telle que la loterie de 1777.

On loue ensuite le plan de l'emprunt : il n'exige de la part des prêteurs, ni l'aliénation de leurs fonds, comme dans les rentes perpétuelles ; ni leur anéantissement, comme dans les rentes viageres : il n'oblige pas de jouer, comme dans les loteries : il ne met pas dans le cas de recevoir des remboursements morcelés, comme dans les annuités.

Cet emprunt, au-surplus, est calculé sur le prix courant des effets publics, & il n'aura coûté que deux fois le capital primitif à son extinction, tant pour les intérêts que pour tous les remboursements & accroissements de fonds.

Enfin les détails en sont réglés par l'organisation la plus simple, la plus claire, la moins susceptible d'embarras principaux. La forme du tirage, par exemple, est un modele de laconisme.

Il sera remboursé cinq mille billets chaque année, & ce tirage sera très-simple. Il n'y aura que 25 billets dans la roue, depuis un jusqu'à vingt-cinq, pour le premier, qui aura lieu en janvier 1786, & le numéro qui sortira, sera indicateur de la série des cinq mille à rembourser ; savoir : 1°. de la premiere série depuis un jusqu'à cinq mille : 2°. depuis cinq mille un jusqu'à dix mille, &c.

Le remboursement du capital croîtra en mesure de son retard, en sorte que le dernier ou vingt-cinquieme sera de cent pour cent.

1 *Janvier.* C'est hier que le sieur *Audinot*,

dont le spectacle, ainsi qu'on l'a dit, va être dirigé par les mêmes administrateurs des *Variétés*, a donné pour la derniere fois. On y jouoit: *la Fin couronne l'œuvre*, ou *les Adieux*, proverbe épisodique en un acte, relatif à la circonstance. Il a eu le plus grand succès; tout le monde a été attendri jusqu'aux larmes. On a demandé le sieur *Audinot*, qui est venu, le mouchoir à la main, ainsi que ses acteurs, & n'a pu dire autre chose, sinon, en montrant ses camarades & lui: *Messieurs voilà notre compliment*. C'est la premiere fois qu'un théâtre forain offre une pareille scene.

Il est certain que le sieur *Audinot* est le pere & le créateur de cette sorte de spectacles. Avant lui, les honnêtes gens n'osoient y aller; ils étoient réservés à la canaille, aux filles, aux libertins: les turlupinades, l'indécence, la crapule y régnoient. Il a monté le sien peu-à-peu sur un ton plus honnête. Ses confreres se sont piqués d'émulation, & le boulevard est presque devenu l'école des bonnes mœurs, tandis que les autres théâtres se dégradoient.

Ce directeur devroit se retirer fort riche; mais son inconduite l'a fait manger à mesure qu'il gagnoit, & il ne lui reste que de quoi vivre bourgeoisement; ce dont ne se contente pas aujourd'hui le plus mauvais farceur.

1 *Janvier*. Entre les diverses épigrammes qui ont couru sur l'élection de M. l'abbé *Maury*, désormais membre de l'académie françoise, voici la meilleure. Pour mieux l'entendre, il faut savoir que cet intrigant, visant de loin à cette place, est auteur d'un traité *sur l'élo-*

quence, panthéon littéraire, où il déifie le plus grand nombre des académiciens qu'il encense tour-à-tour.

> Du nouveau récipiendaire,
> Dans le sein des quarante admis,
> Quel est le titre littéraire?
> Il n'en a point, mais des amis.
> J'entends : ce sera quelque Muse,
> Ou peut-être même Apollon?
> C'est encor ce qui vous abuse :
> Nul ne l'avoue au double Mont.
> Il a prôné, voilà sa ruse,
> *Marmontel, Thomas & Boismont.*

2 *Janvier.* Le sieur *Francastel* & consorts, qui ont entrepris la construction du théâtre des *Variétés* au Palais-Royal, ont tenu leur engagement, & il s'est ouvert hier avec une affluence de monde composé non-seulement des amateurs ordinaires, mais des curieux de toute espèce courant après la nouveauté.

Le premier changement qui a frappé & qui a beaucoup déplu, c'est l'augmentation des places, dont la premiere espece est à 3 livres, la seconde à 1 livre 10 sous, & la troisieme à 1 livre.

La salle, non encore finie dans ses accessoires, a paru fort bien, quoiqu'un peu longue. Elle est terminée en verdure ; ce sont les jardins de *Sémiramis* ; elle est éclairée par un lustre modelé sur celui de la comédie françoise. Il y a orchestre, parquet assis, parterre debout, loges à l'année, premieres loges, galerie au lieu d'amphithéâtre, secondes loges, paradis. On y remarque déjà une prétention à singer les premiers spectacles & à gagner beaucoup d'argent.

Les directeurs ont aussi changé le titre. On prétend qu'ils sollicitent des lettres-patentes qui leur octroient celui de *Théâtre des Variétés dramatiques*; car ils craignent les difficultés, & les histrions ne sont pas moins délicats entre eux que les grands seigneurs. Quoi qu'il en soit, ceux-ci jouoient avant-hier sur les boulevarts sous la dénomination des *Variétés amusantes*. Ils se sont affichés hier sous celle de *Théâtre des Variétés* tout court; mais on observe aujourd'hui qu'ils ont changé & qu'ils s'annoncent simplement comme *Variétés au Palais-Royal*. Apparemment que les comédies ou l'opéra les auront tracassés.

La seule nouveauté qu'ils aient donnée hier, étoit un prologue relatif à leur translation. C'étoit le *Palais du bon goût*, pour l'ouverture, avec ses agréments : on y a trouvé de l'esprit, de la bonne critique, des saillies, de la justesse ; cependant l'allégorie trop forcée est froide par conséquent. Du reste, beaucoup de flagorneries pour le public. L'auteur n'avoit pu s'empêcher d'y mettre quelque chose en l'honneur du duc *de Chartres*, mais sans le nommer & enveloppé comme une satire ; en sorte que l'éloge a glissé sans applaudissements & sans murmures.

S. A. S. étoit absente alors ; elle s'est présentée dans le courant des autres pieces, & n'a été claquée guere que par les gens de sa maison. Il n'en a pas été de même de madame la duchesse *de Chartres* : elle a été singuliérement fêtée du public, & quoiqu'en loge grillée, elle n'a pu se dispenser de s'en appercevoir & de faire ses remerciements par des révérences.

Les acteurs aujourd'hui sont les mêmes; les décorations & les habillements du prologue ont paru neufs & de très-bon goût; il y avoit beaucoup de spectacle: quant aux danses, ce sont encore peu de chose. Jusqu'à présent on ne voit rien qui doive exciter la jalousie des autres spectacles beaucoup plus que par le passé.

2 *Janvier*. Un arrêt du conseil d'état du Roi, en date du 22 décembre 1784, nomme pour directeurs de la nouvelle caisse d'amortissement, afin d'en suivre & régir les opérations, les sieurs *Micault d'Harvelay* & *Loiseau de Berenger*. Le premier est encore garde du trésor royal & se retire à la fin de l'année; & l'autre est fermier-général.

Le préambule de cet arrêt est extrêmement curieux par les éloges excessifs de ces deux financiers, qu'on met dans la bouche de S. M. « In-
„ formé, dit le Roi, que le sieur *Micault d'Har-*
„ *velay* est dans l'intention de transmettre, sous
„ le bon plaisir de S. M. au sieur *de la Borde*,
„ son neveu, la charge de garde du trésor-royal,
„ qu'il exerce depuis long-temps avec honneur,
„ & dans laquelle en toutes circonstances il a su
„ rendre utiles à l'état sous le regne précédent,
„ & sous celui de S. M. les forces d'un crédit
„ soutenu par des opérations exactes; il a voulu,
„ en agréant sa retraite pour l'époque indiquée,
„ lui donner un nouveau témoignage de la sa-
„ tisfaction qu'il a toujours eue de ses bons ser-
„ vices, & en même temps les perpétuer dans
„ un autre genre non moins essentiel, quoique
„ plus tranquille...... Et quant à son collegue,
„ S. M. le fait jouir pareillement de l'estime
„ publique, & ses talents dans la partie des fi-
„ nances lui sont connus. »

2, *Janvier*. On a calculé le succès qu'avoit eu l'institution d'une compagnie de charité, occupée à travailler à la délivrance des prisonniers pour dettes de mois de nourrices. Depuis le 21 décembre 1783 jusqu'à la fin de 1784, il a été mis en liberté 884 pauvres peres ou meres de famille, & le numéraire de leurs engagements, totalement acquittés, est de 51,082 livres.

Cette somme excede de plus d'un tiers celle des délivrances de l'année 1783.

2 *Janvier*. On avoit remis à parler plus amplement de l'opéra de *Diane & Endymion*, lorsqu'il seroit repris avec les changements que les auteurs se proposoient d'y faire, s'ils étoient heureux & ramenoient le public; mais ces changements sont peu importants; ils ne touchent ni au fond ni au dénouement de l'ouvrage; ils ne le rendent pas plus intéressant; il n'en est pas moins d'un froid glacial : ainsi l'on n'en dira pas davantage.

3 *Janvier*. Extrait d'une lettre de Rennes, du 28 décembre 1784. Il n'y a rien encore de décidé sur la statue de *Louis XVI*, si elle sera équestre ou pédestre. Les députés nommés à la fin des états pour aller en cour, seront chargés d'en faire dresser le plan, qui sera présenté à la tenue prochaine.

Les présidents des ordres, le jour même où le vœu des états s'est formé, ont été chargés d'écrire aux ministres pour leur témoigner toute la reconnoissance des états, en les priant de mettre sous les yeux du Roi la délibération qu'on venoit de prendre.

3 *Janvier*. Un vieux adage dit : *Virtus mer- ses ipsa sibi* : ⸻ *La vertu est sa propre récom-*

pense. On ne pense plus de même ; on veut aujourd'hui que les bonnes actions soient mercenaires ; on fonde des prix pour toutes.

Un particulier, ancien élève de la communauté de *Sainte-Barbe*, vient d'établir dans cette maison un prix pour l'écolier qui, au jugement de tous ses condisciples, aura réuni dans le degré le plus éminent les qualités du cœur & de l'esprit, la science & la vertu.

Le 4 décembre dernier, jour de *Sainte-Barbe*, patrone de la communauté, on a ouvert le scrutin, & le sieur *Jean-Baptiste Perrault*, du diocèse de Châlons sur Saône, vétéran de rhétorique, a été proclamé vainqueur, dans un exercice solemnel, auquel présidoit le recteur de l'université.

4 Janvier. On sait aujourd'hui que les nouvelles boutiques du Palais-Royal ont été construites économiquement aux frais du duc *de Chartres*; que c'est l'abbé *Beaudeau* qui dirige cet établissement mesquin & peu digne d'un grand prince, ce qui fait dire que le Palais-Royal n'est plus *Palais* ni *Royal*. Indépendamment de ce calembour, on a fait une chanson qui, à force d'être plate, semble avoir beaucoup de sel, à quantité de gens, parce qu'elle peint au naturel la platitude du projet. Aussi fait-elle fortune, & se chante-t-elle généralement.

Elle est sur l'air : *Monseigneur d'Orléans, &c.*

J'ai vu dans un jardin,
Un palais de sapin,
Dont la solidité
Fait la beauté.

Les toits, les murs & les montants,
Sont faits de planches de bois blanc,
Dont le plus ou moins de longueur
N'a pas un pouce d'épaisseur.
Mais vive la coupe des plafonds,
Qui sont de toiles à torchons !
De face on croit voir le bain,
De Poitevin,
Et de travers
Cinq chemins couverts,
Dont trois cintrés en contre-bas,
Les deux autres sont plats :
Ceux-ci pour débaucher les passants,
Ceux-là pour nicher les marchands.
L'humidité le pourrira ;
Un Lumignon l'enflammera ;
Ou bien le vent l'emportera ;
Mais jamais il n'enfoncera.
Il est posé sur les six rangs,
De ces piliers à bonnets blancs,
Que l'on prenoit l'hiver dernier
Pour des ruches en espalier.
Or donc, il ne craint aucun fléau,
Hormis le feu, l'air & l'eau.

4 Janvier. Deux arrêtés ont été faits au parlement, les chambres assemblées à l'occasion de l'édit d'emprunt.

Le premier, du 28 décembre, a servi de base aux représentations roulant sur l'augmentation de la dette nationale qui, bien loin de diminuer sous le regne actuel, malgré la bonne volonté du Roi & son économie personnelle, s'est soutenue & est montée, suivant le calcul le plus modéré, jusqu'à douze cents millions; sur l'illusion des préambules du ministre actuel des finances, promettant les plus belles choses, & se conduisant de maniere à ne pouvoir les tenir, faisant de légeres réductions ou suppressions d'un côté, & de l'autre chargeant l'état de fardeaux énormes par des emprunts élevés à un taux dont il n'y a pas encore eu d'exemple dans les crises les plus difficiles; enfin sur l'emploi de ces emprunts destinés à payer les dettes de la guerre & appliqués à payer les dettes des freres de S. M. à acheter à grands frais des châteaux de plaisance, des forêts de chasse, tels que *Saint-Cloud* & *Rambouillet*.

Le Roi ayant répondu à tout cela que les fonds du dernier emprunt n'avoient été nullement distraits, mais appliqués utilement & spécialement à l'acquittement des dettes de la guerre; en enrégistrant l'édit, afin de ne point augmenter les calamités de l'état par un discrédit national & étranger, le plus grand malheur pour une administration, on a pris un second arrêté séparé de l'enrégistrement, par lequel le parlement a chargé le premier président, en tout temps & en tout lieu, de représenter au Roi que l'ordre & l'économie sont les seules bases d'une bonne administration, & les autres lieux communs de cette espece, déjà répétés cent fois inutilement.

Messieurs conviennent eux-mêmes que ce n'est qu'un arrêté de forme, dont le premier président ne fera jamais usage; ils ne doutent pas qu'au lieu d'en parler au Roi, il ne le laisse dans son porte-feuille, pour aller à la chasse, dont on sait qu'il est fou.

5 *Janvier.* On sait que pour dédommager sans doute M. l'évêque d'*Autun* de toutes les satires qui ont couru sur son compte & effacer les mauvaises impressions que ces libelles pourroient laisser dans l'esprit des peuples, on a fait entendre au Roi qu'il falloit le revêtir de quelque honneur éclatant, & qu'en conséquence il avoit été nommé cordon-bleu. Le premier jour de l'an il a été reçu commandeur de l'ordre. Aujourd'hui il a donné une audience solemnelle, où il a paru avec sa nouvelle décoration. L'église s'étoit empressée de le venir féliciter, & jamais il n'a eu tant de monde.

Il s'est répandu dans l'assemblée deux pieces de vers à ce sujet, anonymes, parce qu'en effet elles ont autant l'air d'épigrammes que de madrigaux dont on leur a donné le titre. Voici le premier :

Marbœuf ne s'étoit point encore
Vu du cordon-bleu revêtu :
Louis aujourd'hui l'en décore ;
Il étrenne en lui la vertu.

Voici le second madrigal :

Toi, que depuis long-temps balotte
Momus au sourire mordant,
Te voilà, cher *Marbœuf*, commandeur cependant ;
Malgré les traits malins de sa troupe falotte ;
Ton vêtement modeste est de bleu liseré :
Messieurs   de dent encor un coup bien acéré,
Et vous ferez rougir, j'espere, sa calotte.

Rien de plus burlesque, sans doute, que ce dernier; il est digne de l'abbé *de Launay*. Aussi le conserve-t-on pour son ridicule rare. Chacun s'est empressé de les copier, & ils ont été bientôt répandus dans tout Paris.

5 *Janv. Ma Conversion*, par M. D. R. C. D. M. F. c'est-à-dire, par M. *de Riquetti*, comte *de Mirabeau* fils. Tel est le titre de cet ouvrage qui, quoiqu'imprimé dès 1783, n'a commencé à percer que vers la fin de l'année dernière. Il est en effet d'une nature à ne se glisser que lentement & dans les ténebres. Il est précédé d'une *Epître dédicatoire à Monsieur Satan*. On peut juger par ce début quel doit être le fond du livre. Le frontispice l'annonce également. On y voit l'auteur à son bureau. L'*Amour* & les *trois Graces*, transformées en *trois Garces nues*, vers lesquels il se retourne, semblent guider sa plume. On diroit que le *Diable*, en face, n'attend que le moment de recevoir l'hommage de cette production, & *Mercure* se dispose à la publier.

Au haut est un médaillon où l'on lit : *Ma conversion*. Et au bas, pour légende : *Auri sacra fames*. Cinq autres estampes enrichissent & développent le sujet.

La premiere roule sur le début du héros, qui commence par une financiere payant bien. Il est peint l'excitant vigoureusement & ne voulant la satisfaire que lorsque l'or paroît. Au bas on lit : *voyez son cul, comme il bondit!*

La seconde a pour titre : *la Dévote*, avec cette exclamation : *Ah! mon doux Jésus!* C'est le plaisir qui la lui arrache, on le juge à son attitude avec son amant. Un crucifix devant elle, un tableau de la Vierge caractérisent une dévote.

Agnès est la troisieme estampe, & le mot : *Je déchire la nue*. C'est une novice que le libertin introduit dans un couvent de débauche : en lui donnant une leçon de musique, elle se précipite elle-même toute en pleurs dans ses bras, & est enfilée.

Elle vit du pays sert de légende à la quatrieme. C'est une *Baronne campagnarde* qu'il éduque, & à laquelle il apprend toutes les postures & toutes les manieres de le faire.

La derniere estampe peint une orgie effroyable, où brille un moine. Elle est couverte d'un rideau qu'entr'ouvre le *Roué*. Plus bas est une autre orgie fort enveloppée qu'on suppose de tribades, d'après sa description, & le tout est terminé par ces mots : *Le rideau cache les mœurs*.

On ne sait si l'ouvrage est réellement de celui qu'indiquent les lettres initiales : mais malheureusement il est assez bien fait pour qu'on soit tenté de le croire.

6 Janvier. Il court un quatrain sur le cordon-bleu de M. *d'Autun*, plus ingénieux, plus juste & plus caustique que les précédents :

A force d'en dire du mal,
Voilà du cordon-bleu *Marbœuf* que l'on décore.
Aimables persiffleurs, quelques pamphlets encore,
Et vous le ferez cardinal.

6 Janvier. On assure que M. *Necker*, avant de s'occuper du livre qu'il a composé sur l'administration des finances de la France, en avoit demandé permission au Roi & que S. M. lui avoit permis de s'y livrer. On est surpris en conséquence de ne point voir publier cet ouvrage.

dont tout le monde parle fans l'avoir lu. Il eſt exceſſivement rare encore, & l'on ne connoît d'exemplaires que ceux envoyés en préſent. On eſt allé en vain chez le ſieur *Pankouke*, qu'on diſoit chargé de ſon débit. Il a déclaré en avoir déjà reçu quelques ballots, mais ne vouloir mettre en vente le livre que lorſqu'il en aura l'édition complete ; ce qui a fait courir le bruit que le gouvernement s'oppoſoit à ſa diſtribution.

7 *Janvier*. La grande queſtion du commerce des Colonies, libre ou non libre, qui agite depuis quelque temps les ports & les cabinets du miniſtere, continue à faire un bruit étonnant. Voici les principales aſſertions des défenſeurs du régime prohibitif.

1. Les Colonies ont été créées par la métropole & pour la métropole.

2. Elles lui ſont utiles, parce qu'elles conſomment le ſuperflu de ſes productions, & qu'elles lui fourniſſent en échange les productions de leur crû.

3. Les agents de ces échanges ſont les négociants de la métropole.

4. Il n'y a pas une de nos Colonies qui ne ſe ſoit formée & ſoutenue par les avances continuelles que lui a faites le commerce de France ; avances qui, en très-grande partie, ſont tombées en pure perte pour les négociants, par la mort ou l'inſolvabilité des Colons.

5. Malgré cela le commerce de la France a proſpéré, parce que ces pertes ont été couvertes des profits qu'a donnés ſous le régime des loix prohibitives, la vente des productions du ſel ou des manufactures du royaume dans les Colonies, & parce que le marché des denrées colo-

niale ayant été constamment & exclusivement maintenu dans les ports du royaume, les étrangers ont été obligés d'y venir concurremment s'en approvisionner, d'où il est résulté les plus grands avantages pour les négociants françois en particulier & pour le royaume en général.

6. Le régime des loix prohibitives a donc procuré tout à la fois la prospérité des Colonies & celle de la métropole.

7. On a cru en France devoir déroger à ces loix prohibitives pendant la guerre, mais il n'avoit pas encore été proposé de permettre l'entrée dans nos Colonies aux étrangers en temps de paix.

8. Les nations étrangeres qui possedent comme nous des Colonies aux Antilles & sur le continent de l'Amérique, n'y ont jamais donné entrée en aucun temps, ni sous aucun prétexte, à d'autres qu'aux nationaux; ce qui sembleroit devoir être réciproque.

9. On propose aujourd'hui l'entrée dans nos Colonies pour les Anglo-Américains.

10. On ignore quelle est la politique du gouvernement en accordant une aussi grande faveur à ces nouveaux républicains, mais elle est telle qu'on ne peut l'apprécier que par le tort qu'en recevra le commerce de France.

11. Par la nouvelle constitution des Etats-Unis, leurs ports étant ouverts à toutes les nations de l'Europe indistinctement, il est clair qu'ils seront toujours munis de toutes les marchandises que ces diverses nations croiront propres à être consommées dans nos Colonies, où elles seront introduites, soit par les Anglo-Américains eux-mêmes, soit par les étrangers sous le pavillon

Américain, avec une profusion qui excluera tous les envois de la métropole.

12. C'est ainsi qu'il a déjà été introduit, sous le pavillon Américain dans nos Colonies, des toileries blanches & peintes de Silésie, de Saxe, de Suisse, &c. qui ont rendu invendables nos toiles de Bretagne, de Nantes, de Beauvais, de Cholet & du Béarn, &c. Si cela s'est fait avant que la liberté de la navigation ait été formellement accordée, que sera-ce lorsqu'elle sera ouverte légalement?

13 Nous disons donc qu'ouvrir nos Colonies aux Anglo-Américains, c'est les ouvrir indistinctement à toutes les nations de l'Europe.

14. Cette concurrence est si dangereuse & si fort à craindre pour le commerce de France, qu'on peut assurer que du moment qu'elle sera établie, on verra diminuer les armements dans tous les ports du royaume, & qu'enfin ils cesseront tout-à-fait, lorsque l'expérience aura appris aux plus hardis qu'il est impossible aux armateurs françois de se mesurer dans ce genre avec les étrangers, par la raison qu'en France nous faisons un commerce de luxe, & qu'ils font un commerce d'économie. C'est un vice inhérent à la nature des choses, auquel il est impossible de porter aucun remede. Cela tient à la richesse du sol de la France, à la variété de ses productions & des jouissances qui en sont la suite; enfin, c'est parce que nous sommes François & que c'est notre maniere d'être.

15. On peut assurer que les Hollandois & les Danois qui ont des Colonies aux Antilles, & dans beaucoup de cas les Anglois pourroient nous ouvrir impunément leurs Colonies, sans craindre notre concurrence, & qu'à l'article des vins

près, il n'y en a pas un sur lequel ils n'eussent sur nous l'avantage du bon marché. D'où il résulte évidemment que s'il y a une nation en Europe qui ait un grand intérêt à conserver ses Colonies sous le régime des loix prohibitives, c'est la France.

16. Entre les maux innombrables que la cessation ou la diminution du commerce de nos ports avec nos Colonies à sucre causera au royaume, il faut placer sur-tout la perte certaine & inappréciable des matelots; celle de la plus grande partie des fortunes; la désertion de tout ce qui tient aux constructions & aux armements, l'abandon d'une grande partie des manufactures, une émigration telle qu'il n'y en aura pas eu de pareille depuis la révocation de l'édit de Nantes, & toutes les calamités qu'amene sur les campagnes & le cultivateur la non-vente de ses denrées.

17. Au surplus les habitants des Colonies, pour lesquels on s'exposeroit à tant de malheurs, sont les propriétaires des terres les plus favorisées sur le globe. Ils ont acquis ces terres sous les loix & à la condition du régime prohibitif qu'ils ne cessent d'éluder depuis trente ans. Ils retirent quinze & jusqu'à vingt pour cent du revenu annuel de leurs terres, & par leurs demandes insatiables ils veulent ruiner aujourd'hui les propriétaires de terres du royaume, qui ont bien de la peine à porter le revenu des leurs à trois & quatre pour cent.

18. Mais quelle est la compensation de ces grands sacrifices qu'on feroit aux Etats-Unis de l'Amérique? Jusqu'à présent leur pavillon n'a presque pas paru dans nos ports depuis la paix. Il flotte au contraire en grand nombre sur la Ta-

mise, où l'on estimoit en juillet dernier qu'il y avoit pour plus de quatre millions de livres sterlings d'expéditions faites depuis la guerre en productions ou en fabriques Angloises pour l'Amérique septentrionale. Et cependant les Anglois ne reçoivent point leurs anciens sujets dans leurs Colonies.

19. Enfin, si le système du jour dure, il ne se passera pas trois ans avant qu'on en ressente les fâcheux effets. On les éprouvera quand on voudra armer une escadre, lever les impôts dans les campagnes, ou que le Roi aura besoin des navires du commerce pour faire les transports des troupes ou d'approvisionnements, & Dieu veuille que nous n'ayons pas de guerre avec les Anglois.

8. *Janvier.* Suivant ce qu'on écrit de Boulogne, M. *Pilâtre*, après avoir donné des ordres à soixante ouvriers pour la construction d'une tente de quatre-vingts pieds carrés sur cent vingt-cinq pieds de haut, d'une galerie de cinquante-neuf pieds & d'un réchaud d'un pied, s'est embarqué pour *Douvres.* Cette traversée, ordinairement de trois heures environ, a été de cinquante-deux heures. Quoiqu'épuisé de faim, de soif & de travail, l'infatigable aéronaute a voulu visiter sur le champ les travaux de M. *Blanchard*, & il a gémi de voir tout disposé en huit jours. Il n'attache plus aucune gloire à traverser la Manche, s'il est devancé.

8 *Janvier.* L'ouvrage intitulé : *Ma Confession*, vrai pendant du *Portier des Chartreux*, par ses détails obscenes, ses peintures chaudes, son style grossier, diffère cependant de cet ouvrage, en ce que l'on n'y trouve pas l'unité de composition de l'autre, où toutes les parties tendent au même

but de tenir le lecteur dans une érection continuelle par une succession de tableaux toujours enchérissant de luxure. L'auteur du *Portier des Chartreux* est un libertin qui, entraîné par la fougue de son tempérament, se livre aux excès sans nombre d'une passion effrénée. L'auteur de la *Confession* est un homme à la mode, un prothée qui prend cent formes différentes, se monte à tous les tons pour duper les femmes qu'il veut rendre ses tributaires. Les personnages du premier ne sont choisis que dans une classe inférieure & obscure; ceux du second sont pris dans les diverses conditions, financieres, dévotes, femmes de cour, abbesses, Agnès, femmes de province, filles d'opéra, femmes à tempérament, femmes à sentiment, coquettes, prudes; il n'est point d'espece qu'il ne passe en revue & ne subjugue; il se fait payer des unes, il séduit les autres, il persiffle celles-là, il démasque celles-ci, aucune ne lui échappe; c'est une variété incroyable & d'héroïnes & d'incidents. C'est quelquefois l'onction de *Clarisse*, le piquant de *Gil-Blas*, la finesse de *Zadig*, l'atrocité des *Liaisons dangereuses*, l'impiété philosophique du *Systême de la Nature*. Du reste, une foule de portraits très-ressemblants; car la vérité est la premiere qualité du pinceau de l'auteur. Son héros est le prototype parfait de ceux du jour, de ce qu'on appelle énergiquement un *Roué*. Tout ce qu'on peut lui reprocher c'est de l'avoir produit trop en déshabillé, trop nu; d'avoir trop levé le voile sur ces scenes intérieures, qu'il faut laisser couvertes des ombres épaisses où elles se passent.

8 *Janvier. Les folies philosophiques par un homme retiré du monde.* Deux parties très-courtes.

On attribue cet ouvrage à l'auteur des *Mémoires du vicomte de Barjac*. Seulement celle-ci est une féerie, c'est-à-dire, la production d'une imagination encore plus déréglée. Il prétend, dans un bout d'avis en tête, que sous cette apparence de frivolité on trouve des choses très-bien pensées ; que c'est l'avis d'un homme d'esprit. On pourroit lui appliquer justement le bon mot : Qu'il croit être profond & n'est que creux.

8 *Janvier*. Les bals de la Reine ont recommencé cet hiver pour la premiere fois le mercredi 27 décembre. S. M. ne s'y rend qu'à dix heures & ne danse point, à cause de sa grossesse. Ce retour d'un genre de plaisir uniquement destiné pour les femmes de la cour & auquel S. M. ne participe que des yeux, fait présumer avantageusement de la paix, puisque les premiers bruits de rupture avec son auguste frere l'avoient déterminée à rester dans la retraite & dans la douleur.

8 *Janvier*. Un M. *Dubucq*, ancien premier commis de la marine & l'homme de confiance autrefois du duc *de Choiseul* en cette partie, qui avoit déjà plaidé pour la liberté du commerce dans les Colonies, a cru devoir se mêler de nouveau de la querelle. Il a composé une espece de mémoire intitulé : *Le pour & le contre sur un objet de grande discorde & d'importance majeure.* Il y agite s'il convient à l'administration de céder part ou de ne rien céder aux étrangers dans le commerce de la métropole avec ses Colonies ? Il en a fait imprimer des exemplaires en grand nombre qu'il distribue dans le public. Il se flatte d'avoir résolu le problème pour l'affirmative ; il s'en vante hautement & prétend qu'il n'y a point de réplique, & il a raison, car c'est un galimatias où l'on n'entend rien.

9 Janvier. Extrait d'une lettre de Boulogne sur mer, du 4 janvier 1785....... « M. *Pilâtre de Rozier* qui étoit parti vers Noël pour se rendre à Douvres, est de retour ici. Arrivé seulement le 27 décembre au lieu du départ de son rival, il a vu avec douleur que celui-ci étoit prêt & n'attendoit que le vent favorable. Effrayé lui-même du danger que court M. *Blanchard*, il a dit que si celui-ci passe seul, il y a six contre un à parier qu'il se noiera, & que s'il prend pour compagnon le docteur *Jefferies*, le danger augmente, & il parieroit dix contre un.

Le 29 au matin M. *Pilâtre* a quitté *Douvres* & est allé à *Londres*, sous prétexte de faire des acquisitions d'instruments dont il a besoin pour son cabinet de physique.

Quoi qu'il en soit, depuis son retour il paroît avoir mis de l'eau dans son vin; il n'a plus la même intrépidité. Il convient que M. *Blanchard*, qui n'est pas aussi bon physicien que lui, a plus d'avantage par sa position, puisqu'il a des côtes immenses à attaquer & trois vents favorables, tandis que lui, *Pilâtre*, n'a qu'un point & qu'un air de vent pour lui.

M. *Pilâtre* prétend au surplus que l'enveloppe de son ballon est imperméable à l'air inflammable; qu'il pourroit rester six mois dans les airs sans s'en embarrasser, & que si le vent ne le portoit pas à Londres, il se rendroit en Amerique. Tout cela, pure fanfaronnade. Le vrai est qu'il n'a pas assez prévu les difficultés, je ne dis pas de son voyage par les airs & au dessus d'une immensité d'eau, mais du local, de la saison & des circonstances. On croit qu'il remettra la partie au mois de mai. Ce qu'il y a de sûr,

c'est

e'eſt que l'embarras ſeul d'élever la tente commandée pour abriter une machine auſſi énorme que ſa *Montgolfiere*, doit retarder au moins d'un mois l'entrepriſe. Et puis comment l'expoſer ſur les bords de la mer, où les vents les plus violents ſoufflent preſque continuellement dans l'hiver?

10 *Janvier*. On ſe reſſouvient des *Matinées du Roi de Pruſſe* : on croiroit qu'une brochure très-récente, puiſqu'elle eſt timbrée de 1785, ayant pour titre : *Les Soirées Philoſophiques du Cuiſinier du Roi de Pruſſe*, ſeroit deſtinée à leur ſervir de pendant ou de parodie ; mais point du tout, c'eſt un ouvrage ſur différents ſujets détachés dans le genre des *Queſtions Encyclopédiques de Voltaire*. On ſeroit même tenté de le lui attribuer, s'il n'y régnoit beaucoup plus de véritable érudition, & s'il n'y étoit parlé d'événements de la guerre derniere, poſtérieurs à ſa mort. On eſt donc tenté de le croire plutôt de l'auteur d'*Errotica Biblion*. Quoi qu'il en ſoit, les ſoirées, au nombre de dix-huit, forment autant de chapitres. Ils roulent ſur des matieres fort intéreſſantes pour la plupart & vraiment philoſophiques. Le ton en eſt gai, leſte, comme dans l'autre production ; & l'on y trouve cette ironie continue, qui caractériſoit ſur-tout les œuvres de ce genre du vieillard de Ferney.

10 *Janvier*. Outre le joli couplet ſur les tribades, on en chante un autre, qu'on peut regarder comme la réponſe. Ce ſont les femmes qui parlent ; il eſt ſur le même air de *Figaro*:

> Il ſeroit moins de cruelles,
> On en vaincroit chaque jour,
> Si les hommes pour les belles,

Étoient fermes en amour :
Mais leur foibleſſe auprès d'elles,
Promettant peu de retour,
Les réduit au doigt de cour.

10 *Janvier.* Le courier de Boulogne, arrivé aujourd'hui, a annoncé que M. *Blanchard* & le docteur *Jefferies* étoient partis de Douvres dans leur aéroſtat & étoient arrivés peu d'heures après ſur la côte de France, où ils avoient deſcendu ſans nul accident. C'eſt un brouhaha incroyable dans Paris, & les enthouſiaſtes de la navigation aérienne parlent de ſe rendre en Amérique. Quoi qu'il en ſoit, voilà une époque bien mémorable pour ce nouvel art.

11 *Janvier.* On attribue à M. *de Champcenets* une chanſon ſur les ridicules du jour. Elle ne laiſſe pas que d'avoir de la vogue & vaut mieux que les autres du même auteur. Après les clubs, les muſées, les lycées, &c. il parle du *mariage de Figaro*, de Mlle. *Saint-Huberti*, des charlatans *Meſmer* & *Delon*, de Mlle. *Contat*, &c. Cette chanſon a ſix couplets, & eſt ſur l'air de la *Ronde de Richard*. Comme elle n'eſt pas exceſſivement méchante, il faut eſpérer qu'elle ſera bientôt répandue.

11 *Janvier.* Quelque choſe de plus intéreſſant pour l'homme de lettres philoſophe que tous les titres & dignités littéraires, c'eſt la découverte des intrigues & des menées qui y conduiſent. Alors il ſe conſole facilement de ne les point obtenir. Ce qui tout récemment a tranſpiré, au ſujet des deux places vacantes à l'académie françoiſe, eſt de cette nature.

A la mort de M. de *Pompignan*, l'abbé *Maury*

qui sollicitoit depuis long-temps pour entrer dans cette compagnie, a redoublé d'efforts & de cabales. Il avoit un grand ennemi dans l'abbé *Arnaud*. Celui-ci, quoique son compatriote, quoique de la même robe, avoit trouvé mauvais que l'abbé *Maury* se fût adressé à d'autres qu'à lui, n'eût pas voulu se ranger sous sa banniere, & l'avoit fait exclure déjà plusieurs fois. Il étoit heureusement alité & mourant : il n'en a pas moins tenté en ce dernier instant tout ce qu'il a pu pour satisfaire sa haine. Voulant le faire efficacement, il a écrit à M. le contrôleur-général, afin de l'engager à se mettre sur les rangs. Ce ministre, avide de gloire de toute espece, n'en étoit pas éloigné ; le bruit couroit même déjà qu'il auroit la place. C'est le duc *de Nivernois* qui lui a déclaré être engagé en faveur de l'abbé *Maury*, avoir une grande prépondérance dans la compagnie, & lui a fait sentir qu'il n'oublieroit rien pour soutenir son protégé, conséquemment pour l'exclure cette fois. M. *de Calonne*, piqué, lui a répondu qu'il n'avoit jamais songé au fauteuil, & lui faisoit seulement part de la lettre qu'il avoit reçue. C'est alors que les adversaires de l'abbé *Maury* se sont retournés du côté de Me. *Target* & l'ont poussé en avant pour contrebalancer le parti de l'autre candidat, qui cependant l'a emporté. A l'égard de Me. *Target*, outre ce qu'on vient de dire, ce qui se passe est encore pire. Messieurs conviennent que ce n'est point un sujet académique ; qu'il n'est nullement homme de lettres ; qu'il écrit mal ; qu'il ne sait point sa langue ; qu'il n'est pas même le premier orateur du barreau. Mais ils s'écrient que c'est leur ami ; qu'ils vivent avec lui, qu'ils y soupent tous les jours & que cela doit entrer pour beaucoup dans le choix. D'ailleurs, qu'après avoir servi de simulacre aux ennemis de l'abbé *Maury* lorsqu'on vouloit l'exclure, ce seroit jouer trop cruellement cet illustre avocat, aujourd'hui que favorisé par les circonstances il se trouve une autre place vacante pour le dédommager, de lui donner l'humiliation d'un refus. En conséquence, depuis l'élection de l'abbé *Maury*, Messieurs annoncent leur vœu de la manière la plus illégale & la plus indécente. Ils déclarent hautement qu'il sera élu le jeudi 13 de ce mois, & le candidat, non moins indiscret, s'en vante & en reçoit les félicitations d'avance. De ces diverses relations l'on conclut assez naturellement que l'académie n'est plus qu'une pétaudière sans pudeur & sans dignité.

11 *Janvier.* Quoique le livre de M. *Necker* n'ait encore aucune publicité légale, il en paroît déjà une critique. On en envoya, il y a quelques jours, des exemplaires au salon. C'est un club qui a pris ce nom. Il est sur-tout composé de joueurs & de grands seigneurs. M. le duc *de Liancourt* ayant lu quelque chose du pamphlet contre M. *Necker*, le jeta au feu & proposa de faire un holocauste à l'ex-ministre des finances, des autres exemplaires. Un M. *Aubert* s'y opposa fortement. Il reprocha la partialité au duc, qui lui dit qu'il pourroit en faire autant du livre de M. *Necker*; que les avis étoient libres. Quelqu'un, pour calmer cette fermentation & égayer la scene, répandit le quatrain suivant:

Nargue d'hier, vive aujourd'hui,
Fi de *Necker*, honneur à *Calonne*:
A droite il prend, à gauche il donne;
L'honnête homme il n'a rien pour lui.

Et chacun de rire, de tirer le crayon & de copier. On assure que M. *de Calonne* a plaisanté lui-même de cette boutade.

On parle au surplus d'une chanson en sa faveur qui, contre l'ordinaire des éloges, est extrêmement jolie & piquante.

12 *Janvier.* M. le comte *de Mirabeau* voyant sa requête rejetée du conseil, tourmenté par sa femme, abandonné par sa famille, craignant le ressentiment du garde-des-sceaux, poursuivi par ses créanciers & par la misere, avoit pris le parti, depuis quatre ou cinq mois, de passer en Angleterre, où sa plume pouvoit au moins lui procurer des ressources. On n'en parloit plus depuis ce temps. Le bruit court aujourd'hui que dans un excès de désespoir il s'est brûlé la cervelle à Londres. Cependant la nouvelle n'est pas encore assez certaine pour ne pas se flatter qu'elle soit fausse.

12 *Janvier.* L'on est toujours étonné de voir répandre des larmes sur le théâtre d'arlequin. C'est cependant ce qui vient encore d'arriver hier à la premiere représentation du drame *des deux Freres*, en deux actes & en vers. Il est tiré d'une historiette romanesque de M. *Imbert*, & comme l'auteur malgré la sorte de succès que la piece a eu, ne se nomme pas encore, on présume que le drame pourroit bien être du même pere.

12 *Janvier.* M. *Blanchard*, le docteur *Jefferies*, & M. *Pilâtre de Rozier* sont arrivés hier ensemble de Boulogne à Paris. On assure que les ordres du dernier portoient de ne passer la mer qu'autant qu'il ne seroit pas dévancé. Son rival ayant été plus heureux, il n'a plus rien à faire & ramene son ballon.

11 *Janvier.* Le bruit général de l'opéra hier étoit qu'on avoit arrêté M. *de Champcenets*, sans qu'on dît où il étoit enfermé. On assuroit que la cause de sa détention provenoit de toutes ces chansons satiriques qui courent, dont on lui attribue une grande partie.

13 *Janvier.* M. *Blanchard* est parti de Douvres le vendredi 7 janvier à une heure après-midi, par un vent de nord quart d'ouest à-peu-près. Il est arrivé au-dessus des côtes de France entre Calais & Boulogne ; ayant laissé Calais à une lieue sur la gauche à trois heures précises, & à trois heures trois quarts il a pris terre à deux lieues & demie du rivage au-delà de la forêt de Guines, vers la pointe d'Ardres.

13 *Janvier.* On n'a pas manqué de consigner dans un couplet l'époque de la translation des *Variétés* au Palais-Royal. Il est toujours sur l'air de *Grégoire* :

> Que le grand héros d'Ouessant,
>   Toujours avide d'argent,
>   Pour augmenter sa recette,
>   Aux *Pointus* (1) donne retraite,
> De Jeannot soit le soutien,
>   C'est bien,
>   Très-bien ;
> Ce nom soutiendra le sien.
> Dans son palais, dira l'histoire ;
>   Il eut la foire,
>   Il eut la foire !

---

(1) C'est le titre de différentes pieces des *Variétés*, comme *Jérôme pointu*, &c.

14 *Janvier*. Extrait d'une lettre de Calais, du 9 janvier... M. *Blanchard* ayant éprouvé par une *Montgolfiere* lancée avant son départ que le vent étoit bien fait & portoit vers Calais, s'est embarqué avec le docteur, malgré l'augmentation du poids qui en devoit résulter. Ils ont débarqué heureusement sur notre côte à quelque distance de cette ville. Dès le soir les officiers municipaux ont envoyé prendre les voyageurs dans une voiture à six chevaux. Les ordres étoient donnés par le commandant pour que les portes leur fussent ouvertes à quelque heure de nuit que ce fût, & quoiqu'il ne fût que deux heures du matin lorsqu'ils entrerent dans la ville, ils trouverent une foule de curieux qui crioient sur leur passage: *vive le Roi, vivent les voyageurs aériens*! Ils descendirent chez l'un des officiers municipaux, où ils coucherent.

Dès le lendemain matin le pavillon françois fut planté sur la porte de M. *Blanchard*; le drapeau de la ville fut hissé sur les tours, & les carillons qui annoncent, suivant l'usage, les événements importants, furent mis en jeu. Bravant une puérile étiquette, dans leur enthousiasme le corps municipal & tous ceux des régiments qui composent la garnison, se rendirent le matin de bonne heure chez les voyageurs pour les complimenter. A dix heures on leur apporta les vins de ville & on les invita à venir dîner le jour même à l'hôtel-de-ville.

Avant le dîner, le maire présenta à M. *Blanchard* une boîte d'or, sur le médaillon de laquelle étoit gravé son aérostat dans le moment de la descente. Vous voyez que nous allons vîte en besogne. Le hasard lui avoit fait heureusement renmontrer une boîte à la mode, c'est-à-dire, au *ballon*. Dedans étoient des lettres qui accordoient à M. Blanchard le titre de citoyen de Calais. Il est à espérer que nous ne rougirons pas de celles-ci comme de celles accordées au pauvre *du Belloy*.

De pareilles lettres furent offertes au docteur *Jefferies*, qui eut plus de sens commun que nos officiers municipaux, & en sa qualité d'Anglois ne crut pas devoir les accepter.

Enfin l'aéroftat ayant été placé dans la principale église pour être mieux exposé aux regards du peuple, le corps de ville demanda, pour dernier honneur aux voyageurs, d'y laisser leur ballon déposé à perpétuité, ainsi que le fut autrefois en Espagne le vaisseau de *Christophe Colomb*; & il fut arrêté qu'au lieu de la descente il seroit élevé une pyramide de marbre pour en perpétuer la mémoire. Dieu veuille qu'elle n'ait pas le sort du monument qu'on devoit construire sur le bassin les Tuileries en l'honneur de M. *Charles*!

Nos poëtes n'ont pas manqué de s'exercer, & voici un quatrain de M. *Rigaut de Repinoy*, notre ancien maire, à l'occasion des deux voyageurs, l'un François & l'autre Anglois :

Deux peuples divisés par l'empire des mers,
Ne font aujourd'hui qu'un, en franchissant les airs :
Présage fortuné de l'union sincere
Qui va régner entre eux pour le bien de la terre!

Flatterie aussi fausse que platement énoncée. Elle est d'autant plus ridicule en ce moment que nos lettres de Paris annoncent des bruits d'hostilités commises par les Anglois contre nous aux Indes : mais il n'est pas étonnant que les ballons qui ont tourné la tête de vos philosophes, tournent celles des pauvres provinciaux.

14 *Janvier*. Il paroît que M. le duc *de Chartres* est la fable même de la cour. On raconte que la Reine ayant témoigné sa surprise de ne le point voir à son bal des mercredis, le comte *d'Artois* avoit dit : « Madame, ne vous étonnez pas ; » vous ne l'aurez guere les jours ouvriers : » *Notre Cousin est aujourd'hui en boutique.* »

15 *Janvier*. Le Mémoire des négociants de *Nantes contre l'admission des étrangers dans nos Colonies*, se répand imprimé & contient dix-huit pages de grand *in-folio*.

Après un préambule éloquent & soutenu des citations les plus respectables, le rédacteur énonce les différents motifs que les Colons ont fait valoir en leur faveur.

1°. La crainte exagérée d'une disette, prétexte sous lequel ils ont souvent obtenu des généraux des permissions dont la durée a été quelquefois d'un an, d'introduire des vivres de l'étranger.

2°. L'impossibilité de tirer de France les bois de construction & les merrains.

3°. Le besoin que les Colonies ont de bestiaux, de poisson salé & de morue, & l'abandon du commerce sur ces articles.

4°. La nécessité de leur fournir un débouché pour leurs taffias & sirops, dont l'entrepôt n'étoit permis en France que pour la traite des noirs.

5°. Enfin, l'importation des noirs de traite étrangere, sous prétexte que le commerce de France ne fournissoit pas la quantité nécessaire à la consommation.

L'on reprend toutes ces objections & on les détruit en détail. On finit par exposer au contraire les demandes du négociant pour réparer les pertes énormes que le commerce ne peut plus supporter, pour le soutenir, le ranimer & rendre à la navigation sa force & sa splendeur. Elles sont d'obtenir :

1°. La suppression générale des entrepôts accordés aux étrangers, même de ceux de Sainte-Lucie & du Môle Saint-Nicolas.

2°. L'exécution des loix prohibitives.

3°. L'établissement d'une nouvelle loi qui oblige les Colons à payer exactement leurs dettes & les intérêts.

4°. La permission d'interposer en France les taffias à la destination de l'étranger.

5°. Le retrait des passe-ports accordés à des étrangers pour l'introduction des negres dans quelques parties de nos Colonies.

Ce mémoire semble lumineusement écrit, & bien au-dessus du galimatias de M. *Dubucq*.

15 *Janvier*. Les remontrances annoncées du parlement de Bordeaux au sujet des évocations, ne doivent point en effet être bien agréables au conseil, qu'elles traitent fort mal. Du reste, elles roulent sur une matiere déjà si rebattue, qu'elles ne peuvent contenir rien de très-neuf quant aux principes. Il est seulement question de cas particuliers, où l'interruption de la justice est d'autant plus criante qu'elle porte sur une des classes du peuple la plus indigente & la plus utile, qu'elle soustrait au supplice un citoyen coupable, mais accrédité.

Un article particulier de ces remontrances concerne le vicomte *de Noë*, où le parlement après avoir tracé en bref tout ce qu'a d'illégal, de vexatoire & de monstrueux la procédure exercée contre ce maire, rend raison de son silence, fondé sur ce que le parlement de Paris, placé plus près du trône, nanti par appel de l'affaire, étoit plus en état d'éclairer bientôt la religion du roi surprise.

Toutes ces remontrances sont remplies d'une grande éloquence; elles sont écrites avec rapidité, concises & très-patriotiques.

15 *Janvier*. L'*Avis au Public*, pamphlet dont les enthousiastes du livre de M. *Necker* ont jugé à propos de lui faire un holocauste au salon, n'entre dans aucune discussion de l'ouvrage. On y avertit seulement qu'il est composé des déblais, des matériaux qui ont servi à l'édification de son *Compte rendu*; qu'on y trouve encore le sédiment des rapsodies économiques qu'il a jadis exhalées dans ses *notes sur Colbert*, & dans ses *Dissertations sur la farine*, faisant la clôture de son sublime ouvrage de la *Législation & du commerce des grains*; que du reste ses tableaux sont souvent inexacts & quelquefois infideles; que la plupart de ses principes sont justes en eux-mêmes, mais aussi connus de tout le monde & de tout temps. On le plaisante enfin sur son instruction si modeste, où pendant 160 pages il entretient le public de ses regrets de ne pouvoir plus lui être utile; regrets qui s'annoncent dès l'épigraphe, qu'il a tronquée afin de la rendre plus juste. Cette satire est cruelle, en ce que malheureusement elle est vraie & qu'on juge l'homme par ses propres paroles.

15 *Janvier*. Le parlement de Rennes rentré a soutenu l'ouvrage de la chambre des vacations; il a maintenu ses arrêts & en a rendu de nouveaux sur le tabac. Malgré la précaution du gouvernement qui craint la fermentation que cette façon de sévir pourroit occasionner, & la ligue qui

pourroit se former entre les consommateurs pour ne plus user d'une denrée pernicieuse, il a percé dans Paris un arrêt de cette cour rendu les chambres assemblées, le 17 décembre. Il ordonne que les trente-sept barils de tabac, déposés au greffe des dépôts de la cour, & celui renfermé dans deux boîtes de fer-blanc, seront brûlés dans le jour au bas du cours de la ville, & tarde de faire droit sur les autres tabacs saisis dans différents bureaux de la province, lesdites saisies néanmoins subsistantes, &c.

Comme en outre que les procès-verbaux de cette expédition & des précédentes seront adressés au secrétaire d'état, ayant le département de la province, & qu'il lui sera écrit pour le prier de les mettre sous les yeux du seigneur Roi, & que les copies en seront envoyées à M. le garde-des-sceaux, à l'effet de représenter à S. M. la nécessité où a été son parlement de pourvoir à la sûreté publique en anéantissant des tabacs aussi dangereux, & d'obtenir de son amour pour ses peuples la réforme la plus prompte des abus qui se sont introduits dans la préparation, la vente & la distribution des tabacs; déclarant ladite cour que l'intérêt de l'humanité lui a prescrit la défense portée par ses arrêts des 12 & 15 octobre dernier (dont elle ne peut se départir) de continuer la distribution du tabac en poudre.

Du reste, *Nicolas Salzard*, adjudicataire-général des fermes unies de France, est condamné dans tous les dépens.

16 *Janvier*. Tout le monde s'accorde à dire aujourd'hui que M. *de Champcenets* est enfermé au château du Ham, où il a déjà été. Il paroît

que c'est sa famille qui a de nouveau sollicité la lettre de cachet pour prévenir un traitement plus sévere. Sa famille est d'autant plus furieuse contre lui, que dans une chanson il plaisante sur son pere & trouve qu'il vit trop long-temps. Comme on le juge incapable de résipiscence on lui a déjà ôté le gouvernement des Tuileries, qu'on a fait passer à son frere. On croit qu'il pourroit bien perdre aujourd'hui son emploi dans le régiment des Gardes.

16 *Janvier*. Il y a une grande fermentation à la caisse d'escompte ; les actionnaires n'ont pu s'entendre dans l'assemblée-générale du 12 de ce mois. Pour fixer le dividende il a fallu nommer des commissaires qui doivent rendre compte dans une autre séance indiquée au 19.

Il paroît que le sieur *Panchaut*, profitant de l'autorité du contrôleur-général dont il a l'oreille, voudroit se rendre maître de cette caisse & la gouverner ; ce qui déplaît au grand nombre, qui suspectent la probité de ce négociant, auquel on reproche déjà plusieurs banqueroutes. Il cherche de son côté à prévenir les esprits par des écrits. Il en paroît trois de cette espece qui ont été envoyés auparavant aux actionnaires les plus prépondérants, & il passe pour en être l'auteur.

16 *Janvier*. Dans l'assemblée du 13, les académiciens électeurs de l'académie françoise ont nommé Me. *Target*, ainsi que c'étoit prévu & annoncé.

17 *Janvier*. Depuis quelques jours on parloit du sieur *Radix de Sainte-Foy* comme rentré en grace auprès de son ancien maître. Rien de mieux constaté aujourd'hui. M. le comte *d'Artois* lui a

témoigné publiquement combien il étoit fâché des perſécutions que ce bon ſerviteur avoit éprouvées. En conſéquence il lui a fait expédier un brevet de directeur-général de ſes domaines & bois, dont le préambule contient les plus grands éloges de l'adminiſtration de M. *de Sainte-Foy*. Non-ſeulement on lui reſtitue la penſion de 8000 liv. que M. *Necker* avoit fait rayer, parce qu'il en avoit été rembourſé, mais on lui paie les arrérages, & l'on y ajoute quatre mille francs de plus. Enfin on lui donne cent mille francs, d'autres diſent même quarante mille écus, pour indemnité des frais de ſon procès. En outre il eſt nommé miniſtre du duc des *Deux-Ponts* à Londres. On attribue tant de faveurs à ſa maîtreſſe, madame *de Saint-Alban*, qui a plaidé ſa cauſe avec tous ſes charmes auprès de S. A. R. & l'a ſéduite par ſon éloquence.

Auſſi M. *de Sainte-Foy* eſt plus inſolent que jamais; il ſe montre avec affectation. Il ſe promenoit l'autre jour à Paris dans un cabriolet doré, avec un jockey derriere. Il crioit ſans ceſſe: *gare! gare!* & avoit l'air d'un triomphateur dans ſon char de victoire. Tous les *Roués* ſont enchantés & lui applaudiſſent.

17 *Janvier*. M. Pilâtre de Rozier déclare que le gouvernement lui a donné de nouveaux ordres; qu'il doit retourner inceſſamment à Boulogne, pour en partir dans ſon aéroſtat, & reporter en Angleterre M. *Blanchard* & le docteur *Jefferies*.

17 *Janvier*. Les ſix couplets de M. *de Champcenets*, ou du moins qui lui ſont attribués, concernant les ridicules du jour, deviennent très-recherchés depuis le bruit de ſa détention.

Cette nouvelle leur donne de l'importance, & les voici :

Air : *de la Ronde de Figaro.*

Que maintenant dans Paris,
Nos héros, nos beaux esprits
Forment mille compagnies,
Salons, clubs, académies,
Et que je ne sois de rien,
  C'est bien,
  Très-bien,
Cela ne m'étonne en rien ;
Je ne pense comme personne,
  Et je chansonne.

Qu'au seul nom de *Figaro*
J'entende crier : *bravo !*
Et que tout ce coq-à-l'âne,
Son procès & sa Susanne,
Causent un bruit général,
  C'est mal,
  Très-mal,
Mais cela m'est bien égal :
Je pense comme mon grand-pere ;
  J'aime mieux *Moliere.*

Que par esprit de parti,
On claque *Saint-Huberti,*
Qui n'a pour toute maniere,
Qu'une tête minaudiere,
Avec un fausset discord,

C'est fort,
Très-fort.
Mais ç'a m'est égal encor,
Moi, je hais la voix glapissante.
J'aime qu'on chante.

Que le charlatan *Mesmer*,
Avec un autre *frater*,
Guérisse mainte femelle;
Qu'il en tourne la cervelle,
En les tâtant ne sais où.
C'est fou,
Très-fou;
Et je n'y crois pas du tout :
Mais je pense qu'il magnétise
Par la sottise.

Que la bégueule *Contat*
Mette en fort mauvais état
La jeunesse & la finance
D'un étranger d'importance,
Qui ne vouloit que la voir.
C'est noir,
Très-noir;
Mais c'est simple à concevoir :
Elle pense comme sa mere,
Elle est trop chere !

Quoiqu'à dire son avis
On trouve mille ennemis,
Et qu'avec un peu d'adresse,

d'impudence & de caresse,
On jouisse d'un grand éclat,
C'est plat,
Très-plat ;
Et je n'en fais nul état :
Moi, je pense qu'il faut tout dire
Et j'aime à rire.

18 Janvier. Le sieur *Pankouke* a mis en vente depuis quelques jours le livre de M. *Necker*, intitulé : *de l'Administration des finances de la France*, en trois volumes assez bien fournis. Les colporteurs en vendent secrétement une autre édition qu'ils prétendent meilleure, en ce que celle du libraire françois a des cartons. C'est ce qu'il faudroit vérifier en les confrontant. En attendant, on s'entretient beaucoup de l'ouvrage, sur lequel les avis sont si partagés qu'on ne peut se décider qu'après soi-même. Le seul point où tout le monde s'accorde, même les admirateurs les plus fanatiques de l'auteur, c'est qu'il y regne cet amour-propre excessif dont étoit infecté son *Compte rendu*; c'est qu'il y témoigne à chaque page le regret le plus vif & le plus amer de n'être plus à la tête du controôle-général.

18 Janvier. Le conte de M. *Imbert*, dont est tiré presque sans aucun changement le drame *des deux freres*, a pour titre: *le Modele des freres*, & peut se lire dans le *Mercure* du 25 octobre 1783. En général, la naissance de l'un des deux est vicieuse, mais on l'ignore, ainsi que lui. La mere offre de faire cette révélation : assaut de tendresse entre eux pour que ce secret reste toujours enveloppé des ombres du mystere, & pour partager également leur fortune. On juge à cette foible esquisse que c'est le sujet d'*Heraclius* traité bourgeoisement. Quoi qu'il en soit du peu de mérite de l'auteur, en supprimant quelques longueurs, on a rendu plus intéréssant le drame qui a eu un succès décidé à la seconde représentation. On a demandé le poëte : M. *Granger* est venu dire qu'il étoit absent de Paris, & qu'il s'appelloit monsieur *Milcent*.

18 *Janvier*. On continue à s'occuper très-sérieusement de l'amélioration des laines en France. Un mémoire de M. *d'Aubenton* lu à l'académie des sciences le 23 août dernier, où il rend compte des nouveaux progrès de sa doctrine & de ses expériences, a frappé le ministere de plus en plus, & non-seulement M. *de Calonne*, que cette matiere regarde comme contrôleur-général, s'efforce d'y concourir de tout son pouvoir, mais M. le comte *de Vergennes*, convaincu de la nécessité pressante de perfectionner les laines de France pour le bien du commerce, fait dans ses terres soigner ses troupeaux par un berger formé dans la bergerie de l'académicien.

On a fabriqué à la manufacture royale du château du Parc, depuis le drap fort, fait avec les laines améliorées de M. *d'Aubenton*, qui avoit bien réussi, des draps souples. La mauvaise saison de l'hiver n'avoit pas permis de les filer d'abord assez fines, & de les fouler assez pour avoir des draps souples.

Le manufacturier a jugé que les nouveaux draps étoient aussi doux que ceux fabriqués avec la plus belle laine d'Espagne. Il a reconnu dans chacune des opérations successives de sa fabrique que la laine améliorée avoit un nerf particulier, c'eſt-à-dire, plus fort & plus ſenſible que celui de la laine d'Eſpagne : obſervation qui n'avoit point échappé d'abord en fabriquant du drap fort.

19 *Janvier*. Les trois écrits attribués à monſieur *Panchault* ſont : 1°. *Dialogue ſur la caiſſe d'eſcompte, entre un Pariſien & un Lyonnois*, décembre 1784; 2°. *Caiſſe d'eſcompte, obſervations relatives à la fixation du prochain dividende*, 6 janvier 1785 : 3°. *Les dividendes de la caiſſe d'eſcompte ſeront-ils fixés à* 130 *liv. ou à* 180 *liv. pour le ſemeſtre des ſix derniers mois* 1784? On croiroit trouver dans ces pamphlets de grands éclairciſſements, & voici le peu de faits à extraire de ce bavardage très-ennuyeux.

Le prix des actions de la caiſſe d'eſcompte dans l'origine de la valeur intrinſeque de 3,000 liv. & depuis la criſe d'octobre 1783, à 3,500 liv. eſt monté aujourd'hui juſqu'à 8,000 livres.

On convient généralement que la caiſſe, à l'expiration du ſemeſtre dernier aura gagné onze cents mille livres, dont il faut déduire pour les frais de régie 100,000 livres. Reſte un million, ce qui donneroit un dividende de 200 livres pour chaque action. C'eſt ce qu'avoit calculé l'auteur d'une brochure intitulée : *Orſervations ſur la caiſſe d'eſcompte*, qu'on ne nomme pas. Il s'eſt trompé à entendre le Lyonnois. Outre les frais de régie, il faut encore déduire une non-valeur des lettres de change en ſouffrance, eſtimée au moins 130,000 livres, & puis l'intérêt des lettres de change non échues, montant à 48 millions & formant un *déficit* de 240,000 livres; enfin les non-valeurs qui peuvent ſe diminuer ſur cette autre quantité d'un huitieme pour cent, c'eſt-à-dire, 60,000 livres : ce qui réduit le million sagement établi à un bénéfice net & imperturbable de 570,000 livres, & le dividende à 114 liv.

Suivant la seconde brochure, les actionnaires se réduisent à demander 180 livres. On veut leur prouver qu'il est encore trop fort. On y fait le tableau des bénéfices toujours croissant par l'utile prévoyance de laisser toujours des fonds en arriere. Depuis juillet 1777 jusques & compris juillet 1783, il y a eu treize dividendes ; savoir, 75 liv. 80 liv. 80 liv. 80 liv. 85 liv. 90 liv. 100 liv. 100 liv. 105 liv. 110 liv. 120 liv. 120 liv. & 130 liv.

Ce dernier est le plus fort, & cependant les bénéfices apparents du semestre de juillet 1783, montoient à 1,109,000 liv.

Dans la troisieme brochure, ce ne sont plus des spéculations, mais des faits. La somme des escomptes durant les six derniers mois 1784, est décidément de 1,150,000 livres ; en déduisant de ce capital les frais de régie & les non-valeurs connues sur l'estimation du Lyonnois, resteroit une somme de 920,000 livres, qui donneroit en effet un dividende de 184 livres ; mais il seroit abusif d'après ce qu'on dit, & l'on doit se contenter d'un dividende de 130 livres de bénéfice, vraiment réalisé & acquis, puisque suivant l'estimation la plus juste, il ne passeroit pas 136 liv. d'après les principes posés dans la premiere brochure.

Le résultat vraiment clair de ces écrits, c'est qu'il y a une lutte entre les chefs de la caisse d'escompte & les simples actionnaires ; que les premiers, se prévalant de l'autorité qui les soutient, voudroient réduire les derniers au moindre bénéfice possible & attirer tout le reste à eux.

19 *Janvier*. Voici une critique raccourcie du livre de M. *Necker* en style lapidaire, qui la fait ressembler assez à une épitaphe :

Ton introduction,
Sans prévention,
N'est qu'une vision ;
C'est le fruit de l'ambition,
De la passion,
De la prétention.
Cette orgueilleuse déclamation
Fixe pendant un temps l'attention ;
Mais la réflexion
Détruit l'opinion
Que veut établir la fiction.
Je vois s'évanouir l'illusion :
Chacun condamne ton intention ;
Et l'indignation
Succede à ta réputation.

19 *Janvier*. La réponse des tribades n'est pas restée sans réplique. Voici un couplet à ce sujet, enfanté vraisemblablement dans quelque souper de filles. C'en est une qui parle & une des plus dévergondées. Il porte à la fois sur une héroïne de chaque genre :

Que la tribade *Raucourt*,
Trouvant un homme trop lourd,
De sa brûlante matrice
Se fasse frotter l'orifice ;
Par quelque doigt feminin,

C'est bien,
Très − bien ;
Cela ne nous blesse en rien :
Moi, je pense comme *Adeline* ;
J'aime la pine,
J'aime la pine.

19 *Janvier*. Les Italiens, suivant leur réglement, devant toujours avoir en train une piece à ariettes, aujourd'hui que *Richard* tire à sa fin, lui ont substitué avant-hier *Alexis & Justine*. Celle-ci est en deux actes & en prose. La musique de M. *Dezaides* a fait beaucoup de plaisir. Il y a cependant quelques contresens qui ont révolté. Quant au poëme, il est très-mal fait. Le second acte sur-tout est très-ennuyeux.

La dame *Dugazon* a fait beaucoup d'impression dans le rôle de *Justine*, & le public l'a demandée à la fin ; honneur dont n'avoit encore joui aucune actrice à ce théâtre, ni même à d'autres.

19 *Janvier*. Extrait d'une lettre de Vienne, du 27 décembre 1784.... Le pape vient d'excommunier M. *Eybel*, l'auteur de l'ouvrage fameux & hardi : *Qu'est-ce que le Pape ?* & d'autres écrits contre les moines. Sa sainteté, dit-on, s'est décidée à lancer cet anathême, qui n'a pas fait la moindre sensation ici, sur l'avis de plusieurs évêques ; ils ont jugé la doctrine de M. *Eybel hétérodoxe* ; ce qu'il ne nie pas.

M. *Blumaker*, qui a fait des poésies fugitives sur le même sujet, est menacé du même sort, & se réjouit d'avance de la célébrité qu'il aura.

19 *Janvier*. M. *Blanchard* & le docteur *Jefferies*, ayant été se faire voir hier à l'opéra, y ont été

applaudis. Malheureusement c'étoit un mardi; on jouoit *Diane & Endymion* ; il y avoit peu de monde ; ils sont venus trop tôt ; leurs partisans n'étoient pas en assez grand nombre, ni assez chauds ; en sorte que l'explosion a été foible & ressembloit à des battements mendiés.

20 *Janvier*. La faculté de droit de Paris compte parmi ses anciens membres distingués, un *Jean d'Artis*, jadis antécesseur, docteur d'un savoir éminent, & d'ailleurs auteur de fondations utiles à la compagnie. En conséquence, par une délibération unanime du 9 décembre dernier l'assemblée est convenue d'admettre à titre d'honneur, le fils de M. *d'Artis*, procureur au parlement, de la famille du grand homme en question, prêt à entrer dans la carriere du droit, ainsi qu'à perpétuité, tous ceux qui porteront ce nom illustre, à titre de parents.

20 *Janvier*. M. le baron *de Breteuil* dimanche dernier a déclaré à quelques académiciens dînant à sa table, que la veille, le roi avoit accordé au sieur *Blanchard*, une gratification de cinq cents louis, & une pension de 1,200 liv.

21 *Janvier*. M. le duc *de Penthievre*, désolé de se voir en scene depuis si long-temps par les *Factums* dont le comte *d'Arcq* ne cessoit d'inonder la France, a cru ne point blesser sa conscience en invoquant à son secours l'autorité contre un mauvais sujet, quoique son frere naturel, suivant la notoriété publique. Il a obtenu un arrêt du conseil qui évoque l'affaire, c'est-à-dire, qui vraisemblablement la rend interminable. En outre, il a fait signifier par M. le garde-des-sceaux, défenses à tous les imprimeurs de prêter leur ministere à aucun mémoire dans cette cause. Tout

cela ne laisse pas que de produire un mauvais effet contre le prince, ou plutôt contre son conseil & ses casuistes qui l'ont porté à priver ainsi son adversaire de tout moyen de recourir à la justice & d'instruire le public.

21 *Janvier*. Les assemblées de chambres ont recommencé à l'occasion du grand-aumônier & de son affaire des Quinze-vingts, le mardi 11 janvier. M. d'*Epremesnil* a dénoncé huit nouveaux faits qui ont paru mériter l'attention de la cour, & sur lesquels elle a ordonné qu'ils fussent communiqués à la huitaine.

Le mardi 18, Me. *Séguier* a repris les faits dénoncés, a dit qu'il s'étoit procuré les renseignements nécessaires, & qu'il n'y voyoit rien qui méritât l'attention de la cour. Sur quoi les chambres indignées de cette partialité manifeste, sans faire attention au dire de Me. *Séguier*, sans même ordonner (humiliation rare & très-grande pour les gens du Roi) qu'il en fût fait registre, ont rendu également arrêt pour qu'il fût informé des faits dénoncés, afin de les joindre aux nouvelles remontrances & d'en faire partie, s'il y avoit lieu.

Le parlement se ressouvient avec douleur que le Roi dans sa réponse à ses dernieres remontrances lui a reproché qu'il apportoit des faits faux au pied du trône, & veut se mettre sans doute dans le cas de pouvoir convaincre juridiquement le monarque.

21 *Janvier*. Le sieur *Panchault*, malgré ses déclamations dans l'assemblée des actionnaires & malgré les pamphlets, craignant que son avis de réduire le dividende à un taux bien moindre que ne le désiroit le grand nombre des actionnaires

naires, ne prévalût pas, a fait intervenir l'autorité, & il a été rendu le 16 un arrêt du conseil, concernant la fixation du dividende conforme à ses vues : arrêt qui, ayant été lu à l'assemblée du 19, a révolté & causé de grands débats. Cette affaire est très-grave & mérite de plus grands détails.

21 *Janvier*. Voici de nouveaux couplets attribués à M. *de Champcenets*, peignant assez bien nos *Roués* de cour & de ville. Le dernier contenant une plaisanterie atroce contre les peres, auroit été bien propre à mettre le sien en colere & le porter à l'acte de violence exercé envers son fils. Ces couplets, au nombre de quatre, sont sur l'air : *On compteroit les diamants*, &c.

De *Louvois* suivant les leçons,
Je fais des chansons & des dettes :
Les premieres sont sans façons,
Mais les secondes sont bien faites.
C'est pour échapper à l'ennui,
Qu'un homme prudent se dérange.
Quel bien est solide aujourd'hui ?
Le plus sûr est celui qu'on mange. (*bis*)

Eh ! qui ne doit pas maintenant !
C'est la chose la plus constante ;
Et le plus petit intrigant
De cent créanciers se vante.
En vain ces derniers sont mutins :
Jamais leur nombre ne m'effraie ;
Ils ressemblent fort aux catins,
Plus on en a, moins on en paie. (*bis*)

Tome XXVIII. C

Le courtisan doit sa faveur
A quelque machine secrette:
La coquette doit sa fraîcheur
A quelques heures de toilette.
Tout s'emprunte, jusqu'à l'esprit;
Et c'est, dans ce siecle volage,
Ce qu'on a le plus à crédit
Et ce qui s'use davantage. (bis)

Mais avec un peu de gaîté,
Tout s'excuse, tout passe en France:
Dans les bras de la volupté
Comment songer à la dépense ?
Vieux parents, en vain vous prêchez;
Vous êtes d'ennuyeux apôtres;
Vous nous fîtes pour vos péchés,
Et vous vivez trop pour les nôtres. (bis)

22 *Janvier.* Hier, l'affaire des bénédictins a repris aussi au parlement. Il a été dénoncé aux aux chambres assemblées un arrêt du conseil, qui confirme & canonise tout ce qui a été fait. Sur quoi ordonné qu'il seroit remis aux commissaires chargés des remontrances nouvelles, pour en faire partie.

22 *Janvier.* M. *de Calonne* a fait au sieur *Pilâtre de Rozier*, de vifs reproches d'être revenu. Il lui a dit que le gouvernement n'avoit pas dépensé 40,000 liv. simplement pour le faire voyager sur les côtes de Picardie; qu'il falloit faire usage de sa machine, traverser la mer, ou du moins le tenter. — En conséquence le sieur *Pilâtre* est reparti hier.

22 *Janvier.* Voici la chanson en l'honneur de M. *de Calonne*, que ses ennemis voudroient faire passer pour une ironie; ce qui la rend assez rare. Cependant l'auteur semble de bonne foi : on en jugera.

Elle est en cinq couplets sur l'air : *Que le Sultan Saladin, &c.*

<pre>
  Qu'on aime tant qu'on voudra
    Les ballons & l'opéra ;
  Qu'on parle de politique,
  Du fluide magnétique.
  Sans s'intéresser à rien,
      C'est bien,
      C'est bien,
  On n'est pas François pour rien ;
Mais moi qui bonnement raisonne,
      J'aime *Calonne*.   (bis)

  Demandez au Roi *Louis*,
  S'il n'est pas de mon avis :
  Il dira : ma bourse est pleine ;
  Calonne, sans soins ni peine,
  Me rend riche & généreux,
      Corbleu,
      Morbleu,
  Malheur à ses envieux !
Chantez le refrein que je donne :
      J'aime *Calonne*.   (bis)

  L'amour, ce malin enfant,
  Dit qu'il est un peu friand :
  Est-ce un crime, je vous prie,
  Que d'aimer la sucrerie ?
</pre>

Henri-Quatre l'aimoit bien,
C'est bien,
C'est bien,
J'entends ce petit vaurien,
Qui dit à la race Bourbonne :
Aimez *Calonne*. (bis)

O François, mes bons amis !
Trop aimables étourdis,
Jadis dans votre délire,
Ce *Calonne* qu'on admire,
N'étoit, ma foi, propre à rien.
Eh bien !
Eh bien !
Bénissez votre destin ;
Tout, jusqu'à la gente Bretonne,
Aime *Calonne*. (bis)

Feu *Necker*, dans son métier,
Se croyoit un grand sorcier ;
Mes amis, cela peut être ;
Mais *Calonne* est bien son maître,
Soit dit sans être flatteur,
D'honneur,
D'honneur,
Car il est un enchanteur :
C'est le mot qu'a dit *Antoinette*,
Qu'on le répete. (bis)

23 *Janvier*. Extrait d'une lettre de Bordeaux, du 15 janvier.... « Notre archevêque, témoin des merveilles de l'abbé *de l'Epée*, a imaginé de

lui adresser M. l'abbé *siccard*, ecclésiastique de ce diocèse, homme très-savant dans la métaphysique des langues & exercé à l'éducation de la jeunesse pendant son séjour à l'oratoire, dont il a été membre. Quand cet éleve aura été formé suffisamment, M. *de Cicé* se propose de lui faire ériger, par lettres-patentes, à Bordeaux, une chaire d'éducation pour les sourds & muets de naissance. »

23 *Janvier*. Le différend élevé à la caisse d'escompte au sujet du dividende qui sembloit devoir se déterminer tout uniment, comme il est d'usage, dans les assemblées libres, à la pluralité des voix, a été le prétexte de l'arrêt du conseil annoncé, en ce qu'il résoud les doutes des actionnaires sur les principes qui doivent régler la fixation du dividende. En conséquence il maintient l'article XVI de l'arrêt du conseil d'établissement de la caisse, du 24 mars 1776, dont le sens clair est que le dividende ne se calculera que sur les bénéfices faits, & réalisés dans le semestre écoulé.

Les actionnaires en général ont été fort scandalisés de cet arrêt : ils se sont récriés contre le despotisme qui s'introduisoit dans leurs délibérations. Le sieur *Panchault* a voulu pérorer pour le soutenir, mais M. *Cottin* l'a repoussé vertement. Celui-là avoit amené à son secours le sieur *de Beaumarchais*, qui a repris la parole. M. *van den Yver* lui a répliqué & lui a fait voir qu'il n'y entendoit rien. Enfin les mécontents ont résolu d'adresser au Roi des représentations sur le tort que pourroit causer cet arrêt au crédit de la caisse.

Le sieur *Panchault* craignant cet éclat en a prévenu le contrôleur-général, qui a mandé les députés nommés pour se transporter à Versailles. Ce ministre les a réprimandés vertement; il leur a dit qu'ils n'étoient point des cours souveraines; qu'il n'appartenoit qu'à celles-ci de méconnoître un arrêt du conseil, une loi émanée du propre mouvement de S. M., de ne point l'exécuter, d'y résister & de faire des représentations; que, fussent-ils quarante, il les feroit arrêter tous, s'ils donnoient suite à leur délibération. Les députés n'ont rien répondu, ont fait une grande révérence à M. de *Calonne*, sont remontés en carrosse & partis sur le champ pour Versailles. Ils ont remis leur mémoire au comte *de Vergennes* & à tous les ministres, qui leur ont déclaré ne pouvoir rien dans cette affaire, & qu'ils eussent à se pourvoir pardevers le ministre de la finance. Le chef du conseil-royal des finances ne leur a pas donné plus de solution. Il a seulement écrit une lettre à M. le contrôleur-général & l'a prié de faire attention à leurs plaintes.

Cependant il se passoit à la bourse une scene affreuse. Un des acolytes du sieur *Panchault* est le sieur *Claviere*. Le sieur *Poura*, banquier de Lyon, parloit à un de ses amis dans l'assemblée & s'expliquoit en termes très-énergiques sur le sieur *Panchault* & ses adhérents. Le sieur *Claviere* l'entend, vient à lui, l'apostrophe & lui donne, les uns disent, un coup de poing; d'autres, un soufflet, peu importe. Toute la bourse indignée s'assemble autour de l'assaillant & l'étouffoit à force de le presser, lorsqu'il crie miséricorde, & l'on vient à son secours. Cependant le sieur *Poura* est allé faire sa déposition chez un commissaire, rendre une plainte, & il en résulte aujourd'hui un procès criminel contre le sieur *Claviere*.

Ces tracasseries prouvent ce qu'on a dit & écrit cent fois, que tout établissement de cette espece est impraticable en France, parce que l'autorité veut se mêler de tout & gâte tout; parce que la liberté des suffrages, qui est l'ame des délibérations, n'y est presque jamais, sur-tout dans les instants critiques; qu'il s'y glisse toujours des intrigants qui gagnent le ministere, le font agir en leur faveur & s'enrichissent en ruinant la société, ainsi qu'il est arrivé à la compagnie des Indes.

24 Janvier. Un M. *Morel* qui, en sa qualité de bras droit de M. *de la Ferté* dirige l'académie royale de musique, a la manie de faire des poëmes & profite de son crédit pour employer les meilleurs musiciens & faire jouer ses ouvrages exclusivement aux autres, en sorte qu'il occupe la scene presqu'à lui seul. C'est aujourd'hui *Panurge dans l'isle des Lanternes*, comédie opéra en trois actes dont il s'agit, & qui doit se jouer demain pour la premiere fois. La musique est du sieur *Gretry*. Il y a d'excellentes choses dans celle-ci, mais les paroles sont détestables : du moins elles ont paru telles aux répétitions. Il faut savoir que dans un ballet il y a un personnage qui tient un tambour & un autre qui bat sans relâche dessus avec un fouet. C'est ce qui a donné lieu à l'épigramme suivante :

> Que nous indique la rage
> De ce vigoureux fouailleur !
> C'est le Dieu du goût, je gage,
> Et le tambour est l'auteur.

24 Janvier. Extrait d'une lettre de Langres, du 18 janvier...... La ville de Castres n'est pas la seule qui jouisse de l'avantage d'avoir un cours gratuit pour les accouchements. La nôtre en a depuis plusieurs années l'obligation à M. *Rouillé*, intendant de Champagne, & vous voyez qu'il n'y a pas mis grande ostentation, puisque le public l'ignoroit & attribuoit à M. l'évêque de Castres une idée patriotique due à notre commissaire départi. Il est vrai qu'il a été très-heureusement secondé par le zele du corps municipal & par les talents de M. *d'Arantieres*, médecin du Roi en cette ville. Nous avons aussi des prix. Il est sorti déjà de notre école des sages-femmes en état de prévenir, dans les accouchements les plus difficiles, les accidents auxquels les meres & les enfants ne sont que trop souvent exposés.

24 *Janvier*. Un sieur *Jean-André Benin Bergstrasser*, professeur & membre honoraire de plusieurs académies, écrit de Hanau, en date du 21 décembre 1784, qu'il s'engage de résoudre le problème suivant:

« Il s'agit de dicter dans un camp de deux
» cents mille hommes plus ou moins, un ordre
» à tous les généraux à la fois, & précisément au-
» tant que chacun en doit savoir, & d'une ma-
» niere peu dispendieuse ; ce qui pourra se faire
» de jour & de nuit, & avec plus de vélocité qu'un
» aide de-camp ou un courier rapide à cheval,
» n'est en état de le communiquer, & cela sui-
» vant une méthode qui assure à chacun le secret,
» non-seulement contre le traître, mais aussi con-
» tre ceux à qui la solution dudit problème seroit
» parfaitement connue. »

Comme il s'agit d'argent & d'une souscription pour avoir son secret, on ne peut encore rien statuer sur ce bon Allemand, qui pourroit bien être un charlatan & un imposteur comme tant d'autres. Du reste, il prétend avoir devancé M. *Linguet* & tous les autres *arcanistes* de ce genre, puisque son ouvrage étoit achevé dès 1780.

25 Janvier. Mot de l'énigme du dividende des actions de la caisse d'escompte, ou Explication de tout ce qui a été imprimé récemment à ce sujet. Dans ce pamphlet, très-court, on attribue à l'avidité de trois intrigants les troubles qui agitent aujourd'hui les assemblées des actionnaires.

Le premier est le sieur *Panchault*, fondateur de la caisse, banquier Anglois, qui a fait à Paris successivement trois banqueroutes occasionnées par de fausses spéculations dans les fonds publics.

Le second, le sieur *Cazenove*, qui en a fait deux à Amsterdam par la même cause.

Le troisieme, le sieur *Claviere*, qui a joué un rôle à Geneve durant les troubles de la république.

Ces trois messieurs ont voulu agioter sur les actions & les dividendes, & l'on raconte à ce sujet leurs manœuvres, dont le développement exigeroit un trop long détail. Il suffit de savoir qu'il s'ensuit de leur agiot qu'ils ont un intérêt sensible de faire accorder un dividende le moins fort possible pour ce semestre.

De-là tous leurs écrits, toutes leurs menées, tous leurs efforts, qui leur produiroient un bénéfice de plusieurs millions s'ils réussissoient; mais il résulte au moins de cette découverte que leurs paris doivent être annullés.

Il faut voir comment tout cela tournera dans l'assemblée générale du mercredi 26, où les commissaires nommés par les actionnaires doivent rendre compte de leur travail.

Afin d'étourdir le public sur ces débars, on a affecté de faire imprimer dans le *Journal de Paris*, le discours prononcé par le président de la caisse d'escompte dans l'assemblée du 12. Vrai galimatias, vrai chef-d'œuvre de ridicule, où, à travers les sentiments patriotiques dont il se pare, perce l'esprit de cupidité qui l'anime.

Aussi le public ne semble pas avoir pris le change, & tous ces jours-ci on a retiré beaucoup d'argent. Si cela dure, la crise de 1783 pourra bien se renouveller.

25 Janvier. Madame *de la Rure* est fille d'un ancien apothicaire de la Reine, nommé *Martin*. Elle avoit été très-bien élevée; elle avoit des talents, & dans son temps étoit la premiere virtuose pour le clavecin; ce qui l'avoit rendue célebre dans Paris. Elle a aujourd'hui soixante-quinze ans; veuve d'un sous-fermier depuis nombre d'années, il ne lui reste qu'un fils, officier aux gardes, qui, en conséquence, se qualifie de marquis *de la Rure* & mange son bien avec des filles. La mere, désolée, a pris le parti de se marier: elle a épousé un garde-du-corps, le plus beau cavalier de la compagnie écossoise, âgé de trente-trois ans seulement. C'est lui qui, dans le fameux bal donné à l'occasion de la naissance de M. le Dauphin, a eu l'honneur de danser avec la Reine. Il se nomme aujourd'hui comte *de Moret*.

Après la noce, madame la comtesse *de Moret* a dit à son nouvel époux qu'elle sentoit bien n'être plus en état de lui inspirer aucun désir; qu'elle n'attendoit de lui que de l'amitié & de bons traitements; qu'en conséquence elle lui avoit fait préparer un appartement particulier où il pouvoit se retirer. M. *de Moret* lui a répondu qu'il ne comptoit pas sur une si prompte séparation. Il lui a demandé la permission d'user de ses droits & de passer la nuit avec elle, & l'anecdote est qu'il a très-bien fêtoyé sa douce amie. Prodige qui passe de bouche en bouche & amuse les cercles aujourd'hui.

26 *Janvier*. *Le mariage de Figaro* est à sa soixante-onzieme représentation & ne finit pas; ce qui a donné lieu à la boutade suivante, dont tout le mérite est dans l'à-propos. Il faut se rappeller que le second titre de cette parade est *la folle journée*.

> Pourquoi crier tant haro
> Sur l'éternel *Figaro* !
> Chez nous, la folle journée
> Doit être au moins d'une année.

26 *Janvier*. *Panurge*, malgré la mauvaise opinion que l'on en avoit assez généralement, a été représenté hier avec une grande affluence de spectateurs. Rien de si plat en effet que le poëme, bouffon sans être gai, ridicule sans faire rire, rempli de prodiges sans exciter la curiosité. La musique, au contraire, n'a pas été trouvée aussi excellente qu'on se l'étoit imaginé; rien d'extrêmement piquant. On reproche au sieur *Gretry* un manque absolu de goût en travaillant sur un fond aussi puérile & aussi misérable. Du reste, des danses charmantes, des décorations riches & multipliées à l'infini. En un mot, tous les accessoires du luxe, propres à éblouir les yeux des sots.

27 *Janvier*. Relation de la séance publique

de l'académie françoise, tenue pour la réception de M. l'abbé *Maury*.

Le récipiendaire a passé beaucoup de temps à composer son discours. Il avoit de grandes difficultés à vaincre. Il succédoit à M. *de Pompignan*; il devoit en faire l'éloge, il le vouloit & y trouvoit une matiere abondante. Elle lui avoit fait naître des idées heureuses; il se proposoit des digressions sur chacun des ouvrages de ce littérateur très-varié; tout cela lui rioit infiniment. D'un autre côté, à peine auroit-il prononcé le nom de *Pompignan*, & c'étoit rappeller à l'instant à l'assemblée le ridicule versé par *Voltaire* à si grands flots & pendant si long-temps sur ce personnage; chacun des spectateurs ne manqueroit pas de réciter à son voisin ces deux vers très-plaisants & qui sont devenus proverbe :

On ne sait de *César* où la cendre repose,
Et l'ami *Pompignan* croit être quelque chose !

Enfin, comment omettre la réception de son prédécesseur à l'académie, & comment en parler ? Comment rappeller ce jour qui devoit être un des plus heureux de sa vie & qui en empoisonna tout le reste; ce jour où il parut pour la premiere & la derniere fois parmi ses confreres ? Que dire de son discours qui lui valut aussi-tôt tant d'ennemis & de sarcasmes; qui l'obligea de faire divorce pour jamais avec la compagnie dont il avoit sollicité l'adoption ? Enfin un ministre de l'Evangile pouvoit-il blâmer le zele apparent du récipiendaire pour la religion, qui lui inspira sa sortie mémorable & violente contre la philosophie & les philosophes modernes ? Oseroit-il l'approuver devant la plupart de ceux qui en avoient alors témoigné leur indignation, qui avoient lâchement refusé à leur nouveau confrere la satisfaction qu'il exigeoit de l'opprobre dont l'un d'entre eux l'avoit couvert & des outrages qu'il en recevoit journellement? Une position aussi critique embarrassoit l'abbé *Maury*: il l'avoit témoigné à ses amis; le bruit s'en étoit répandu dans le public, & l'on s'étoit empressé de voir comment il s'en tireroit. C'est au milieu de ces anxiétés devenues celles de l'auditoire qu'il a commencé.

Dans son début très-adroit, très-intéressant & d'un genre neuf, M. l'abbé *Maury* n'a point dissimulé l'obscurité, la pauvreté de sa naissance; il s'est peint comme un être isolé, sans parents, sans amis, sans secours, sans guides, ne suivant que son ardeur de la célébrité. De-là, l'énumération de ses progrès successifs; l'étalage naturel de ses titres littéraires, de ses éloges, de ses panégyriques, de ses discours oratoires, de ses sermons. De-là la filiation de ses liaisons avec grand nombre d'académiciens devenus ses amis & désirant l'avoir pour confrere. De-là, une transition sur l'académie & sur son fondateur le cardinal de *Richelieu*. De-là il s'est plus particuliérement étendu sur son prédécesseur & est proprement entré en matiere. Dans les détails nombreux que lui a fournis son sujet, malgré sa longueur, il a constamment soutenu l'attention générale par des préceptes d'un goût sain, par des tournures piquantes, par une foule d'images ingénieuses, belles & grandes. D'ailleurs on sentoit que ces fréquents écarts étoient autant de délais qu'il prenoit pour ainsi dire, afin d'éviter d'en venir à l'endroit délicat ; moyen adroit de soutenir & de réveiller sans cesse la curiosité. Il a fallu pourtant y arriver, & l'on doit avouer que ce n'est pas le point de son discours le mieux traité. Il a terminé par les éloges de *Louis XVI* & de *Louis XIV*.

M. l'abbé *Maury* qui n'échappe aucune occasion d'offrir, lorsqu'elle se présente, quelque grain d'encens aux Mécènes qui peuvent lui être utiles, n'a pas manqué dans l'éloge de *Louis XVI*, de faire figurer le marquis *de Chatelux*, l'un des quarante, qui a fait la guerre chez les Etats-Unis, a écrit sur ces peuples, & leur a procuré tout récemment, de la bibliotheque du Roi, une collection précieuse de livres envoyés par S. M. en présent à deux universités de ces contrées.

Quant à *Louis XIV*, il l'a célébré d'une maniere grande & vraiment sublime, & l'a peint s'offrant aux yeux de la postérité entouré de cette foule de grands hommes dans tous les genres qui ont illustré son regne & qu'il suffit de nommer pour en faire connoître le mérite.

Telle est la marche du discours du récipiendaire, qui doit faire époque & être du petit nombre de ceux surnageant sur cette énorme compilation de bavardages oratoires dont est composé le recueil de l'académie françoise.

C'eût été M. l'archevêque de Toulouse qui, en qualité de directeur du trimestre, auroit dû répondre à l'abbé *Maury* ; mais ce prélat étant absent, le chancelier ou le vice-directeur l'a remplacé. Il s'est trouvé être le duc *de Nivernois*, & le public n'a pas été fâché du hasard. Il aime ce seigneur, & son ton leste lui plaît. Il a merveilleusement contrasté avec le ton oratoire & un peu emphatique de M. l'abbé *Maury*. D'ailleurs M. *de Nivernois*, dans sa brièveté, n'a pas laissé que de rassembler plusieurs anecdotes précieuses à conserver. L'une à la gloire de M. *de Pompignan*, pour avoir, dans une séance publique de la cour des aides de Montauban, dont il étoit membre, prononcé un discours sur les impôts, que le génie fiscal fit envisager comme trop fort & propre à exciter de la fermentation dans l'esprit des peuples.

Les deux autres concernent l'abbé *Maury*. Dans la premiere, dont celui-ci avoit déjà fait mention, dont le souvenir en effet étoit mieux placé dans sa bouche que dans celle du représentant de la compagnie, il s'agit de l'abbaye qu'elle sollicita pour lui, lorsqu'il eut prononcé devant elle le panégyrique de saint Louis & entraîné son admiration. Dans la seconde, le directeur, en reprenant une phrase du discours du récipiendaire, où il observa que *Louis XVI* est le premier Roi qui ait eu l'idée patriotique de décerner des statues à ses sujets, dont beaucoup en ont été plus dignes que les monarques, félicite l'abbé *Maury* d'en avoir procuré une à *saint Vincent de Paule*, le fondateur des lazaristes. En effet, chargé de prononcer son panégyrique, ce prédicateur le représenta non-seulement comme un saint, mais comme un homme d'état digne de figurer parmi les grands hommes & illustrant la France, sa patrie. Cette idée frappa, & il fut arrêté que *saint-Vincent de Paule* auroit une statue & seroit placé dans le *Muséum* qu'on établit au Louvre. *En sorte*, (ajouta M. *de Nivernois*, en apostrophant le récipiendaire, auquel le directeur parle toujours directement) *que vous avez plus fait pour lui que sa canonisation*. Phrase qui, prononc cée plus gravement, auroit passé pour impie, mais qui a glissé à la faveur de la gaieté, de la légéreté du débit de l'orateur. Elle auroit scandalisé dans une autre bouche, & n'a semblé qu'un persifflage dans la sienne. Les abbés, les théologiens, les moines, les évêques, les cardinaux, tout le clergé, qui abondoit à la réception d'un de ses membres, d'un prédicateur fameux, a souri & même a battu des mains.

Après ces discours d'usage, M. *Gaillard* a repris la parole & proposé de lire quelques articles dont il est chargé pour insérer dans *la nouvelle Encyclopédie*. Il a commencé par celui de *Démosthene*. On étoit déjà fatigué d'entendre de la prose; des vers auroient mieux réveillé. D'ailleurs tout le monde s'est apperçu que le morceau ne contenoit rien de neuf. Enfin M. *Gaillard* débitoit son ouvrage d'un ton qui a excité le rire de quelques malins. L'ennui a gagné; il s'est élevé des murmures dont le lecteur s'est apperçu. Son amour-propre a souffert; il a voulu faire bonne contenance; il avoit copieusement dîné. En peu de temps il s'est trouvé mal. On lui a apporté un verre d'eau; on lui a passé des flacons de diverses eaux spiritueuses. Tous ces secours n'y faisant rien, il a fallu le transporter dans la salle voisine & clorre la séance.

Ce contre-temps a empêché d'entendre un morceau de M. *Marmontel*, sur *l'autorité de l'usage*, dans lequel on assuroit qu'il y avoit d'excellentes choses. Malgré les regrets qui en ont résulté, peut-être est-il heureux pour le secrétaire qu'il ait été dans le cas de ne le point tirer de son porte-feuille & de le garder pour une occasion plus favorable.

27 Janvier. On peut se-rappeller l'anecdote historique d'un jeune officier Anglois nommé *Asgyl*, que les Américains ont tenu long-temps entre la mort & la vie, & dont les gazettes ont parlé si amplement. Un M. *Mayer* en a déjà fait un roman ; M. *de Sauvigny* a imaginé de construire un drame dessus. Il a cru que ce sujet moderne & intéressant produiroit beaucoup d'effet: Mais, obligé par la police de déguiser les noms de ses personnages & de changer le lieu de la scene, il a d'abord privé l'ouvrage de son premier mérite ; ensuite le défaut d'étoffe forçant le poëte d'imaginer des incidents pour alonger sa fable, il n'en a pas trouvé d'heureux & il a gâté ses caracteres en les affoiblissant. Malgré cela il n'a pu traiter son sujet qu'en quatre actes, & ils ont encore paru de beaucoup trop long hier à la premiere représentation. D'ailleurs il auroit fallu au moins la soutenir par une versification forte & pleine d'énergie, & c'est par où peche le plus le nouveau drame tragique, aussi pauvre de coloris que de fond.

27 Janvier. Extrait d'une lettre de Bordeaux, du 4 janvier. Il paroît que la présence de messieurs *Boutin & de Boisgibault*, commissaires du Roi pour, en l'absence de M. *Dupré de Saint-Maur*, faire les fonctions de ce commissaire départi, loin de concilier les esprits, n'a servi qu'à les aliéner. Ils ont rendu le 19 octobre dernier une ordonnance qui a été dénoncée le 19 novembre aux chambres assemblées. Cette ordonnance a pour objet le rachat des corvées; elle tend à faire exécuter le plan du commissaire départi, dont le parlement a développé les abus en résultants, dont il a porté au pied du trône les preuves les plus multipliées.

Le Roi par ses lettres-patentes du 17 mai précédent, a promis *qu'il feroit connoître, dans la forme accoutumée, ses intentions sur tout ce qui concerne les travaux des grands chemins*: cependant l'ordonnance des commissaires prévient les volontés du monarque & va toujours en avant.

Dans la dénonciation qui est imprimée & parvenue ici, on discute le sens de cette ordonnance, de ses diverses dispositions & l'on en fait voir le vice & le danger.

Aussi la cour a arrêté que le bureau des commissaires, établi au sujet des corvées, s'assemblera incessamment, qu'il écrira aux lieutenants-généraux, ou autres officiers des sénéchaux, ou même à toutes les autres personnes qu'il croira nécessaire pour avoir des renseignements, soit en particulier sur l'exécution de l'ordonnance du 9 octobre, soit en général sur tout ce qui concerne le régime actuel des corvées dans la généralité de Guienne, telle qu'elle existoit avant le dernier démembrement fait par le Roi.

Arrêté en outre que tous messieurs les officiers de la cour sont invités de vouloir s'occuper personnellement de se procurer lesdits renseignements & de les adresser au bureau.

Le bureau enfin devoit rendre compte de l'objet dont il est chargé, le vendredi 7 janvier, aux chambres assemblées.

28 Janvier. La loi contre le vol domestique en France est claire, précise & si rigoureuse dans tous les cas, qu'elle devient souvent injuste. Elle prononce toujours sans exception la peine de mort. M. *Dupaty*, président de tournelle de Bordeaux, s'est trouvé trois fois dans le cas d'invoquer le secours du législateur & de faire adoucir l'arrêt.

Il a déterré une lettre du garde-des-sceaux *d'Armenonville*, écrite en 1724 au conseil souverain de Colmar & déposée dans les archives de ce tribunal, où en interprétant cette loi, le chef de la justice déclare que l'intention du Roi n'a pas pu être de punir également le plus léger vol & le plus grave, sur-tout quand les circonstances sont en faveur de l'accusé. M. *Dupaty* enchanté de cette découverte, pour la faire connoître aux magistrats, a écrit lui-même une lettre sur la matiere que rapporte le journal encyclopédique. M. *Mars*, rédacteur de la *Gazette des Tribunaux*, s'en est emparé & l'a insérée dans quelque numéro. Le procureur-général scandalisé qu'on infirmât ainsi une loi en vigueur, a fait supprimer cette gazette & interdire le censeur *Coquelay de Chauffepierre*. Heureusement M. *Dupaty* a l'oreille du garde-des-sceaux & travaille, comme on a dit, sous ses auspices à la réforme de la justice criminelle ; il a fait arranger l'affaire, & l'auteur & le censeur viennent d'être rétablis.

28 *Janvier*. Le livre de M. *Necker* est toujours rare. Un libraire en a profité pour faire une spéculation. Il a imaginé de contrefaire séparément l'*Introduction*. Afin de donner à ce larcin un air d'honnêteté, il l'a enrichie de notes. Quelques-unes, & c'est le très-petit nombre, contiennent des faits & des anecdotes vraiment utiles & qu'il faut savoir ; quelques autres ne sont pas justes ; il en est de trop fines pour le gros du public ; mais la plus grande partie en est très-commune, & s'offrant d'elle-même à l'esprit de tout lecteur devenoit inutile.

Dans la conclusion, le critique reprend un enractere d'impartialité & résume assez bien ce chef-d'œuvre aux yeux des enthousiastes aveugles de M. *Necker*.

Suivant lui, malgré l'expression de beaucoup de sentiments louables, on ne peut s'empêcher d'y remarquer d'abord un abus de confiance que rien ne peut excuser ; ensuite un excès de vanité dont il n'y a pas d'exemple, & par-tout les efforts mal déguisés d'une ambition au désespoir. Son style, qui a des charmes malgré ses incorrections, qui est noble quand il n'est pas emphatique, qui est chaud quand il n'est pas entortillé, qui a du mouvement oratoire quand il n'est pas pédantesque ou mystique, devient fatigant & monotone par un égoïsme continuel. Il y a des beautés de détail dans ce morceau, il y a de grandes vérités ; mais elles perdent, les unes de leur prix, les autres de leur intérêt ; parce qu'on voit trop clairement qu'elles se rapportent toujours à un violent amour de soi-même.

On attribue cette critique à M. *Loiseau de Berenger*, fermier-général & frere d'un *Loiseau*, avocat, qui a eu de la réputation dans son temps, & sans doute en auroit eu davantage s'il n'étoit mort à la fleur de l'âge.

28 *Janvier*. Le maréchal *de Segur*, attaqué de la goutte depuis quelque temps, s'est trouvé en état d'aller au conseil : le Roi en entrant l'ayant vu debout, l'a pris par l'épaule, & lui a dit : « Je » vous soutiens ; mais asseyez-vous, vous 'erez » plus sûrement. » Ce mot a paru charmant dans la bouche de S. M. & dans la circonstance où l'on parloit de la disgrace de ce ministre. On ajoute que S. M. a chargé M. *de Vergennes* de é-clarer qu'elle ignoroit pourquoi on faisoit cou-

rit de pareils bruits, qu'elle étoit contente des services de M. *de Segur* & entendoit le conserver.

29 Janvier. Bien des gens pensent qu'il en sera de *Panurge* comme du *Mariage de Figaro*; que tout en disant de cet opéra beaucoup de mal qu'il mérite, on s'y portera en foule à cause de la musique. Quoi qu'il en soit, il court sur ce spectacle un calembour sanglant contre l'auteur du poëme, qui fait fortune. La scene étant dans l'isle des Lanternes, le théâtre est éclairé par des lanternes : on dit qu'elles sont de papier, parce que M. *Morel* ne sait pas faire de verres (de vers), & l'on en cite une quantité qu'on a retenus pour leur platitude & leur ridicule; ils sont en quelque sorte proverbe.

29 Janvier. Voici une polissonnerie née de la piece des *Docteurs Modernes*; quoiqu'elle roule sur une idée mille fois rebattue elle plaît encore, sur-tout quand elle est chantée. Elle est sur l'air du *Vaudeville de Figaro* & contient dix couplets; ce qui est trop long de beaucoup pour une facétie semblable.

Il est un Dieu tutélaire,
Un docteur couru, fêté,
Dont le geste salutaire
Est un signe de santé :
Aux femmes il a su plaire,
Et par un accord flatteur,
Toutes veulent le docteur. (*bis*)

Pour elles discret, habile,
Il réussit chaque jour ;
Le docteur est à la ville,
Le docteur est à la cour;

D'une cure difficile
Pour abréger la lenteur,
Il ne faut que le docteur.   (bis)

Le docteur qui regne en France
Est moins savant qu'on ne croit,
Il n'a pas grande science,
Pourtant il est maître en droit;
Et c'est pour cela, je pense,
Que bien des femmes d'honneur
Ont du goût pour le docteur.   (bis)

Le docteur flatte, intéresse
Les femmes dans tous les temps ;
Il gouverne avec adresse,
Et leur esprit & leurs sens :
On fait naître la tendresse
Dans un foible & jeune cœur
En lui montrant le docteur.   (bis)

Docteur chéri d'une belle,
Par lui près d'elle on peut tout.
Nes amis, d'une cruelle
Voulez-vous venir à bout!
Laissez dire la rebelle,
Et bravant sa sombre humeur
Faites-lui voir le docteur.   (bis)

O maris ! qui de vos femmes
Voulez conserver le cœur,
Employez près de ces dames,
Non les soupirs, la longueur :

Pour commander à leurs ames
Il n'est qu'un moyen vainqueur,
L'entremise du docteur. (bis)

Pour la paix de son ménage
Orgon se servoit de lui ;
L'épouse fut douce & sage
Très-long-temps ; mais aujourd'hui
Elle crie, elle fait rage,
Et pourquoi ! C'est qu'au barbon
Le docteur a fait faux-bon. (bis)

Vieilles, jeunes, laides, belles,
Toutes aiment le docteur,
Et toutes lui sont fidelles ;
Toutes ! non ! c'est une erreur ;
On dit qu'il en est entr'elles
Dans la crainte de malheur
Qui se passent du docteur. (bis)

Quoiqu'on dise & qu'on plaisante
Sur cet être séducteur,
Par-tout on offre, on présente,
On introduit le docteur.
Il répond à notre attente
Et nous sert avec ardeur,
Tout se fait par le docteur. (bis)

Sexe aimable, fait pour plaire,
A qui j'offre mes couplets ;
Si cet éloge sincere

Près de vous a du fuccès,
J'en demande le falaire ;
Belles, fouffrez que l'auteur
Vous préfente le docteur. (*bis*)

29 *Janvier*. Les commiffaires députés des actionnaires de la caiffe d'efcompte font retournés le dimanche 23 à Verfailles & ont porté leurs repréfentations en forme de requête au Roi, qui a daigné les recevoir par l'entremife de M. le comte *de Vergennes*, comme chef du confeil des finances. Ils y avoient établi que depuis trois mois, & notamment dans les derniers jours de décembre, il s'étoit fait fur les dividendes des actions de la caiffe un trafic tellement défordonné, qu'il s'en étoit vendu quatre fois plus qu'il n'en exifte réellement ; qu'ils croyoient de leur devoir de dénoncer à S. M. un abus qui pouvoit compromettre la fortune de fes fujets & le feul principe des difcuffions fâcheufes élevées parmi les actionnaires, lefquelles cefferoient indubitablement par la févérité qu'ils fupplioient fa majefté d'employer pour profcrire & annuller des conventions également contraires à la bonne foi, au bon ordre & au crédit public.

En même temps il a été mis fous les yeux du Roi une grande quantité de marchés en preuve des faits allégués.

Il réfultoit de ces marchés que, foit de la part des vendeurs, foit de celle des acheteurs, on avoit voulu fe prévaloir infidieufement de connoiffances qui promettant aux uns ou aux autres des avantages certains, rendoient les conditions inégales & ne pouvoient produire que des gains illicites ; que de pareils actes, enfantés par un

vil

vil excès de cupidité, avoient le caractere de ces jeux infideles que la sagesse des loix du royaume a proscrits, & qu'ils tenoient à un esprit d'agiotage qui depuis quelque temps s'introduit d'Angleterre en France, & fait des progrès aussi nuisibles à l'intérêt du commerce & aux spéculations honnêtes, qu'au maintien de l'ordre public.

Le Roi a été indigné du spectacle de ces friponneries; & dès le 24 janvier il a été rendu un arrêt du conseil, qui déclare nuls les marchés de primes & engagements illicites, concernant les dividendes de la caisse d'escompte & autres de pareil genre.

Ce dernier article regarde l'emprunt de décembre, à l'occasion duquel on a vu négocier jusqu'à l'espérance d'y être admis, & s'élever ensuite des discussions scandaleuses sur la prétendue valeur d'engagements nécessairement illusoires.

30 *Janvier*. Le mercredi 26, M. le lieutenant-général de police s'est rendu au bureau des nourrices, & y a donné le prix à la nommée *Anne Bouvet*, femme d'*Hildevert Diet*, de la paroisse de Trilbardou, près Meaux, terre dont M. *le Noir* a fait depuis peu l'acquisition.

Ce prix, suivant l'intention du fondateur, consistoit en une médaille d'or & en un gobelet d'argent, sur lequel l'historique du prix avoit été tracé. La médaille portoit, d'un côté, le portrait de la Reine, & de l'autre ces mots : *à la bonne nourrice*.

M. *le Noir*, en couronnant cette femme comme bonne nourrice, lui a dit : *il reste à vous récompenser comme bonne citoyenne & mere de famille; vous avez donné sept enfants à l'état, ce prix me regarde & je m'en charge.*

Tome XXVIII. D

Cette cérémonie a fait spectacle & il a été récité des pieces de vers y relatives.

30 *Janvier*. Dans l'assemblée générale des actionnaires de la caisse d'escompte, les députés ont rendu compte de leur mission, & au moyen de l'arrêt du conseil du 24 qui paroissoit, la séance a été fort tranquille & le dividende fixé à 150 livres.

On assure que le sieur *Panchault* est disgracié de M. le contrôleur-général, & a reçu défenses de paroître chez ce ministre. On veut que ce soit M. le lieutenant-général de police, ami de M. *de Calonne*, qui lui ait dessillé les yeux & fait connoître que ce banquier avoit surpris sa religion. M. *le Noir* s'est trouvé par bonheur à Versailles au jour de la députation; il a entendu les plaintes des commissaires, il a vu la fermentation qu'elles causoient dans la galerie; il est allé chez M. le contrôleur-général, & l'a disposé à les écouter, il l'a même engagé à les envoyer chercher & à mieux s'instruire de leurs griefs.

30 *Janvier*. Extrait d'une lettre de Bordeaux, du 15 janvier.... Outre la *lettre d'un subdélégué de la Généralité de Guienne à M. le Duc de ***, relativement aux corvées*, que vous avez vu sûrement dans le temps, il a paru ici un autre écrit intitulé : *Mémoire important sur l'administration des Corvées dans la généralité de Guienne, & observations sur les Remontrances du Parlement de Bordeaux du 13 mai 1784, par Monsieur Dupré de Saint-Maur, intendant de Guienne.* Ces deux imprimés ont été dénoncés au parlement; il y a eu des voix pour les brûler; enfin hier 14 il a été arrêté, les chambres assemblées, que pour toute réponse les enquêtes faites en

conséquence des arrêts du 27 mars & du 28 avril dernier, ensemble toutes les pieces justificatives qui y sont jointes, ainsi que celles qui sont parvenues au parlement, ou pourront lui parvenir en exécution de l'arrêt du 19 novembre dernier, seront imprimées; que le bureau des commissaires établi au sujet des corvées, est chargé de veiller à la prompte exécution du présent arrêté.

La cour a de plus délibéré que le présent arrêté seroit imprimé. Ainsi voilà un combat à mort entre la compagnie & l'intendant. La publicité de cet arrêté étoit d'autant plus nécessaire que le mémoire de M. *Dupré de Saint-Maur*, imprimé & répandu avec profusion, accumule contre le parlement les accusations les plus graves & les plus calomnieuses; qu'il est précédé d'une lettre adressée au Roi, ce qui feroit croire que sa majesté a connu & approuvé ce que contient ledit mémoire: il étoit donc bien essentiel de faire connoître les pieces qui ont servi de base aux remontrances, & de prouver ainsi que la cour n'a pas cessé de mériter la confiance du monarque & l'estime publique.

Cette affaire majeure se lie nécessairement à la délibération qui devoit avoir lieu le 7.

Il est à observer que la cour des aides qui a fait aussi des remontrances sur les corvées, est également calomniée & peinte sous les couleurs les plus noires.

30 *Janvier*. Me. *Pincemaille* est le confrere qui a prêté son nom à Me. *Martin de Marivaux* pour signer le dernier mémoire contre M. *Saussaye*; lequel mémoire a mérité l'animadversion de la chambre des comptes: heureusement que l'ordre ne regarde pas cette cour comme compétente pour

donner des qualifications à l'écrit d'un de ses membres ; en conséquence les plus ardents étoient d'avis de s'élever contre la clause de l'arrêt concernant le mémoire, ce qui auroit engagé une querelle grave avec la chambre des comptes : les avocats pacifiques voulant l'éviter, l'ont emporté, & Me *Pincemaille*, tout jeune d'ailleurs & sans expérience, en a été quitte pour une légere admonition.

30 *Janvier*. M. *Forgeot*, l'un de nos jeunes auteurs dramatiques donnant le plus d'espérance aujourd'hui, vient de l'augmenter hier à la comédie françoise par un second essai. *Les Epreuves* sont une piece de sa composition en un acte & en vers, qui a eu un succès tel, qu'aucune de ce genre n'en avoit éprouvé depuis long-temps. L'intrigue, quoique peu de chose & roulant sur les picoteries de la jalousie remaniées cent fois au théâtre, est agencée avec beaucoup d'art ; le style est naturel, noble ; le dialogue rempli d'esprit sans affectation, de sentiment qui n'est point outré ; &, ce qui est très-rare, le spectateur dont l'attention est toujours soutenue ne ressent pas un instant de longueur ou de distraction durant cet acte bien rempli. On doit avouer aussi que le jeu délicieux de Mlle. *Contat* & du sieur *Molé* contribue beaucoup à faire valoir cet ouvrage : la premiere sur-tout acquiert une perfection, dont il y a quelques années on ne l'auroit jamais cru capable.

31 *Janvier*. L'académie royale des inscriptions & belles-lettres, vient de recevoir une marque de la bienveillance du gouvernement. Huit membres de cette compagnie sont choisis & ont un traitement particulier, pour faire connoître au public, par

des notices exactes & détaillées, des extraits raisonnés, souvent par la traduction, quelquefois même par l'édition de certaines pieces dans les langues originales, la collection précieuse des manuscrits de la bibliotheque du Roi. Deux s'occuperont des manuscrits orientaux, trois des manuscrits grecs & latins, & les trois autres des manuscrits concernant l'histoire de France & en général les antiquités du moyen âge.

Les huit académiciens nommés par le Roi sont MM. *de Guignes, de Brequigny, Gaillard, du Theil, de Villoison, de Keralio,* l'abbé *Brottier, de Vauvilliers.*

C'est M. le baron *de Breteuil* qui, en sa qualité de ministre de Paris & des académies, a suggéré au Roi cette munificence; on ne dit pas encore le traitement pécuniaire des académiciens, qui n'est peut-être pas réglé.

Au reste, les savants, tant de la capitale que des provinces, sont également invités à concourir à ce travail, en faisant connoître de leur côté ce que les différents dépôts publics ou particuliers peuvent contenir de nouveau & d'utile: ils sont exhortés à envoyer le résultat de leur travail à M. *d'Acier,* secretaire de l'académie.

Les divers mémoires ou extraits seront lus dans un comité composé, outre les huit académiciens chargés particuliérement du travail, des officiers de l'année, de quatre académiciens commissaires & du secrétaire perpétuel, qui doit y remplir les mêmes fonctions qu'à l'académie.

Ces mémoires seront imprimés comme suite de ceux de l'académie & avec le nom des auteurs. On formera des volumes séparés des mémoires des savants étrangers à l'académie.

31 *Janvier.* Le schisme continue toujours entre les deux musées littéraires ; les schismatiques, sous la direction de l'anti-président, *Cailhava d'Estandoux*, ont suivi le sieur *Pilâtre* dans son nouveau local rue Saint-Honoré, & y ont tenu le 9 décembre dernier, leur séance publique de rentrée.

Cette séance a été remarquable par la présence d'un prince negre, héritier présomptif du royaume d'*Ouaire* à la Côte d'Or. Son pere l'a remis au capitaine *Landolphe*, de Nantes, & il est à Paris depuis quelques mois. Quoiqu'il n'entende pas la langue françoise qu'il apprend, mais dans laquelle il fait peu de progrès, il a été complimenté par un M. *Moreau de Saint-Mery*, qui s'est étendu sur ses qualités personnelles, & a remarqué combien étoit flatteuse pour la nation françoise la confiance du roi d'*Ouaire*, de nous envoyer ainsi son fils âgé de vingt ans. C'est dans un discours sur les usages & les mœurs du royaume d'*Ouaire* que l'orateur a fait entendre vraisemblablement pour la premiere fois la flatterie aux oreilles du prince negre, qui cependant y a été moins sensible qu'à des expériences de physique qu'a fait ensuite le sieur *Pilâtre* ; elles l'ont fort amusé.

1 *Février* 1785. *Histoire de Marguerite, fille de Suzon, niece de D... B..., suivie de la Cauchoise, avec figures.* Tel est le titre de deux nouvelles brochures réunies ensemble, à joindre à la nombreuse bibliotheque de tant d'autres sur la même matiere. La premiere est aussi plate que dégoûtante.

La seconde, c'est-à-dire, *la Cauchoise*, est le roman d'une fille entretenue, qui ressemble à mille autres. Ce qu'il y a de mieux, c'est un catalogue assez détaillé de tous les ouvrages en vers & en prose sur la même matière, avec le nom des auteurs. On y trouve aussi quelques pieces de vers grossiers, mais où il y a de l'énergie: quant aux figures, elles sont à faire mal au cœur.

1 *Février*. Le jeudi 27 janvier a été jugée à la tournelle une cause très-intéressante qui occupe les tribunaux depuis sept ou huit ans. Il s'agit d'un nommé *la Planche*, commis du sieur Marotte, receveur des tailles d'Angoulême, accusé de vol par celui-ci, condamné à être pendu par la cour des aides, dont l'arrêt a été cassé au conseil, puis mis hors de cour au châtelet, & autorisé à demander des dommages & intérêts à son accusateur, comme l'ayant tenu en chartre privée.

Aujourd'hui le parquet l'a vu d'une voix unanime innocent, & les magistrats, au nombre de dix-neuf, l'ont condamné unanimement à être pendu. Heureusement il n'étoit pas constitué prisonnier

L'avocat de *la Planche*, M. *Polverel*, obligé de quitter le barreau de Bordeaux pour son zele trop ardent à défendre ses parties, avoit fait un mémoire si violent contre la cour des aides, & en général, si injurieux à la magistrature, qu'il a été ordonné qu'il seroit déposé au greffe, pour être pris par le procureur-général telles conclusions qu'il avisera bon être. Ce qui occasionne une grande affaire avec les avocats.

2 *Février*. Voici encore une *Conversion*, mais bien différente de celle de M. de *Mirabeau*, dont l'ouvrage est plus justement qualifié par les connoisseurs, *le Libertin de Cour*. La *Conversion* dont

il s'agit, est une simple correspondance entre deux filles, dont l'une s'appelle *Hortense*, & l'autre *Remonde*. Revenues de leurs égaremens, elles sont mariées & vivent en bonnes bourgeoises.

Jusqu'à présent, on n'a que la premiere partie de l'ouvrage, c'est-à-dire, les lettres d'*Hortense* à *Remonde*; elles sont toutes datées & embrassent un espace de près de deux ans, depuis le 12 avril 1782, jusques au 12 janvier 1784. *Remonde* promet les siennes si le public les désire.

Ce recueil n'est piquant que parce qu'on y retrouve quantité de filles célebres & d'autres personnages connus par leurs aventures galantes; ils y sont nommés en toutes lettres. Il y a aussi nombre de pieces de vers insérées sans beaucoup d'adresse, mais dont plusieurs ont du sel & caractérisent quelque talent pour la poésie ; on juge que c'est un jeune auteur qui ne sachant comment vuider son porte-feuille, a bonnement imaginé un pareil cadre ; ce qui confirme encore mieux ce soupçon, c'est que dans les dernieres lettres l'héroïne voyage avec un anglois & parle de la Suisse & de l'Italie, très-superficiellement sans doute, mais toujours ne devoit-on pas s'attendre à rencontrer pareille matiere traitée dans une telle correspondance: *Non erat hic locus*, & si l'écrivain eût eu tant soit peu de goût, il l'auroit supprimée.

2 *Février*. Me. *de Seize* a passé du châtelet au palais & y a plaidé avec non moins de succès. Il a débuté à la tournelle par une affaire très-piquante. Il s'agissoit de défendre un Juif du crime d'usure, crime si commun & si généralement reproché à toute sa nation. L'adversaire heureusement étoit un jeune libertin, abymé de dettes & perdu de débauches : au contraire, la

partie de Me. *Seize*, un personnage estimé parmi ses concitoyens, distingué par des actes patriotiques, & dont mille traits généreux doivent faire conserver le nom chez la postérité.

Le plaidoyer & la réplique de Me. *Seize* ont fait la plus grande sensation au palais, non-seulement à raison du fond de l'affaire déjà très important, mais à raison du talent qu'il y a répandu. Il les a semés d'épisodes extrêmement curieux sur les Juifs, sur leurs usages, leurs privileges en France. Il a mis tant d'art dans cette cause, qu'il a intéressé & pour son client & pour toute la nation juive, depuis trop long-temps en horreur aux autres ; ce qui a fourni l'occasion à l'orateur de dire des choses sur la religion très-hardies, mais placées de maniere à ne pouvoir choquer.

M. l'avocat-général qui portoit la parole dans cette cause, n'a pu s'empêcher de faire un compliment flatteur à l'orateur Bordelois, & de féliciter le barreau de Paris d'une aussi excellente acquisition.

Le samedi 29 janvier cette affaire a été jugée ; l'accusation contre le Juif a été déclarée calomnieuse, & il lui a été accordé tous les dépens, dommages & intérêts d'usage en pareil cas, avec autorisation de faire imprimer & afficher l'arrêt à Paris & dans sa patrie.

Ce Juif célebre se nomme *Worms*, & sa partie étoit un militaire appellé M. *de Saint-Janvier*.

2 *Février*. Le ministre des académies a déterminé aussi S. M. à déployer sa munificence envers l'académie françoise. Les jetons, à commencer du premier janvier, doivent être de la valeur d'un écu ; ce qui les augmente de plus d'un tiers, & ce

qui vaudra sept à huit cents francs de plus par an aux jetonniers.

3 *Février*. Dans la rapsodie intitulée : *Ma Conversion*, il se trouve une lettre datée du dimanche 4 mai 1783, où l'on lit un paragraphe remarquable. *Hortense* en partant pour ses voyages, envoie à *Remonde* son amie une pacotille de chiffons & ajoute : « Tu trouveras parmi ces chiffons
„ un ouvrage charmant, délicieux, enrichi de
„ très belles figures en taille-douce, intitulé :
„ *Le Libertin de qualité*, ou *Confidences d'un pri-*
„ *sonnier au château de Vincennes*, écrites par lui-
„ même. C'est l'histoire véritable d'un de nos illus-
„ tres roués, composée avec le goût le plus exquis
„ & du style le plus élégant dont un ouvrage
„ libre soit susceptible ; c'est le récit d'une vie
„ passée dans la volupté la plus épicurienne ; c'est
„ l'histoire scandaleuse de nos femmes de cour ;
„ c'est le tableau des mœurs dépravées de presque
„ tous les gens de qualité. Les prélats, la horde
„ méprisable de la sacrée milice, tout y est mis
„ à découvert, tout y est dévoilé. Il arrive au héros
„ de l'histoire mille aventures les plus plaisantes
„ & les plus agréablement racontées ; ce qui aug-
„ mente l'intérêt, c'est que tout le monde a deviné
„ le prisonnier du château de Vincennes ; c'est le
„ comte *de Mirabeau* que sa famille a fait en-
„ fermer, je crois pour la troisieme fois. C'est
„ bien le plus aimable libertin, le plus grand
„ génie en tout genre qui soit au monde. Il a
„ fait plusieurs ouvrages du plus grand mérite &
„ qui lui ont valu la haine de sa famille & la
„ persécution du gouvernement..... »

Il paroît très-singulier que dès mai 1783, on parlât d'un ouvrage qui n'a percé à Paris que vers la fin de 1784 & qu'on lui donnât un titre qu'il n'a plus; car on ne peut douter que *le Libertin de qualité* dont il s'agit ici, ne soit *ma conversion* dont il a été rendu compte. Cela feroit présumer que l'auteur avoit d'abord eu envie de prendre ce titre & qu'il en a été détourné par la crainte de causer trop de scandale, à raison de portraits plus directs de femmes du haut parage, sur qui le *libertin de cour* auroit fixé les yeux plus décidément. Quoi qu'il en soit, on conçoit par-là que la prétendue *Hortense* étoit grande amie du héros de la premiere *Conversion*, le connoissoit du moins beaucoup. Du reste, on ne peut qu'applaudir à la justesse du jugement porté sur son infernale production.

3 *Février.* Extrait d'une lettre de Besançon, du 25 janvier.... Le différend de nos avocats avec le parlement est toujours pendant au conseil. Me. *Monnot*, las de guerroyer inutilement, est revenu de Paris, & l'ordre y a député Me. *Bassan*. Celui-ci a vu récemment M. le garde-des-sceaux, qui lui a dit pour toute réponse : « *Que voulez-vous qu'on fasse contre une compagnie ?* » Les affaires restent toujours en stagnation. Les procureurs sont bien autorisés à plaider ; mais ils ne peuvent le faire dans les questions de droit, & les avocats se tiennent ferme pour rester dans l'inaction. Ils se plaignent au reste du bureau de Paris, qui a d'abord paru vouloir prendre fait & cause pour lui & puis l'abandonne lâchement......

3 *Février.* Le mémoire pour le commerce de Bordeaux, qui n'a eu connoissance que le 20 novembre de l'arrêt du conseil concernant le commerce des Colonies, est imprimé & commence à se répandre ici. On le dit très-bien fait, encore mieux développé que celui de Nantes & répon-

dant plus directement & plus péremptoirement aux objections.

On assure que le parlement de Bordeaux veut intervenir, prendre parti dans cette grande querelle & soutenir les négociants de ce grand port, qui le font valoir & l'ont porté au point de splendeur où il est, dont il décherroit bientôt si l'arrêt contre lequel ils réclament avoit long-temps son exécution.

4 Février. M. *Faur*, secrétaire de M. le duc de *Fronsac*, à qui l'on attribue assez généralement aujourd'hui le drame d'*Amélie & Monrose*, après avoir fait pleurer le public à cette piece intéressante, l'a voulu faire rire par une farce digne du jeudi gras. Il a fait exécuter hier la premiere représentation de *Colombine & Cassandre le Pleureur*. Cette parade en deux actes, en vers, mêlée d'ariettes & vaudevilles, n'a eu aucun succès; elle a paru triste comme un enterrement; les sifflets sur la fin du second acte servoient d'accompagnements aux paroles, & les acteurs ont été obligés de se retirer avant la derniere scene.

La musique est de M. *Champein*. On y a applaudi quelques jolies choses; mais en général elle est trop phrasée; ses ariettes sont trop longues, & ses motifs sont vagues & sans caractere. On a cependant fait répéter à Mlle. *Adeline* une ariette.

4 Février. Requête des Demoiselles de Paris à M. le Baron de Breteuil, Secretaire d'Etat de ce Département & Ministre du Clergé. Tel est le vrai titre de la plaisanterie que nous avons annoncée l'année derniere & qui ne nous tombe qu'en ce moment dans les mains. Comme elle est toujours manuscrite & excessivement rare, nous l'allons insérer, quoiqu'un peu longue.

MONSEIGNEUR,

« Dans l'excès de notre désespoir, nous venons nous jeter à vos genoux & implorer votre pitié, ou plutôt votre justice; nous venons en appeller de vous-même à vous-même. Sans le vouloir & croyant opérer le bien, vous avez surpris la religion du Roi par votre lettre du 16 octobre dernier, circulaire à tous les prélats du royaume, de sortir promptement de Paris, de se rendre dans leur diocèse respectif & d'y résider à l'avenir constamment, sans jamais le quitter que pour nécessité absolue.

» Vous vous félicitez, Monseigneur, de ce réglement, comme sagement imaginé. Vous le regardez comme un monument immortel de votre zele pour le service de la religion & de l'état. Nous ignorons ce que la premiere y gagnera, mais nous osons vous représenter que sous le second rapport vous vous êtes étrangement trompé. En signant un pareil ordre, vous avez en même temps proscrit quarante mille sujetes de S. M., car telle est la quantité de courtisanes qu'on compte dans la capitale de la France (1), & dans quelque classe infime qu'on nous range, ce nombre composant à-peu-près la vingtieme partie de sa population, mérite quelque attention de la part du gouvernement. Mais sommes-nous aussi viles que le préjugé voudroit le faire croire ? Ne sommes-nous pas utiles & même nécessaires ?

___

(1) Consultez le savant auteur de l'*Errotika Biblion*, dans son chapitre du *Thaluba*, p. 66.

(86)

C'est ce que nous discuterons d'abord, pour mieux faire sentir les conséquences funestes d'interdire le séjour de Paris au corps épiscopal, à ce qu'on nomme le haut clergé, si essentiel à notre bien-être & à notre subsistance.

» Pour mieux détruire les notions qu'on a de notre état, nous allons définir ce qu'on doit entendre par le mot de courtisane. C'est une personne du sexe qui, douée de talents naturels ou acquis pour l'art des voluptés, le pratique & l'enseigne aux autres. Or, cet art a été fort en honneur chez les anciens, à commencer par le peuple juif (1). Les auteurs grecs & romains nous apprennent à ce sujet d'étranges choses. A Samos il y avoit ce qu'on appelloit *le Temple de la Nature*. C'étoient des lieux publics où les hommes & les femmes, pêle-mêle, s'abandonnoient à tous les genres de libertinage. A Corinthe, dans certains temples, on adressoit sans cesse des prieres aux dieux pour augmenter le nombre des prostituées. A Rome, combien de fêtes où brilloient sur-tout nos semblables! Et ces vestales, symbole dérisoire de la virginité, n'étoient-elles pas consacrées à attacher l'image du membre viril aux chars des triomphateurs? fonctions qui assurément ressemblent beaucoup aux nôtres (2). Enfin dans l'isle de Sardaigne, la reine Omphale présidoit à nos jeux & les dirigeoit.

» On nous objectera peut-être que ce qui dé-

---

(1) Voyez l'*Errotika Biblion*, dans son chapitre de la *Toproide*.

(2) Voyez encore l'*Errotika Biblion*.

grade notre état aujourd'hui, c'est la rétribution que nous en recevons. Mais qui ne se fait payer, en remontant jusqu'aux prêtres & au chef suprême de l'église ?

» Au reste, nous devons à nos contemporains la justice de convenir que la philosophie commence bien à les éclairer à cet égard. La fréquentation habituelle avec les Anglois qui ne pensent pas de même ; les voyages de nos jeunes seigneurs à Londres, où l'on voit les cendres de quelques-unes de nos plus célebres héroïnes reposer auprès de celles des hommes illustres & des souverains, n'ont pas peu contribué à cette révolution. De grands seigneurs, des militaires distingués, des citoyens honnêtes, de bons bourgeois, classe dans laquelle les préjugés sont ordinairement plus enracinés, épousent aujourd'hui, sans beaucoup de scrupule, des courtisanes. Eh! n'avons-nous pas vu le feu Roi en choisir une pour sa couche & l'associer en quelque sorte à son trône ?

» Dans le cas, au surplus, où l'on seroit assez injuste ou assez aveugle pour nous refuser toute considération personnelle, sous le point de vue de la politique & d'une administration bien entendue, l'on ne peut nous contester une utilité réelle. Si la premiere qualité du citoyen est de peupler, qui le fait mieux que nous ? Un célebre prédicateur, dans la chaire de vérité même a été forcé, en s'élevant contre la corruption des mœurs, de faire notre éloge, & croyant nous décrier dans l'ordre de la religion, nous a fait valoir dans l'ordre social. Il a calculé, qu'à nous seules, nous avions enrichi l'état à cette époque de plus de la moitié des enfants nés dans Paris (1).

,, Du côté du commerce & de la circulation du numéraire, qui plus que nous donne de l'ame au premier, & du mouvement au second ? Quant à l'un, pour ne nous arrêter qu'à une branche, celle des modes, si précieuse, si glorieuse pour la nation françoise, qui soumet de la sorte à ses loix les peuples les plus reculés de l'univers, peut-on nier qu'elle ne nous doive infiniment ? On est effrayé de la multitude énorme de poufs, de chapeaux, de gazes, de rubans, d'épingles que nous consommons ou faisons consommer par l'instabilité continue de nos caprices, auxquels se soumettent les honnêtes femmes & les têtes les plus augustes (2) ? Quant à l'autre, il est fâcheux que ce grand ministre des finances (3), qui ne vouloit pas laisser un seul écu oisif, ne soit plus en place. Il pourroit mieux que personne nous rendre justice, & calculer de quel avantage nous sommes au rouage général de la machine, à laquelle il avoit imprimé une rotation si rapide.

,, Mais nous allons plus loin, & nous prétendons que nous sommes nécessaires dans un état

---

(1) En 1780, M. l'abbé *Maury*, prêchant le carême devant le Roi, mit en fait qu'il y avoit eu cette année, chose sans exemple encore, treize mille enfants trouvés, tandis que le nombre des naissances dans Paris ne monte guere que de vingt-un à vingt-deux mille ames.

(2) Nous avons lu quelque part que la Reine ne dédaignoit pas de consulter en certaines occasions Mlle *Guimard* sur les choses de goût, concernant son ajustement, relativement aux spectacles, aux bals & aux fêtes.

(3) M. *Necker*.

bien policé ; que Paris, si admirable par le bel ordre qui regne dans son sein, ne seroit plus, sans nous, qu'un théâtre de crimes, d'horreurs & d'abominations si multipliés & tels, qu'il ne pourroit subsister long-temps. Notre premiere proposition a été généralement reconnue de tous les législateurs, & l'application que nous en avons faite à la capitale est justifiée par l'érection d'une place de magistrature, spécialement affectée, non à nous détruire, mais à nous régimer, à nous gouverner, à nous soutenir : magistrature difficile, honorable, exigeant de grands talents, puisqu'on en a tiré plusieurs ministres pour les autres départements. Nous ne ferons point un grand étalage d'érudition afin de prouver notre assertion ; nous ne citerons qu'un moraliste, qui tout récemment l'a défendue dans un ouvrage estimé, quoique flétri par la sorbonne (1). Ce moraliste, auquel une assemblée de sages présidant à l'administration d'une république, vertueuse s'est adressée pour le consulter sur sa législation (2), décide formellement que c'est à nous qu'un jeune homme doit recourir pour vaincre, en succombant, la passion si funeste de l'amour jusqu'à ce qu'il soit marié.

„ Vous-même, Monseigneur, ne semblez pas éloigné de cette façon de penser. L'intérêt que

___

(1) Le livre des *Principes de Morale*, par l'abbé *de Mably*.

(2) On prétend que le congrès des Etats-unis de l'Amérique a consulté M. l'abbé *de Mably* pour la réduction de ses loix.

presque dès votre avénement au ministere vous avez pris à l'opéra, en améliorant le sort des sujets (1) d'une institution formée en quelque sorte pour nous & par nous ; la protection dont vous avez couvert un spectacle forain (2), un de nos séminaires les plus abondants, accueilli chez un grand prince (3), qui lui-même plein de zele pour notre ordre, s'occupe à transformer son palais en un vaste *parthenon* (4), tout prouve à cet égard vos vues sages & patriotiques. Comment donc contraririez-vous vous-même vos intentions, & détruiriez-vous d'une main ce que vous édifiez de l'autre ? C'est ce qu'il nous reste à vous démontrer.

» Oui, Monseigneur, nos plus grands profits, nos revenus les plus clairs sont dus au clergé. On estime ses richesses en France, à 120 millions de rentes. Hé bien, la moitié peut-être nous en passe dans les mains, qui revient sans cesse dans celles du gouvernement par les filieres de toute espece qu'a imaginées la fiscalité. En exilant les évêques de Paris, vous arrêtez tout-à-coup cette circulation, non-seulement par rapport à eux, mais par rapport à la foule de grands-vicaires, de secrétaires, d'abbés, de clercs, de suppôts, de cau-

---

(3) Autrefois la meilleure actrice de l'opéra n'avoit que mille écus ; elle a 9,000 livres aujourd'hui.

(2) *Les Variétés amusantes*, transportées au Palais-Royal avec beaucoup d'avantage.

(3) Le duc *de Chartres*.

(4) Mot grec dont se sert M. *Retif de la Bretonne* dans un ouvrage très-savant & tout à notre gloire.

dataires qu'ils entraînent à leur suite ; relativement sur-tout à l'émulation générale que causoit dans le clergé séculier & régulier leur exemple, qui, répandu de proche en proche, animoit à l'envi tout ce grand corps. On ne sauroit calculer les effets de cette émulation, qui va s'éteindre dans l'éloignement & la retraite. Les prélats, après avoir assouvi sourdement & à petits frais leur luxure, vont se livrer à une autre passion, à l'avarice qui, la premiere cessant, les domine presque toujours, &, si nous en croyons le grand administrateur déjà cité, est la plus funeste à l'état.

» Ce considéré, Monseigneur, il vous plaise déterminer S. M. à révoquer la lettre d'exil des évêques, & leur permettre de rentrer dans Paris, où ils seront infiniment plus utiles que dans leur diocese ; & nous ne cesserons, Monseigneur, de prier Dieu pour votre conservation & pour votre prospérité dans un ministere que vous remplissez avec autant de zele que de capacité. »

5 *Février*. M. *de Pisi* a toujours un attachement dont il ne peut se défaire pour les comédiens italiens, malgré les désagrémens qu'ils lui ont donnés. Il a imaginé, d'après la premiere idée d'un artiste, homme de goût, un ornement qui contribueroit beaucoup au décore du frontispice trop nu de la nouvelle salle.

Il leur a écrit une lettre, dans laquelle il observe que l'acrotere élevé au-dessus de l'ordre du frontispice, recevroit à merveille un superbe méridien. Il y joint une inscription ou légende, qui entoureroit la tête de *Phœbus* ; *Intua Appollo*, *sol extra*. Il se commente ensuite par ce quatrain en vers françois :

>Sous mes deux noms dans ces demeures
>Marquant tour-à-tour mon pouvoir,
> A midi je fixe les heures,
> Que je fais oublier le soir.

On ne sait pourquoi cette imagination assez heureuse, n'a pas été exécutée.

5 *Février.* Le sieur *de Beaumarchais*, désespéré que son *Barbier de Séville*, mis en musique par le fameux *Paësiello*, n'eût pas été mieux accueilli à la cour, & n'ait pu, depuis six mois, être joué, soit à l'opéra, soit à la comédie italienne, comme il l'auroit désiré, propose aujourd'hui la tournure de le faire exécuter sur le théâtre des menus, & d'en abandonner le profit pour un don de bienfaisance. Quelle générosité ! Quelle belle ame ! Le moyen de lui résister !

6 *Février.* La meilleure maniere, sans doute, d'avancer les progrès de la philosophie, c'est de la mettre en action. *Faustin ou le siecle philosophique*, est un ouvrage de ce genre. L'auteur, en faisant voyager son principal personnage, releve une infinité de préjugés, de momeries, de ridicules, d'abus, d'absurdités, d'horreurs, auxquels l'Europe est encore en proie. On le croiroit étranger & sur-tout Allemand, parce que l'Allemagne est le pays où il s'arrête davantage & dont il se montre le plus au fait. Parmi les souverains, ses deux modeles sont le roi de Prusse & l'empereur. Il trace une esquisse curieuse de ce que le dernier a déjà fait pour éclairer ses peuples & les

rendre tolérants. Son héros entre les écrivains est *Voltaire*. C'est à cet apôtre de l'humanité qu'il rapporte la révolution opérée dans les esprits, & l'époque s'en doit fixer, suivant lui, à la paix de 1748.

Dans cet ouvrage, d'une critique rapide & semé d'anecdotes, dont quelques-unes ne sont qu'indiquées, la plus singuliere est celle du rétablissement de l'inquisition en Espagne. Elle fut due à la ruse du gros pere *Osma*, confesseur de S. M. catholique. Durant une nuit orageuse, il fit mettre des vers-luisants dans la chambre du roi, qui, réveillé en sursaut, crut voir des flammes infernales, & tomba malade de frayeur. Le moine fit ensuite le rôle de la vierge, qui apparut au monarque dans un songe prétendu, & lui déclara qu'il ne guériroit qu'après avoir fait vœu de remettre en vigueur le saint-office.

Le Portugal est le royaume qui attire le plus l'indignation du voyageur, en le voyant retombé sous le joug de la superstition dont l'avoit délivré ce *Pombal*, la premiere victime qu'il s'est immolée à l'avénement de *Marie* sur le trône. Il y compte 90000 couvents, & un moine sur onze habitants.

La guerre des épaulettes de Brest que raconte l'historien; la solution par laquelle, après plusieurs duels où périrent quelques combattants, après nombre de séances du conseil de marine, il fut décidé que les officiers des vaisseaux de roi porteroient leur épaulette d'or pur, & les auxiliaires de soie avec trois fils d'or seulement. Tout cela feroit présumer que l'auteur auroit tenu en quelque chose à la marine. Quoi qu'il en soit, il est fort instruit, mais traite chaque article superficiellement pour ne pas ennuyer, & d'ailleurs assez pour remplir son objet qu'il ne perd jamais de vue. Il est gai & a une façon de narrer qui n'appartient qu'à lui. Son style, sans être parfaitement noble, est vif & précis. En un mot, c'est un livre d'un caractere d'originalité, qui le distingue de la foule des autres du même genre.

6 Février. On ne cesse d'accabler M. *Morel* pour son mauvais opéra de *Panurge.* Les auteurs qu'il a écartés du théâtre lyrique par son crédit se vengent, & non-seulement critique ses vers, mais remontent à son origine, suivant la filiation de sa fortune & le chansonnent cruellement. C'est ce qu'on observe sur-tout dans une qui circule dans les foyers des spectacles.

6 Février. Le duc *de Sully* est le premier en France qui ait eu l'idée de s'occuper des routes publiques. Il fit créer à cet effet la charge de grand-voyer. Quelques-unes furent allignées & ornées par des plantations d'arbres. M. *Desmarets* fit plus, il crut devoir établir un corps d'ingénieurs qui s'occuperoient uniquement des ponts & chaussées; mais tous deux s'étoient bornés à faire redresser les chemins, à les élargir convenablement, à en adoucir un peu les pentes, à construire des levées dans les endroits bas & marécageux: par-tout on laissoit le fond dans son état naturel & sans chercher à le consolider. Il n'y a que cinquante ans environ qu'on a commencé de s'occuper plus essentiellement des grandes routes. En conséquence, deux ou trois intendants prirent sur eux d'exiger des communautés d'habitants de leur ressort le sacrifice de quelques journées pour travailler à la confection ou à l'entretien de ces routes. Les uns en demanderent trois par année, d'autres quatre, d'autres six & même jusqu'à douze, &c. L'espece d'analogie entre ces travaux gratuits & les corvées seigneuriales, leur a fait donner le nom de corvées royales.

Telle fut l'origine de la corvée, qui n'avoit eu qu'une marche incertaine jusqu'à l'instruction envoyée en 1776 par S. M. aux commissaires départis. Son état actuel n'a même encore aucune forme légale & authentique. Il offre en quelque sorte autant d'essais que de méthodes différentes.

L'ancienne corvée n'est plus suivie que par les généralités d'Orléans, Châlons, Metz, Soissons, Clermont, Grenoble & Dijon.

Dans douze autres on a adopté le système des facultés. La répartition s'y fait au marc la livre des impositions. Ce sont les généralités de Bordeaux, Bayonne, Caen, Alençon, Rouen, Tours, Poitiers, Amiens, Moulins, Lyon, la Rochelle & Besançon. Dans quelques unes, par exemple dans celle de Caen, tout s'exécute à prix d'argent, tandis que dans les autres une partie du travail se fait en nature.

A Nancy, Perpignan & Auch, l'instruction de 1776 est un peu plus littéralement observée, mais cependant avec des différences dans chacune de ces provinces.

Le Limousin, le Languedoc, le Berry, Montauban, la Flandre, l'Artois, la Provence, ainsi que la Bresse & le Bugey, avec le comté de Gex & de Dombes, ont établi une imposition. On croit qu'il en est de même en Alsace.

Dans les généralités de Paris & de Valenciennes, on n'exige que les corvées de voitures, & l'on suppléé à la corvée de bras par des fonds particuliers.

Les états de Bretagne assignent la corvée en nature & par tâche fixe, au prorata des impositions.

Il résulte de ce tableau, que dans les quatre cinquiemes des provinces du royaume, on a abandonné l'ancienne corvée.

C'est ce qu'établit d'abord M. l'intendant de Guienne dans son *Mémoire important sur l'administration des corvées*.

Ce mémoire auroit paru plutôt, mais il a cru ne devoir le publier qu'après le retour des commissaires envoyés dans la province, temps où le ministere lui-même avoit renvoyé à s'occuper de cette affaire. C'est ce qu'on voit dans un *Avertissement de l'auteur*.

Dans les exemplaires qu'il distribue aujourd'hui, sa *Lettre au Roi* est supprimée, on ne sait pas pourquoi.

On reviendra sur ce mémoire très-long & véritablement important.

7 *Février*. La nouvelle chanson contre M. *Morel*, est sur l'air : *Accompagné de plusieurs autres*. Le refrein est très-bien choisi & contribue à lui donner du sel & de la gaieté. Elle est en huit couplets que voici.

Au bas d'un pont, dans un bureau,
Morel visoit le numéro
De mes voitures & des vôtres,
Quand il se dit un beau matin,
Je veux faire aussi mon chemin;
Je le vois bien faire à tant d'autres!

Ma figure, dont chacun rit,
Est plate ainsi que mon esprit :
Quels protecteurs seront les nôtres ?
Mince en fonds comme en revenus,
Grossissons - nous par les menus,
Comme on en voit grossir tant d'autres.

Il part, il vient, chante à Paris,
Beautés piquantes, à tout prix,
J'en ai pour vous & pour les vôtres :
J'ai des Hollandoises sur-tout,
Persannes, Angloises de goût,
Pour les seigneurs & pour les autres!

Roi des dramatiques tripots,
La Ferté voyant mon héros,
Dit : Bon ! il faut qu'il soit des nôtres :
Pour mon argent toujours dupé,
Toutes mes catins m'ont trompé :
Allons, *Morel*, cherche-m'en d'autres.

Voilà *Morel* chef d'opéra,
Traitant la ville & cætera :
Ses vins valent mieux que les nôtres ;
Et dans un carrosse brillant,
Monte ce valet insolent,
Accompagné de plusieurs autres.

Mais c'est bien pis, le directeur,
Muni d'argent veut être auteur,
Pour ses péchés & pour les nôtres!
Par-tout il fait brocher des airs,

Tome XXVIII.   E

Sur vingt actes de méchants vers,
Qu'il a fait raturer par d'autres.

Quand on vend si bien le plaisir,
Il faut au moins savoir choisir,
Sur-tout quand il s'agit des nôtres :
Fournisseur de marchés divers,
Ah! quand vous achéterez des vers,
Par grace, marchandez-en d'autres.

Pourtant votre gloire va bien,
Et vos talents ont, j'en conviens,
Créé des proverbes modernes :
Vous avez changé le dicton ;
Cela brille aujourd'hui, dit-on,
Comme un *Morel* dans mes lanternes !

7 *Février*. M. *Dupré de Saint-Maur*, trouve que le parlement de Bordeaux, dans ses remontrances, a eu deux objets distincts & séparés. L'un, d'attaquer par des moyens généraux le régime de la corvée établi en 1776 ; l'autre, d'inculper d'une maniere plus particuliere, les agents de l'administration chargés d'en suivre les détails.

Il croit avoir suffisamment traité le premier objet dans la *Lettre d'un subdélégué de Guienne*, dont il a été rendu compte & qu'il avoue aujourd'hui formellement. Il prétend avoir prouvé dans cet ouvrage les avantages de la nouvelle méthode des corvées sur l'ancienne. Tel est le premier point de son apologie qu'il intitule : *Observations sur les remontrances du parlement de Bordeaux, du 15 mai 1784.*

Dans la seconde partie, M. *Dupré de saint Maur* fournit un *Extrait des enquêtes* & ses réponses. Il contient vingt-six articles, dont quelques-uns sous-divisés en une foule de paragraphes. En supposant même la vérité de tout ce qu'avance le commissaire départi, on ne le juge pas encore pleinement justifié.

A la suite sont des *Réflexions générales sur les itératives remontrances du parlement & sur celles de la cour des aides*. M. Dupré de Saint-Maur, sort ici de la modération qu'il avoit affectée jusques-là. Il prétend que la fausseté & l'infidélité semblent avoir exclusivement fourni les matériaux d'après lesquels ces deux ouvrages ont été tissus; & malheureusement il ne prouve rien.

Dans sa conclusion, après s'être félicité d'avoir détruit pièce à pièce cette œuvre d'illusion, ce vain fantôme dont le parlement de Bordeaux s'est servi pour transmettre à la nation des terreurs qu'il avoit conçues lui-même trop légèrement, il convient cependant de négligences, d'erreurs, de fautes d'incapacité ou d'ineptie à reprocher aux agents de l'administration, & il se condamne en quelque sorte lui-même. Il anticipe le jugement de la cour; il convient de son insuffisance pour opérer le bien en Guienne, & de la nécessité d'y nommer un administrateur plus éclairé.

8 Février. Un M. *Montagne*, fils d'un ancien médecin de Bordeaux, jouissant d'une grande réputation dans son temps, mais dépensier, & ayant laissé sa famille mal à l'aise, s'est jeté dans la littérature. Il vient d'arriver à Paris avec une petite comédie, intitulée: *le Musée de Charenton*. Il se proposoit de la faire représenter aux *Variétés*.

Les comédiens françois, en ayant eu communication, suivant leur privilege l'ont retenue pour leur théâtre. L'auteur leur a témoigné sa satisfaction de l'honneur qu'ils faisoient à son ouvrage, mais en même temps son déplaisir de manquer son principal objet, qui étoit d'avoir de l'argent sur le champ, ce qu'il ne pouvoit espérer chez eux, où il falloit attendre son tour pendant fort long-temps. Sur cet exposé l'assemblée des comédiens a arrêté de lui donner à l'instant un à-compte sur ses honoraires.

8 *Février*. Le procès criminel entre les sieurs *Marot & la Planche* est si étonnant par les contradictions qui se trouvent dans les divers jugements & arrêts qu'il a occasionnés, qu'on ne peut s'empêcher d'entrer dans quelques détails à cet égard.

Le financier accusateur étoit déjà mal famé par une usure mordante qu'il exerçoit publiquement à Angoulême, & qui lui auroit attiré une vindicte publique de la part du parlement, si l'affaire n'eût été évoquée au conseil, & jugée sous le ministere de M. *Turgot*, qui avoit sur l'usure des principes très-différents de ceux de cette cour. Il se prévaut pour sa justification de plusieurs arrêts, & notamment de celui du 26 juillet 1774, & d'un autre du 9 septembre 1776, qui supprime la requête contre lui comme *téméraire*, *injurieuse*, contraire au respect dû à S. M., avec défenses très-expresses à Me. *Drou*, d'en signer de semblables à peine d'interdiction. Il a été parlé dans le temps de cette accusation, & des mémoires de cet avocat aux conseils.

Le 17 août 1778, le sieur *Marot* pere, ayant trouvé un vuide dans sa caisse, rend plainte à l'élection contre le sieur *la Planche*, commis aux écritures de son bureau, quoiqu'elle parût devoir être dirigée plus naturellement contre le sieur Cantin, son caissier.

Par un acte passé du 18 août, le sieur *la Planche* y confesse ses vols; il s'avoue coupable de falsifications sur les registres, & débiteur de 40,830 liv. & le termine par une cession générale de tout ce qu'il possede au caissier *Cantin*.

Il se rend à Paris; sa femme, très-jolie, l'y vient joindre, & un marquis de *Château-Neuf*, son amant prétendu, & qui s'étoit engagé à payer pour *la Planche* 10,750 livres, par deux lettres de change. Ils vont trouver Me. *Drou*, l'avocat aux conseils, qui s'étoit déjà signalé contre le sieur *Marot*. Par son avis ils reviennent à Angoulême & rendent plainte le 19 en la sénéchaussée: 1°. En chartre privée; 2°. en sévices & mauvais traitements; 3°. en calomnies; 4°. en enlevement par force de tous leurs meubles, effets mobiliers, argent comptant, autres effets, papiers, &c. sur laquelle le 7 décembre interviennent des décrets d'ajournement personnel contre *Marot* & adhérents.

Le 6 décembre, le sieur *Marot* avoit rendu plainte de son côté contre le sieur *la Planche* en vol de deniers de la caisse, à la faveur d'une fausse clef de ladite caisse, & le 14 *la Planche* est décrété. Il avoit en outre interjeté appel à la cour des aides, de la plainte & des décrets, & obtenu des défenses de les exécuter.

Le sieur *la Planche* avoit également interjeté appel au parlement & obtenu un arrêt qui ordonnoit l'apport des charges & informations respectives. De là, un conflit de jurisdiction entre les deux cours.

Premier mémoire à consulter & consultation de Me. *Drou* qui, comme avocat au parlement, développe amplement cette affaire, & paroît établir la nullité de tous les aveux & actes de *la Planche* faits par force, &c. Sa consultation est du 17 février 1779.

Les sieurs *Marot*, pere & fils, répondent par un autre *Factum*, signé seulement d'un Me. *Pechillon*, procureur; écrit informe, peu concluant, & plus destiné à diffamer le sieur *la Planche*, qu'à rétablir la réputation des sieurs *Marot*. On l'attribue à Me. *Falconnet*.

Le conflit, durant cet intervalle, est porté au parquet des gens du Roi du parlement & de la cour des aides réunis. Intervient arrêt qui ordonne que la plainte de *Marot* sera préférée, comme présentant un cas plus grave, attendu qu'il s'agit d'un vol de deniers royaux, & que l'élection restera saisie du procès. L'arrêt est du 7 juin 1779.

Le sieur *la Planche* vient librement se constituer prisonnier à Angoulême. Il y demande sa liberté provisoire. Sur le refus de l'élection il se pourvoit à la cour des aides, & d'après le rapport de M. *Negre des Rivieres*, l'un des magistrats les plus éclairés & les plus integres de cette cour, il obtient sa demande : son décret de prise-de-corps est converti en décret d'ajournement personnel, & *Marot* condamné aux dépens par arrêt du 22 octobre 1779.

Alors le sieur *Marot* sollicite une contrainte par corps au sujet des lettres de change échues & l'obtient, & le 14 Août 1780 le sieur *la Planche* est replongé de nouveau dans les prisons. Enfin, sentence de l'élection du 4 septembre suivant qui, sans égard à la plainte de chartre privée, excès, violences, voies de fait, le déclare duement atteint & convaincu d'avoir volé le sieur *Marot*, & véhémentement suspect d'avoir volé dans la caisse.... En conséquence le condamne à cinq ans de bannissement ; ordonne que deux mémoires imprimés à Paris, l'un pour le conflit, l'autre pour la liberté provisoire, & dont par conséquent l'objet est rempli, seront supprimés & ne feront point partie de la procédure, comme injurieux & calomnieux au sieur *Marot*, &c. Il est à observer que les conclusions du ministere public étoient toutes en faveur du prisonnier, & que des trois juges l'un l'étoit aussi. *La Planche* interjette sur le champ appel en la cour des aides, & des prisons d'Angoulême est transféré à Paris.

Me. *Goupilleau de Villeneuve* prend sa défense. Il le fait avec beaucoup de clarté, de force, de méthode & de logique. Dans deux mémoires il s'éleve contre le factum de l'adversaire, *production monstrueuse, enfantée dans le délire, indécente dans son style, horrible dans son contenu* ; cependant accueillie par les élus d'Angoulême, qui n'ignoroient pas que la cour en avoit décrété l'auteur.

Ici le fils *Marot* intervient pour se défendre d'une plainte en diffamation, rendue contre lui par le marquis *de Château-Neuf*, à l'occasion du *Factum* qualifié ci-dessus, auquel il avouoit avoir une très-grande part. Son mémoire est signé de Me. *Vermeil*.

C'est à cette époque qu'arriva l'aventure du soufflet donné à la redoute par le sieur *Marot* fils, à Me. *Goupilleau de Villeneuve*, & dont il a été fait mention dans le temps.

Me. *Drou* reparoît sur l'arene par des *obser-*

vations où, en dévoilant que Me. *Falconnet* est le véritable fabricateur du premier mémoire des *Marot*, il reproche à Me. *Vermeil* d'avoir défendu le fils anonymement dans l'affaire du soufflet reçu par son confrere, & où il déclare qu'obligé pour affaires majeures de retourner au conseil du Roi, c'est lui qui a indiqué à M. *la Planche*, Me. *de Villeneuve* dont il connoissoit la probité, les lumieres & les talents; que ce dernier est le seul composteur des écrits subséquents.

Arrêt du 6 septembre 1781, qui condamne *la Planche* à être pendu. C'étoit contre les conclusions du parquet. M. *Chevalier de Jouvency*, substitut de M. le procureur-général, qui avoit fait tout le travail de cette affaire, se rend à la premiere chambre de la cour des aides, où messieurs étoient assemblés; il leur déclare que l'arrêt n'a point changé l'opinion des gens du Roi; il leur parle avec toute la force d'un homme instruit & vertueux, & bientôt après vend sa charge.

M. le garde-des-sceaux accorde un sursis. Le Roi crée la commission des graces à l'occasion de la naissance du Dauphin. *La Planche* est interrogé par le cardinal *de Rohan*. Il déclare qu'il ne veut point de lettres de grace, parce qu'il ne peut renoncer à son honneur en s'avouant coupable. Son éminence l'a depuis attesté de même dans une lettre datée de Paris, le 17 août 1784, écrite à plusieurs magistrats.

Arrêt du conseil du 2 décembre 1781, qui casse toute la procédure, & renvoie l'affaire au Châtelet, sauf l'appel en la cour.

Par sentence du 18 juin 1784, les deux *Marot* ont été atteints & convaincus d'avoir détenu en chartre privée *la Planche*, de lui avoir fait souscrire différents actes, &c. En conséquence le Châtelet les a mandés, pour être admonestés ; défenses de récidiver, à peine de punition exemplaire ; 3 livres d'aumône, & condamnés aux dépens.

Sur les plaintes de *Marot* contre *la Planche*, en vol des deniers de la caisse & falsification des registres, les parties ont été mises hors de cour & de procès, &c.

Enfin l'affaire est venue par appel au parlement. Après un rapport qui a duré cinq séances & quatre heures d'opinions, est intervenu l'arrêt dont on a parlé.

9 Février. La jolie piece des *Epreuves* donne occasion de s'entretenir de son auteur, monsieur *Forgeot*, qu'on a dit être fils d'un procureur peu riche, & ayant beaucoup d'enfants ; ce qui a déterminé celui-là, de chercher un bien-être en épousant Mad. *Vertueil*, une des principales actrices de la comédie italienne.

9 Février. Par l'arrêt du 27 janvier, tous les mémoires de *la Planche* à Angoulême, à l'élection, à la cour des aides, au châtelet & au parlement, sont supprimés ; mais ceux signés *Polverel*, doivent être déposés au greffe, ainsi qu'on a dit. C'est la premiere fois qu'un mémoire signé d'un avocat, est déposé au greffe, & dénoncé au procureur-général. Ce qui a fait se remuer le bâtonnier & l'ordre. M. *Chuppin*, le conseiller rapporteur, a tenté tous les moyens possibles pour ramener messieurs, & faire changer cette clause de l'arrêt avant de le signer ; il n'a pu réussir.

Dans le préambule de son grand mémoire intitulé seulement *Doutes, réflexions & résu-*

rats, &c. Me. *Polverel*, après avoir gémi sur la barbarie de notre législation qui ordonne que dans les affaires criminelles, les charges & informations ne puissent être communiquées qu'aux juges & à la partie publique : « ces loix, dit-il,
» fléchissent quelquefois sous le poids de l'or;
» mais *la Planche* n'a point d'or à répandre, &
» quand il en auroit, peut-être se respecteroit-il
» assez pour ne vouloir pas l'employer à corrompre.
» C'est à l'humanité de ses juges qu'il a recours.
» Il leur dit : voulez-vous donc me juger sans
» que je puisse me défendre ? Peut-on me dé-
» fendre sans connoître les charges ? Tous ont
» gémi, aucun n'a entrepris de justifier la loi;
» mais tous ont dit : la loi existe; c'est à nous
» à l'exécuter, & non à la juger.

» Et au moment où les juges de *la Planche*
» tenoient ce langage, son accusateur se jouoit
» impudemment de la loi ; il avoit une copie de
» la procédure ; il inséroit dans ses écrits ce
» qu'il croyoit de plus fort contre *la Planche*,
» dans les dépositions des témoins. Il a porté la
» licence & l'abus jusqu'au scandale. Ces frag-
» mens de dépositions, il les a fait imprimer
» en caractères italiques dans un mémoire à
» consulter, & les avocats consultés, qui les ont
» lus dans ce mémoire, ont pourtant dit dans
» leur consultation : *la loi nous fait un secret des
» charges!* »

On trouve encore dans cet écrit d'autres paragraphes, soit contre M. *l'Escot de Verville*,
rapporteur du procès à la cour des aides, soit
contre cette cour même ; paragraphes qu'on
pourroit inculper de trop de témérité & de har-
diesse.

Dans un autre, Me. *Polverel* avoue que c'est lui qui a forcé son client de ne point se constituer prisonnier, de ne point se présenter pour être interrogé. Il ajoute : " Nous sommes convain-
,, cus de l'innocence de *la Planche*, autant qu'on
,, peut l'être sur les faits d'autrui : les lumieres
,, & l'intégrité de ses juges nous inspirent la
,, plus grande confiance. Mais ce n'est pas de
,, notre vie dont il s'agit, il s'agit de la vie
,, d'un autre, qui est en dépôt dans nos mains...
,, Quelque mot équivoque dans les charges, que
,, nous ne connoissons point ; quelque fait mal
,, expliqué pourroit induire les juges en erreur,
,, & l'erreur de la cour des aides, si elle ne doit
,, pas faire trembler les juges, est du moins
,, effrayante pour quiconque est chargé de con-
,, seiller un accusé..... ,,.

10 *Février*. L'aventure du capitaine *Asgill* a frappé l'imagination de différents compositeurs. M. *Mayer* en a fait un roman, M. *de Sauvigny* un drame héroïque. Un M. *Eve de Maillot* nous apprend aujourd'hui qu'il avoit précédé ces deux écrivains, & qu'il l'avoit arrangée en une tragé-die - opéra en trois actes pour le théâtre lyrique, sous le nom de *Sudmer*. Dès le 3 octobre 1783, il en avoit fait lecture au comité de l'académie royale de musique. Un célebre compositeur étranger devoit mettre en musique cet ouvrage. Il est aujourd'hui, à son refus, entre les mains d'un de nos plus habiles compositeurs françois : voilà les raisons du retard. Du reste, messieurs du comité, dans leur certificat du 18 mars 1784, pensent que cet opéra mis au théâtre sera accueilli du public, si la musique répond à tous les effets des scenes qu'ils y ont remarqués.

En conséquence, M. *de Maillot*, dans une lettre à MM. les auteurs du journal de Paris, en date du 28 janvier dernier, réclame son droit d'ancienneté; déclare n'avoir ni vu, ni lu aucun des autres ouvrages sur ce sujet, & atteste au contraire le témoignage de plus de cinq cents personnes, tant à la cour qu'à la ville, qui connoissent sa tragédie depuis deux ans.

10 *Février*. Les créanciers du prince *de Guimené*, après avoir touché pour la forme un léger à-compte que les frais ont absorbé presque en entier, sont laissés aujourd'hui dans le plus profond oubli. Ils attendent le jugement sur la question renouvellée de la propriété de la ville de l'Orient, jugée favorablement, il y a quelques années, pour cette maison, & qu'on fait réclamer aujourd'hui par le Roi. Cette affaire majeure doit se juger en grande direction, & c'est M. *Albert* qui en est aujourd'hui le rapporteur.

10 *Février*. On ne connoît encore le voyage de M. *Blanchard*, lors de sa traversée du Pas-de-Calais, que par des rapports étrangers: on attend avec impatience le sien même qui ne paroît pas. Il s'agit de constater le degré de danger, si effectivement il a été pendant près d'un quart-d'heure entraîné vers les mers du nord, & si c'est à l'aide de ses ailes qu'il s'en est tiré. Toutes les relations s'accordent à dire que le ballon a baissé considérablement, puisque les voyageurs ont été obligés de jeter tout ce qu'ils avoient, & leurs hardes & jusqu'à l'ancre si bien imaginée pour fixer la machine à terre. On veut que M. le docteur *Jefferies* ait sacrifié même son pavillon Anglois, & qu'il ait été au point de dire à son camarade, pour exécuter sa parole d'honneur: " Me voilà

, prêt à me précipiter aussi, quand vous le ,, jugerez nécessaire. ,, Quoi qu'il en soit, l'aréonaute françois, après avoir eu la gloire de faire flotter le pavillon de sa nation sur toute l'Angleterre, a encore eu en cette occasion celle de marquer sa supériorité en le conservant, lorsque son camarade a dû renoncer au sien. Aussi ce pavillon est-il devenu l'objet de la curiosité des savants. Le dimanche 16 janvier, jour auquel M. le baron *de Breteuil* annonça les graces du Roi à M. *Blanchard*, & l'invita à dîner, plusieurs membres de l'académie des sciences qui étoient de ce repas, lui demandèrent son pavillon, vraisemblement pour le déposer dans le salon de l'académie.

Quant au ballon, il doit en effet être suspendu dans l'église principale de Calais, & la ville, en dédommagement, veut, dit-on, accorder à son propriétaire une gratification de 3,000 livres, & une pension annuelle & viagere de 600 livres. Quant à la pyramide qui sera construite sur le lieu où cet aéronaute est descendu, elle doit être élevée aux frais des habitants de Guînes.

En parlant de M. *Blanchard*, il ne faut pas omettre une anecdote infiniment honorable & dont on a peu parlé. La Reine jouoit, lorsqu'elle apprit la première nouvelle du passage de l'aéronaute. Elle déclara que c'étoit pour lui qu'elle mettoit sur telle carte. La carte gagna une très-grosse somme, qui a été délivrée au sieur *Blanchard*.

11 *Février*. On parle beaucoup d'un arrêt du conseil, signé *Louis*, contresigné *baron de Breteuil*, par lequel, au rapport de M. *Foulon*, contrôleur-général des finances, on déclare une banqueroute

générale. Dans cette facétie politique, on anticipe ainsi sur l'événement qu'on annonce comme très-prochain, puisqu'elle est datée du mois d'avril 1785. Gens digne de foi assurent avoir lu ce prétendu arrêt imprimé. Le gouvernement est indigné d'une telle audace, & l'on cherche à en découvrir l'auteur, l'imprimeur & les distributeurs.

11 *Février*. Extrait d'une lettre de Londres, du 28 janvier 1785..... " Vous vous êtes alarmé mal-à-propos sur le sort de M. le comte *de Mirabeau*, que nous avons en effet le bonheur de posséder ici. Il n'est point dans le cas de se tuer ; son génie lui sert de ressources, & jusqu'à des temps plus favorables, il peut subsister glorieusement avec ses ouvrages. Il en a fait depuis peu paroître deux.

Dans l'un, il expose *ses doutes sur la liberté de l'Escaut réclamée par l'empereur*. Sous ce titre modeste, il combat les assertions hardies de Me. *Linguet*, & le terrasse absolument.

Dans l'autre, on trouve ses *Considérations sur l'ordre de Cincinnatus*, qu'on avoit annoncées depuis quelque temps comme promises à monsieur *Franklin*. On y trouve d'autres pieces politiques & philosophiques, qui en forment un *Miscellanée* très-intéressant.

Les Anglois ne peuvent qu'accueillir avec enthousiasme, & goûter beaucoup les productions de l'auteur du livre *des Lettres de cachet & des Détentions illégales*.

En outre, M. le comte *de Mirabeau* a amené avec lui la jolie madame *de Nerac*, non moins propre de son côté à séduire nos milords, & à les captiver.

J'oubliois de vous ajouter que dans la préface de ce dernier volume, l'auteur déclare " qu'il n'a " jamais imprimé fous un nom que fon pere " a rendu difficile à porter... mais qu'il ne " publiera rien déformais fans l'avouer. "

11 *Février*. Le Roi vient de créer dans l'académie des belles - lettres une nouvelle claffe fous le titre d'*Affociés libres réfidants à Paris*. Le nombre en eft invariablement fixé à huit. Ils peuvent être tirés de tous les rangs de citoyens, fans en excepter les ordres religieux. S. M. pour cette fois feulement, s'en eft réfervé le choix & a nommé dom *Clément*, bénédictin de la congrégation de Saint-Maur; dom *Poirier*, idem; meffieurs *Mongès*, chanoine régulier de Sainte-Génevieve; *Bailly*, de l'académie françoife & de celle des fciences; *Barthès*, premier médecin de M. le duc d'*Orléans*, affocié de l'académie des fciences; *Camus*, avocat au parlement; *Henin*, fecretaire du confeil d'état; *Sylveftre de Sacy*, confeiller à la cour des monnoies. Du refte, à mefure que ces places viendront à vaquer, l'académie procédera pour les remplir dans la forme ufitée pour l'élection des affociés ordinaires.

L'objet de cet accroiffement de membres eft de procurer à l'académie des belles - lettres la faculté de s'affocier des gens de lettres dont les travaux & les lumieres peuvent lui être utiles, & qu'il lui étoit difficile d'admettre comme académiciens ordinaires ; les uns , parce qu'ils étoient en quelque forte exclus par les réglements ou par l'ufage ; les autres , parce qu'ils exercent des charges ou des emplois qui ne leur permettent pas d'être affidus aux affemblées , & d'exercer dans toute leur étendue les devoirs impofés à chaque membre de la compagnie.

12 *Février*. Le bâtonnier de l'ordre des avocats est allé trouver M. le procureur-général & l'a prié de ne rien requérir contre Me. *Polverel*, jusqu'à ce que l'ordre eût pris connoissance de l'affaire.

12 *Février*. Il paroît une troisième brochure du parti adverse de M. *Necker*. Aujourd'hui c'est son ancien bras droit, M. *de Lessart*, qu'on met en scene dans une *Lettre à madame* N******, *la vertueuse compagne du grand homme*. Le persifflage du nouveau pamphlet, plus court de beaucoup que la *Lettre du marquis de Caraccioli*, sembleroit sortir de la même plume; l'auteur est aussi très-instruit des anecdotes de la cour.

M. *Lessart* reproche à M. *Necker*, par sa précipitation à publier son livre, d'avoir détruit tout ce qu'on avoit fait en sa faveur depuis six mois. Il se donnoit une peine infinie pour disposer les choses & préparer son retour. L'abbé *de Vermont* étoit le premier agent de la cabale. On remplaçoit M. *de Vergennes* par l'archevêque de Toulouse; M. *de Miromesnil*, par le président *de Lamoignon*. Celui-ci devoit son avancement & à sa manœuvre adroite dans le parlement lorsqu'on a voulu ramener en France le sieur *de Sainte-Foy*, & à ses déclamations contre les freres du Roi, & alors il n'y auroit plus eu de difficulté pour renverser le *Calonne*.

Suit une énumération des divers chefs d'émeute en faveur de monsieur *Necker*. L'illustre *Guibert* tient toujours le premier rang entre les prôneurs académiques. Le maréchal *de Castries* dirige toutes les caillettes titrées de la cour & les sots importants. On avoit aussi débauché le duc *de Choiseul*, quelque temps indécis s'il seroit ingrat envers son bienfaiteur qui lui avoit procuré si à propos quatre millions, & déterminé par la promesse d'un supplément de deux, dont il aura besoin incessamment: ce à quoi n'avoit pas peu contribué la maréchale *de Beauveau*, singuliérement engouée du *Necker*.

C'est à cette époque qu'il va montrer son livre, qu'il en répand douze mille exemplaires dans les provinces méridionales, foyers du protestantisme. On fait sentir que cette distribution illégale pourroit bien allumer le zele du parlement; afin de faire mieux connoître la nécessité peut-être de sévir contre l'ouvrage & contre son auteur, on introduit ici *Monsieur*, & on lui met dans la bouche un discours plein de noblesse & de vigueur, adressé au Roi son frere, où l'on développe dans tout son jour la conduite coupable d'un homme qui, ayant été à la tête des finances, &, redevenu simple particulier, en révele les secrets par une gloriole indiscrete, ose insulter le maître qui l'a renvoyé, par un appel à la nation, & menacer publiquement l'état de sa ruine, en annonçant qu'il est le seul homme capable de l'empêcher.

12 *Février*. Un M. *le Barbier le jeune* fait aussi une réclamation au sujet du drame d'*Asgill*. Il produit un certificat des comédiens italiens, que cet ouvrage en prose & en cinq actes a été lu à leur comité le 7 août 1783. Au surplus, il en faut conclure qu'ils n'en ont pas été fort contents, puisqu'ils ne l'ajoutent pas, & que d'ailleurs l'auteur déclare que son drame va bientôt s'imprimer.

Dans le certificat des comédiens italiens on lit avec étonnement cette phrase : « Nous „ *Courcelle & Granger*, avons été consultés „ plusieurs fois *par ledit sieur le Barbier* sur des „ corrections à son *ouvrage*. „ Cette énonciation est on ne peut pas plus indécente, insolente même, de la part de tels histrions envers un homme de lettres.

13 *Février.* Me. *Polverel* a comparu dans une premiere assemblée des députés des bancs, & a péroré pendant une heure & demie. Les avocats, fatigués, ont levé la séance, & l'ont renvoyée au jeudi 10. Il y a eu des voix pour la radiation. Le parti de la douceur a prévalu, & il a été arrêté seulement qu'il recevroit une vespérie de M. le bâtonnier, & seroit interdit pendant un an.

Me. *Polverel* pourroit en appeller à l'assemblée générale de l'ordre; mais on croit qu'il se tiendra pour bien jugé. De son côté le parlement a promis de ne point aller en avant.

13 *Février.* M. le chevalier de *la Morliere* vient de mourir, sans qu'on apprenne plus de détails sur cet événement. Son inconduite, la dépravation de ses mœurs, & un manque absolu de principes, ne pouvoient être compensés chez lui par ses talents, car il en avoit. Il étoit fort instruit sur l'histoire; il connoissoit parfaitement bien le théâtre, mais n'a fait que des ouvrages mauvais ou médiocres, sauf *Angola*.

13 *Février.* L'assemblée des actionnaires de la caisse d'escompte, voulant reconnoître les soins que se sont donnés les trois commissaires députés, chargés de présenter leurs réclamations au ministre, les a gratifiés chacun d'une médaille d'or.

Du reste, les actions ont un peu baissé depuis la fixation du dividende. Elles se sont faites à 7,500 liv.

13 *Février.* Le *voyage de Figaro en Espagne*, est une brochure d'un gentilhomme françois qui,

dans un petit volume, nous en apprend plus sur ce royaume que de *gros in-folio*. Tout y est neuf, comme dit l'éditeur; faits, choses, expressions, pensées, maniere de les rendre. Il seroit à désirer sans doute que l'histoire du monde fût écrite ainsi. Au reste, ce volume doit être suivi d'un second.

14 *Février*. Entre les bonnes & excellentes loix que l'Empereur vient de faire pour ses états, on trouve un *Réglement concernant l'émigration*. Ce réglement a révolté un philosophe qui a pris la plume, & sous le titre d'un *Défenseur du peuple, à Joseph II*, lui communique ses réflexions. Il prouve que l'émigration des arts & des hommes ne peut jamais être empêchée par la force; que la punir est une atrocité infructueuse; que les auteurs de l'émigration ne sont pas plus coupables que l'artiste & le manufacturier qui portent ailleurs leur talent; que le vrai moyen de conserver les arts & les hommes, est de leur accorder une entiere liberté. Dans ce discours, quoique diffus, l'orateur a mis beaucoup de feu & d'énergie. Il apostrophe l'Empereur même; il le tutoie, mais sans s'écarter du respect dû à une tête couronnée: il le loue sur le plus grand nombre de ses institutions; il lui reconnoît les meilleures vues, jointes à beaucoup de lumieres; & ce réglement, sans doute, qu'il appelle un *Edit d'esclavage*, est dans le sage monarque une erreur de son esprit & non de son cœur.

14 *Février*. Par ses heureuses innovations, l'Empereur a donné lieu d'éclaircir une infinité de points auxquels on n'osoit toucher. Voici encore un ouvrage très-utile de ce genre. *L'autorité législative de Rome anéantie*, ou *Examen rapide de l'histoire & des sources du droit cano-*

nique, dans lequel on prouve ses incertitudes, ses abus & la nécessité de lui substituer, pour la discipline de l'église, des loix simples.

Cette dissertation est d'un écrivain très-instruit, qui a étudié presque tous les droits & sur-tout le droit canonique. Elle est rapide, & dans la maniere des écrits de *Voltaire* sur cette matiere, mais soutenue d'une érudition plus vraie & non moins amusante, par cet art aimable de présenter les choses du côté ridicule, & d'inspirer gaiement l'horreur pour tant de décisions absurdes & barbares des papes, des peres & des conciles.

Il paroît que le philosophe, d'une logique très-pressante, s'est principalement proposé de réfuter le jésuite *Griffet*, qui, dans son *Traité de la loi naturelle*, cherchant à prouver par la raison l'infaillibilité de l'église, s'est servi d'un sophisme assez spécieux.

14 *Février*. On juge par le bousillage de l'arrêt du conseil fictif dont on n'avoit encore fait mention que sur parole, qu'il a été imprimé au rouleau; en sorte que la quantité d'exemplaires tirés ne peut être considérable.

« Quoi qu'il en soit, nous en avons un sous les yeux. Il n'est point daté du mois d'avril, mais du 30 décembre 1785. Il porte pour titre: *Arrêt du conseil d'état du roi, en faveur du dernier emprunt*. On n'y a pas employé le nom sacré du Roi; il n'est point signé *Louis*, comme on l'avoit raconté: il n'est que signé *baron de Breteuil*

Ce pamphlet encore très-scandaleux par le ton indécent qui y regne & les injures contre monsieur *de Calonne*, a été envoyé anonymement à beaucoup de gens de la cour. On ne doute pas qu'il ne soit le fruit d'un complot pour supplanter le ministre actuel des finances.

On veut que l'abbé *de Vermont* qu'on suppose lui être opposé, ayant reçu un paquet de cette espece par la poste à Versailles, ait affecté de le renvoyer à M. *d'Oigny*, se doutant que cet intendant des postes seroit obligé de le mettre sous les yeux du Roi ; ce qu'il a fait. On ne dit point que ce pamphlet ait produit l'effet désiré en indisposant S. M. contre M. *de Calonne*. On assure au contraire qu'elle en a été indignée, & a chargé M. *le Noir* de remonter à la source d'une pareille méchanceté.

Ce magistrat a promis de faire tout ce qu'il pourroit, mais en même temps a représenté au monarque que le libelle ayant été imprimé au rouleau, y ayant une quantité d'imprimeries de cette espece chez les grands seigneurs à Versailles, & peut-être jusques dans le palais de S. M.; imprimeries qu'il étoit impossible d'empêcher & de découvrir : il regardoit la chose comme presque impossible, à moins qu'un heureux hasard ne vînt à son secours.

L'objet du prétendu arrêt du conseil n'est pas non plus une banqueroute générale, mais une réduction des intérêts & des bénéfices de l'emprunt.

14 *Février*. On peut se ressouvenir d'un certain *Brissot de Warville*, qui avoit répandu le *Prospectus* d'un lycée françois qu'il vouloit établir à Londres. Il paroît que cet intrigant s'est servi de ce prétexte pour escroquer l'argent de plusieurs souscripteurs, & entr'autres d'un qui l'attaque en ce moment pardevant les tribunaux de Londres. C'est ce que lui reproche amérement le rédacteur du *Courier de l'Europe* dans son N°. 9. du mardi 1 février, qui parle aussi des menées souterraines

de ce prétendu secretaire perpétuel d'un établissement qui n'a jamais existé. On juge encore par une diatribe du N°. précédent contre ce même homme, que le sieur *Pilâtre de Rozier* a été aussi sa dupe pendant son séjour à Londres, & a eu lieu de se repentir de s'être confié à un pareil introducteur en Angleterre.

15 *Février*. Il paroît constant que l'ouvrage de M. *Necker* a été dénoncé aux états de Bretagne le mardi 25 janvier par quelques membres de la noblesse, en ce qui pourroit concerner & intéresser leurs privileges; que sur cette dénonciation les états ont chargé M. *de la Bourdonnaye*, procureur-général-syndic, d'examiner ce livre & d'en rendre compte incessamment; qu'il s'est acquitté sur le champ de cet examen, & en a fait son rapport le 27 janvier. Sur quoi les états ont résolu de dénoncer au parlement le livre ayant pour titre: *De l'administration des finances de France, par M. Necker*, sans nom d'imprimeur, & d'en demander la suppression comme attaquant la franchise de la province, & tendant à répandre l'alarme dans l'esprit d'un peuple libre.

En effet, M. *de Caradeuc*, fils de M. *de la Chalotais*, en sa qualité de procureur-général, a fait aux chambres assemblées un réquisitoire contre ce livre, où il en a demandé la suppression & condamnation avec qualifications : 1°. ayant été imprimé & distribué en contravention aux réglements de la librairie ; 2°. comme détruisant les privileges des provinces & révélant sans nécessité les opérations de l'administration & les secrets de l'état ; 3°. enfin en ce qu'il prévient le seigneur Roi contre ses fideles serviteurs, & détourne S. M. de les récompenser comme au passé par des pensions. On n'apprend pas que le parlement ait accueilli cette dénonciation avec beaucoup de chaleur ; il a seulement nommé pour la forme des commissaires qui ne doivent rendre compte de l'examen de l'ouvrage que dans un temps très-éloigné, on dit même en 1789 : ce qui semble une dérision.

15 *Février*. On voyoit ces jours derniers au musée du sieur *Pilâtre de Rozier*, un bulletin où l'on apprenoit que le vent avoit beaucoup dérangé son appareil & avoit été à la veille de briser son ballon, que par une balourdise plus fâcheuse un ouvrier, en faisant jouer une manœuvre, avoit ouvert la soupape, & que tout le gaz s'étoit évaporé ; qu'en conséquence il avoit demandé de nouveaux ordres.

Depuis il s'est répandu parmi ses disciples un bruit sourd, que le sieur *Pilâtre* étoit venu secrétement en personne conférer avec le ministre dont il avoit été très-mal accueilli, que l'on n'avoit eu aucun égard à ses sollicitations, & qu'on lui avoit répondu séchement qu'il falloit qu'il tînt les engagements pris, qu'il étoit assez bien payé pour cela ; que cependant depuis, pour compenser cette dureté, on lui avoit remis un paquet cacheté pour n'être ouvert qu'à Londres, quand il s'y sera rendu par les airs. On veut que dans ce paquet il y ait le cordon noir & un brevet qui convertit sa pension de 2,000 livres en une pension de 3,000 liv.

Cet intrigant est reparti avec cette consolation, & travaille à avoir du gaz de tous les côtés.

16 *Février*. Il paroît un *Recueil des pieces relatives à la fixation du dividende des actions de la caisse d'escompte*. Il contient ce qui s'est passé, jusques & compris la délibération du 26 janvier.

On y trouve, 1°. les différentes délibérations des actionnaires sur les difficultés relatives à la fixation des dividendes ; 2°. les mémoires & requêtes présentés à ce sujet ; 3°. les arrêts du conseil des 16 & 24 janvier dernier ; 4°. la lettre de M. le contrôleur-général, à qui une députation a sur le champ porté les témoignages de la plus vive reconnoissance, qui lui ont été décernés unanimement par l'assemblée.

Les membres de l'opposition se plaignent fort de ce récit, où tous les faits sont tronqués & altérés suivant eux, où la plus basse adulation donne continuellement des entorses à la vérité.

16 Février. Voici l'arrêt du conseil fictif, qui est à conserver comme piece originale & qui pourroit quelque jour embarrasser la postérité, si l'on n'en suivoit la filiation.

Le Roi s'étant fait représenter en son conseil l'édit de décembre 1784, portant création d'un emprunt de 125 millions ; & s'étant fait en même temps rendre compte de tout ce qui concerne les plaintes qui se sont élevées de la part des banquiers de sa bonne ville de Paris, de ceux de Lyon, & même des pays étrangers, contre la distribution dudit emprunt, sa majesté a reconnu que les abus dont on se plaint, résultent de la nature de l'emprunt & des qualités de ses auteurs & agents ; que pendant plus de quinze mois le trésor royal a été en proie à la cupidité de deux hommes, dont l'un y a dilapidé plus de 80 millions, & l'autre joueur factieux dans des fonds publics, & trois fois banqueroutier, étoit chargé par le premier de la direction des finances & du jeu des fonds. S. M. est restée à cet égard dans une ignorance presque invincible des

désordres

désordres de cette scandaleuse association, parce que d'une part le chef calculant dès les premiers jours de son ministere tout ce qu'il pourroit s'y permettre, avoit commencé par supprimer de fait le comité des finances ; & d'autre part le silence & les flatteries des courtisans séduits par ses formes soi-disant agréables, offroient sans cesse les apparences de la confiance des peuples: c'est ainsi que s'est opérée la surprise faite à S. M. sur le dernier emprunt, dont l'edit n'a été présenté & certifié que sur le taux d'intérêt à six trois quarts ; tandis que si l'intérêt de 125 millions pour vingt-cinq ans à cinq pour cent donne 81 millions, les 125 que coûtera l'emprunt, donne donc plus de sept & demi. Mais en le soumettant à un calcul plus précis, il est démontré qu'à raison de 750,000 liv. données dès la premiere année par accroissement de l'intérêt légitime, le principal existant au trésor royal, n'est plus réellement la seconde année que de 119,250,000 livres, & cependant l'intérêt seroit payé sur 120 millions, indépendamment de l'accroissement A la troisieme année le capital ne seroit plus que de 113,462,500 liv. & ainsi de dégradation en dégradation seulement du capital; à la dix-huitieme année, au lieu d'être de 40 millions, il sera réduit à 5,907,243 livres, pour lesquels on paiera 4 millions d'intérêts ; & à la dix-neuvieme année, tout capital étant totalement absorbé, il faudroit un nouvel emprunt de plus de 25 millions pour acquitter les seuls intérêts & accroissements des six dernieres années; ce qui porteroit l'emprunt à plus de dix pour cent, intérêt d'autant plus illégal que cet emprunt n'exige de la part des prêteurs, ni l'aliénation de leurs fonds, comme dans les rentes perpétuelles, ni leur anéantissement, comme dans les rentes viageres; il n'oblige pas de jouer comme dans les loteries; il ne met pas dans le cas de recevoir des remboursements morcelés comme dans les annuités; il conserve au propriétaire de la mise son capital entier, & lui assure la rentrée dans l'espace de vingt-cinq ans. Une telle opération, loin de prouver le crédit public, n'annonce donc au contraire que la détresse effrayante des finances. D'ailleurs les basses menées des agioteurs, l'empressement des propres agents du trésor royal, loin d'être des témoignages éclatants d'une juste confiance, n'ont été que des actes indécents d'une avidité punissable: on a vendu des préférences, agioté des agréments de soumissions, on a gratifié des favoris, prodigué aux amis, & tandis qu'on manquoit à des engagements formels envers les maisons de banque les plus recommandables, & au devoir envers le public pour qui la distribution de 42 millions dans l'emprunt étoit annoncée, & à qui, par d'indignes manœuvres, on n'a pas laissé le temps d'en retirer le tiers, on osoit soi-même spéculer sur l'excédant mis en réserve pour s'approprier le profit de sa revente. S. M. se propose d'approfondir des délits qui méritent toute son attention, & toute la vengeance des loix. Quant à présent, toujours jalouse de remplir ses engagements envers ses peuples, elle en renouvelle le serment; mais leur intérêt même exige qu'elle explique ce qu'en pareille circonstance elle doit fidélement exécuter, & ce qu'elle ne peut légalement maintenir. Considérant en conséquence que l'exécution littérale du dernier emprunt n'intéresse véritablement qu'une troupe d'agioteurs, d'usuriers & de banqueroutiers, mais qu'elle greve ses peuples; qu'en augmentant la dette, elle accroît la nécessité de l'impôt, & rend incurable la plaie de l'état, en le mettant dans la dépendance absolue des marchands d'argent, désormais accoutumés aux gains les plus usuraires; & voulant y pourvoir : oui le rapport du sieur *Foulon*, conseiller d'état & ordinaire au conseil de commerce, contrôleur-général des Finances, le Roi étant son conseil, a ordonné & ordonne qu'à compter du premier janvier 1786, les intérêts des 119,250,000 livres restant du capital de l'emprunt de 1784, ne seront payés à l'avenir qu'à raison de cinq pour cent sans retenue : les remboursements annuels indiqués continuant d'avoir lieu aux termes de l'édit, qui sera au surplus exécuté selon sa forme & teneur, tant que des circonstances impérieuses n'obligeront pas d'y déroger. Fait au conseil d'état du Roi, S. M. y étant, tenu à Versailles, le 30 décembre mil sept cent quatre-vingt-cinq.

Signé, le baron de Breteuil.

17 *Février*. On voit ici une médaille allégorique, relative à la guerre, dont l'idée est plus sérieuse & plus noble que la caricature dont on a parlé.

Cette médaille représente la Hollande sous la figure d'une femme, qui renverse une urne remplie d'eau, sur laquelle est gravé le mot latin : *Scaldis* (l'Escaut.) L'eau sort avec impétuosité de cette urne & inonde les environs : la femme elle-même se trouve avoir les pieds dans l'eau;

L'on voit dans l'air, au milieu d'un nuage épais, un double aigle qui tient la foudre dans ses serres. Au bas se trouve une ancre unie aux armes de deux puissants monarques. Au haut, l'œil de la Providence entouré de rayons, avec cette inscription : *Vivit Deus Patriæ Pater optimus.*

Dans cette composition simple, vraie & ingénieuse, on ne trouve que l'œil de la Providence de trop. Au surplus, il annonce le caractere religieux de son auteur, M. Holtzhey, graveur hollandois, renommé & zélé patriote. Cet ouvrage est digne de nos *Roëttiers* & de nos *Duviviers*.

17 *Février.* On assure que le procureur-général du parlement de Bordeaux, d'après le mémoire des négociants de cette ville, a fait en effet un réquisitoire aux chambres assemblées contre l'arrêt du conseil du 30 août, qui blesse si étrangement le commerce maritime de France, & qu'en conséquence cette cour a écrit une lettre au Roi, qui a produit assez d'effet pour déterminer à revoir l'affaire au conseil & discuter les plaintes des différents ports.

17 *Février.* On parle beaucoup d'une espece de concours qu'il y a eu chez madame *Duboccage* entre différents politiques, savants, gens de lettres qui composent le bureau d'esprit que tient cette vieille minerve, toujours aimable. Il étoit question du livre de M. *Necker* qu'on a mis sur le bureau. L'abbé *de Mably* l'a pris, l'a discuté & pulvérisé d'un bout à l'autre, de maniere à laisser sans réplique les nombreux enthousiastes de l'auteur.

17 *Février.* M. *Desforges*, poëte presque non

moins infatigable à fournir des pieces aux italiens, que ceux-ci le sont à les joüer, leur a fait exécuter encore avant-hier un ouvrage de sa façon. C'est une production de grande maniere, une piece en cinq actes & en vers, une comédie de caractere : *la Femme jalouse*. Quoique l'annonce ne soit pas parfaitement bien remplie, que ce soit un drame plutôt qu'une comédie, où il y ait plus à pleurer qu'à rire, *la Femme jalouse* a eu un plein succès & le mérite. On y reviendra, lorsqu'elle sera débarrassée de quelques longueurs qu'il faut élaguer.

17 Février. Entre tous les clubs formés depuis quelque temps, quelques-uns étoient devenus de vrais tripots où se cantonnoient les joüeurs, & il s'y faisoit des parties énormes. La vigilance de la police s'est éveillée à cet égard, & il est venu dans tous défenses de joüer aux jeux de cartes, de dez à chances inégales, au billard, & même aux jeux de société.

18 Février. Quoique le ministere ne se soucie pas infiniment que les observations des négociants de Bordeaux, annoncées, soient connues du public, en ce qu'on y releve les erreurs dans lesquelles il s'est laissé trop légérement induire par les colons, puissants par eux-mêmes, ou alliés aux familles puissantes de la cour, il ne peut qu'en empêcher la vente publique. Il nous en est tombé sous la main un exemplaire.

Dans ce mémoire, infiniment cher, très-bien déduit & d'un raisonnement invincible, si les bases qu'on y établit sont certaines, il est prouvé, après avoir rendu justice à la pureté d'intention qui a présidé à l'arrêt du conseil du 30 août 1784, contre lequel on réclame :

F 3

1°. Que l'état actuel des choses dépose hautement contre le besoin de la loi dont il s'agit & qu'il en atteste le danger.

2°. Que quand on supposeroit contre l'évidence de cet état des choses, la nécessité d'admettre le concours des étrangers avec nous dans quelques-unes des branches du commerce des colonies, l'établissement des entrepôts indiqués rendroit infructueuses toutes les précautions qu'on a cru devoir prendre contre l'extension frauduleuse du commerce permis aux étrangers.

3°. Que le prétexte de la loi n'est vraiment qu'une méprise, puisqu'on peut démontrer que le commerce de la métropole a tous les moyens, toutes les ressources nécessaires pour remplir tous les objets pour lesquels on croit devoir appeller le commerce des étrangers.

4°. Enfin, que la loi doit être révoquée, parce qu'elle est pernicieuse sous tous les rapports, & qu'en détruisant le commerce maritime de la France, son industrie, sa culture & sa population, elle ne pourroit que nuire à la sûreté, à la prospérité des colonies elles-mêmes.

18 *Février*. Voici encore un livre dans les principes des économistes, & qui ne peut provenir que de quelque écrivain de la secte. C'est *le Roi voyageur*, ou *Examen des abus de l'administration de la Lydie*. Il est aisé de juger au titre, & du cadre & du fond de l'ouvrage. On conçoit que c'est une allégorie continue, & que la Lydie n'est autre chose que la France. Quoiqu'il n'y ait rien d'absolument neuf, comme il contient d'excellentes idées, on ne sauroit trop les répéter. D'ailleurs cette maniere de mettre la morale & la politique en action, en faisant éprouver, succes-

sivement au jeune monarque des aventures qui amenent naturellement les axiomes de la science & les rendent plus sensibles, est le moyen sûr de faire germer tôt ou tard ces vérités, à force de les répandre & de les faire lire.

Le Roi voyageur est divisé en trente chapitres, la plupart très-courts. Dans quelques-uns on trouve des vues moins rebattues, même neuves. Tels sont les chapitres sur les loix criminelles, sur les académies, les rosieres, les soldats, sur les évêques administrateurs, sur les dernieres réformes de l'empereur. Il en est aussi de très-piquants, où l'auteur offre des tableaux pleins de vérité & d'énergie, qui ne peuvent manquer de faire impression & d'inspirer au prince le désir de remédier à des maux aussi affligeants ou aussi révoltants.

A la fin sont quelques notes qui développent davantage le texte. On juge par une, que l'écrivain est un enthousiaste de M. *de Merfontaine*, prévôt des marchands actuel, & ci-devant intendant de Soissons. Il en fait un éloge outré, & qui tient trop de l'adulation.

Le style en est noble, doux, insinuant, & ne manque pas de force quand il le faut.

18 *Février*. Le mandement de M. l'archevêque de Paris pour permettre l'usage des œufs dans le carême, étant d'usage & de style en quelque sorte, n'avoit pas d'abord attiré la curiosité; mais il devient très-recherché aujourd'hui qu'on est instruit qu'il contient des détails très-intéressants sur différentes choses, telles que les courtisanes, les mauvais livres, les spectacles des boulevards, le *Mariage de Figaro* désigné à ne pouvoir s'y méprendre, enfin la nouvelle édition

de *Voltaire*, à l'introduction de laquelle il déclare avoir été spécialement chargé de s'opposer par la derniere assemblée du clergé.

19 *Février*. Le sieur *Panchault* fait paroître une justification imprimée. Elle vient un peu tard, puisqu'elle n'est datée que du 14 de ce mois. Il l'appelle: *un mot de Réponse au mot de l'énigme & autres libelles*. Or il y établit:

1°. Qu'il n'avoit parié que mille dividendes évalués à 185 livres chacun, & non quarante mille.

2°. Qu'il fit ce pari le 30 septembre, époque où l'incertitude des bénéfices durant le second trimestre pouvoit le rendre égal de chaque côté.

3°. Que dès que l'arrêt du conseil du 16 janvier, qui rendoit son pari sûr, fut connu, c'est-à-dire, le 19, il résolut d'offrir d'annuller le pari. Ce qui fut fait le 22 & signé le 23.

M. *Panchault* rapporte pour pieces justificatives:

1°. Le certificat du sieur *Roux de la Corbiere*, courtier de change, chargé de la négociation du marché & de son annihilation. Il est daté du 30 janvier.

2°. Le marché fait entre les sieurs *Laval* & *Wilfesheim* pour la vente de mille dividendes.

3°. L'annullation du marché.

On ne trouve point le sieur *Panchault* pleinement justifié par cet exposé.

1°. L'on voit bien qu'il n'auroit gagné sans bourse délier que 35,000 livres, au lieu de quelques millions; mais à qui la faute? C'est que vraisemblablement il n'a pas rencontré plus de dupes.

2°. Pourquoi ses adversaires se présentant en

nom, pourquoi cachoit-il le sien, & vouloit-il rester inconnu jusqu'après le paiement du pari? On en conclut assez naturellement que le pari ayant eu lieu le 30 septembre, époque où ses liaisons avec le ministere étoient déjà connues; le sieur *Panchault* craignoit que personne ne voulût parier contre lui.

3°. Pourquoi a-t-il attendu la fin de l'assemblée du 19 pour proposer d'annuller le pari? Pourquoi a-t-il souffert que ses adversaires remissent cette piece aux mains des commissaires? C'est qu'il avoit sans doute l'espoir jusques-là de pouvoir les forcer à tenir leur engagement, & qu'il ne s'en est désisté que lorsqu'il a senti le scandale qui en alloit résulter à Versailles & a vu les dispositions de M. *de Calonne* changées à son égard.

Au surplus M. *Panchault*, qui s'éleve beaucoup contre les libelles, n'ignore pas l'usage de s'en servir au besoin, & tout le monde lui attribue plusieurs pamphlets lâchés ainsi dans le temps contre M. *Necker*, tels que la *lettre d'un Liégeois*, où le directeur des finances est, sinon calomnié, au moins injurié, maltraité, vilipendé.

19 *Février*. Extrait d'une lettre de Besançon, du 8 février.... Je n'entends plus parler du procès du pere *Césaire*, accusé de pédérastie, dont vous me demandez des nouvelles. Comme il s'est en quelque sorte jugé & condamné lui-même par son évasion, il y a grande apparence que l'affaire restera-là, par le danger de trop éclairer le public sur ces horreurs secretes. Nous ne sommes pas en province aussi familiarisés avec le vice de la S...... que vous l'êtes à la cour & à Paris. Quel scandale, quand on y songe, de voir un vieillard, un religieux, un provincial

de son ordre, un prédicateur, obligé de se défendre d'une telle accusation ! Au reste, le B***** est à Rome, dit-on, dans le centre de ces messieurs.

Au moyen de sa fuite, le pere *Césaire* ne pourra pas présider à l'édition des sermons de son cousin & confrere, le pere *Elysée*, qu'on fait actuellement. La défroque de celui-ci, comme vous savez, avoit occasionné un grand procès entre les carmes déchaussés de Paris, & ceux de Franche-Comté. Les derniers appuyoient leur droit sur ce que le défunt étoit de la province; les premiers sur ce qu'il s'étoit en quelque sorte naturalisé parmi eux, en y séjournant pendant tout le temps de sa célébrité. Enfin on est convenu de partager en bons freres, ces dépouilles considérables pour un moine, sur-tout à raison de la bibliotheque.

Un autre différend s'étoit élevé au sujet des sermons, que l'archevêque de Besançon vouloit approuver comme les œuvres d'une de ses ouailles. Les chefs de l'ordre ont soutenu que n'étant point soumis à l'ordinaire, ils ne devoient point cette déférence au prélat, & je crois qu'ils l'ont emporté. Ainsi rien ne s'oppose plus à la publicité de ces sermons que vous aurez incessamment.

20 *Février*. Vendredi matin à onze heures, il a été présenté à la grand'chambre & tournelle assemblées des lettres-patentes, par lesquelles le Roi fait don à la Reine de 6 millions provenant de la vente du Château-Trompette à Bordeaux. Quelques-uns de messieurs ont prétendu que l'affaire devoit être portée aux chambres assemblées. On est allé aux voix. Seize ont été pour enregistrer sur le champ purement & simplement; quatorze

contre. En forte que l'enrégiftrement a eu lieu.

Par ces lettres-patentes, la Reine eft autorifée à faire de ces 6 millions tel emploi qu'elle voudra, pour jouir en toute propriété & difpofer comme bon lui femblera des terres & acquifitions qu'elle en voudra faire. Tout cela eft radicalement nul, comme contraire aux loix, & meffieurs des enquêtes font furieux de la précipitation des meffieurs de grand'chambre.

20 *Février.* Hier l'académie royale de mufique a donné un concert de bénéfice pour les enfants aveugles-nés, dont l'école gratuite s'eft ouverte en même temps par M. *Haüy*, leur inftituteur.

On avoit choifi pour ce fpectacle la nouvelle falle du concert fpirituel, qu'on a trouvée moins nue que la premiere fois, mais toujours trifte, fale, enfumée & fur-tout très-fourde.

Mefdames de l'académie, les premieres pour la déclamation, le chant & la danfe, formoient un ceintre fur l'avant-fcene du théâtre & préfidoient, comme de raifon, à la fête: au milieu d'elles étoit le pupitre où venoient exécuter les *folo* ou autres coryphées.

Au bas on avoit formé une enceinte, où l'on avoit placé les enfants aveugles des deux fexes, au nombre d'une quinzaine: pour ne point effrayer les dames, ils avoient tous fur les yeux des bandeaux noirs, verds, &c.

L'académie royale de mufique avoit voulu tout tirer de fon propre fond, & en conféquence avoit refufé les virtuofes étrangers qui s'étoient préfentés pour ce concert; en forte qu'il n'a pas été brillant dans la partie inftrumentale.

Quant au chant, on a exécuté un *duo*, un *trio*, un *quatuor* & un *quinque*.

Le *duo* étoit celui du *Barbier de Séville*, par *Paésiello*, & le public en a été si enchanté qu'il l'a fait répéter.

L'*ô Salutaris*, motet du sieur *Gossec*, a été exécuté par les sieurs *Rousseau*, *Laïs* & *Cheron*, & ce trio déjà très-connu, n'a pas fait moins de plaisir.

Un hymne relatif à la circonstance & en vers françois, dont l'auteur est resté anonyme, mis en musique par les aveugles mêmes, a donné lieu au quatuor, dans lequel, outre les trois chanteurs ci-dessus, est intervenue Mlle. *Gavaudan* cadette. Ce morceau neuf ne vaut pas l'autre. L'harmonie des chœurs en a paru trop bruyante, & trop dure dans l'exécution.

On a terminé par la finale très-répétée de l'*Inconnue persécutée*: Mlle. *Maillard*, jointe aux quatre sujets ci-dessus, a exécuté ce *quinque*.

Le concert fini, M. *Haüy* s'est présenté, & a été reçu avec des applaudissements universels ; on eût désiré que M. l'abbé *de l'Epée*, l'instituteur des sourds & muets, présent à ce spectacle, mais à qui la modestie faisoit garder l'*incognito*, eût été offert aussi aux regards & à l'admiration du public.

Quoi qu'il en soit, tous les instruments & ustensiles nécessaires apportés & préparés, le sieur *le Sueur*, aveugle-né, s'est mis devant un bureau, & a fait les exercices, auxquels son maître l'a formé depuis le mois de juin dernier.

1°. M. *Haüy* a présenté un livre aux spectateurs les plus voisins, & les a priés de désigner la phrase qu'ils voudroient, à lire par son éleve. Ce premier exercice n'a pas réussi : après trois mots, l'inſtituteur a dit que le jeune homme ſe troubloit.

2°. On a paſſé à l'arithmétique. Pluſieurs perſonnes ont ſucceſſivement déſigné des fractions d'eſpeces différentes, que le ſieur *le Sueur* a raſſemblées, décompoſées & réduites ſous un même dénominateur aſſez promptement & ſans ſe tromper.

3°. Les ſieurs *Rouſſeau*, *Laïs* & *Cheron*, avec des caracteres de muſique qu'on leur a préſentés, ont ſur le champ compoſé un air, dont il a déchiffré ſucceſſivement chaque note & ſa valeur.

4°. On a mis devant le ſieur *le sueur* pluſieurs cartes de géographie, en lui diſant quelle partie du monde chacune contenoit &, ſuivant qu'on lui a demandé, il a déſigné le villes principales, les rivieres, leur poſition reſpective.

5°. Ayant raſſemblé à ſa portée tout ce qui étoit néceſſaire pour imprimer, il a montré ſon talent typographique, & il eſt ſorti de deſſous la preſſe une phraſe de ſa compoſition, qui étoit *vive le Roi*, *vive la Reine*, *vive la famille royale*.

6°. Enfin, il a donné lui-même leçon à ſes petits camarades, qui ſont venus ſe ranger autour de la table, chacun ſon livre à la main. Il a commencé par un petit diſcours qu'on lui avoit compoſé ſans doute, mais qu'il a récité comme de lui-même avec beaucoup de netteté & de grace. Cette premiere leçon rouloit ſur les élements de la lecture.

Un éleve s'eſt levé & a demandé la liberté de faire une objection, que le petit-maître a réſolue.

On ne ceſſoit d'encourager le ſieur *le Sueur*

par des battements de mains multipliés, & à chaque succès qu'il avoit, on voyoit la joie se peindre sur sa physionomie.

Cette scene intéressante a été terminée par deux pieces de vers qu'on a lues : l'une, d'une certaine étendue, où l'on faisoit parler les éleves aveugles-nés, & remercier le public ; l'autre, un *impromptu* plus court, où l'on exaltoit la bienfaisance de MM. de l'académie royale de musique.

11 *Février.* Le mandement de M. l'archevêque de Paris est fort long, & l'on assure qu'il l'a composé lui-même avec ses faiseurs, ainsi que le premier qui étoit plus dans son genre. Il commence par se féliciter du succès de celui-ci. « Plusieurs
„ des pasteurs l'ont assuré que les solemnités saintes
„ avoient été plus fréquentées, & que les tribu-
„ naux de la réconciliation avoient été environnés
„ d'un plus grand nombre de pénitents. „

Mais cette consolation est bien légere, quand le prélat songe à la plaie générale qui afflige son église : de-là une peinture effrayante des désordres de la capitale. Il les attribue principalement aux mauvais livres qui, malgré les précautions de M. le garde-des-sceaux, se répandent avec plus de profusion que jamais. « On ose étaler & vendre
„ publiquement les tableaux & les estampes les
„ plus contraires à l'honnêteté publique : les
„ vestibules des palais en sont couverts, les por-
„ tiques mêmes de nos temples ne sont pas
„ respectés. „

Il passe aux spectacles. "Le théâtre françois
„ même, qui s'étoit fait une loi de la décence,
„ n'a t-il pas tenté de secouer les restes d'honnêteté
„ qu'il avoit conservés, & d'introduire sur la

,, scene une licence de principes inconnue à nos
,, peres ? ,,

L'orateur n'oublie pas ces spectacles forains de toute espece ; séminaires où l'enfance se corrompt presque en sortant du berceau, où l'artisan vient consumer en peu d'heures le fruit de son travail & la subsistance de sa famille ; pépinieres où se multiplient ces prostituées dont le nombre & l'audace s'accroissent de plus en plus.

Le libertinage des colleges fait l'objet d'un paragraphe entier : des peres, des meres alarmés sont venus déposer leurs inquiétudes dans le sein du prélat ; des instituteurs publics lui ont demandé par quel moyen sauver les mœurs de leurs disciples.

L'orateur en vient à l'édition de *Voltaire* :
« Ce recueil immense de tous les écrits de cet
,, homme fameux, qui devoit être, par la supé-
,, riorité de son génie, la lumiere & la gloire
,, de son siecle, & par l'abus de ses talents est
,, devenu le fléau de la religion & des mœurs :
,, cette entreprise si redoutée, non-seulement
,, des ames pieuses, mais de toutes celles qui
,, conservent encore du respect pour l'honnêteté ;
,, ce monument de scandale, décoré de tous les
,, ornements de l'art, & multiplié sous toutes
,, les formes possibles, pour le faire circuler plus
,, facilement dans toutes les mains ; cette œuvre
,, préparée dans une terre étrangere, car la
,, France n'a pas voulu qu'elle fût exécutée dans
,, son enceinte ; cette œuvre de ténebres est donc
,, bientôt consommée.... Il ajoute :
,, Nous vous devons à deux titres, nos très-
,, chers freres, cette réclamation solemnelle, &
,, comme votre pasteur, & comme le dépositaire

„ & l'interprete des alarmes de la derniere af-
„ femblée du clergé de France, qui nous a chargés
„ fpécialement de continuer après fa féparation,
„ les efforts qu'elle avoit commencés, pour pré-
„ ferver les mœurs de cette calamité. „

L'archevêque déclare qu'il pourroit ici faire tonner les foudres de l'églife ; mais après ce *quos ego*.... il fe calme, il envifage des jours plus heureux, & finit par permettre de manger des œufs.

Bien des eccléfiaftiques, amis de la paix, ne font pas contents de ce mandement, qu'ils regardent comme rempli de déclamations de rhéteur, & ne reffemblant nullement à ceux de M. *de Noailles*. Quoi qu'il en foit, à n'envifager l'ouvrage que comme littéraire, il eft oratoire, plein de mouvement, & écrit avec autant de force que d'élégance.

21 *Février*. L'invention du monftre fabuleux, annoncé il y a quelques mois, paroît refter toute entiere à *Monfieur*. Quant à l'allégorie qu'on y foupçonnoit, S. A. R. n'a pas jugé à propos de la révéler. Un faifeur de pamphlets a profité de cette anecdote pour en fuppofer un à fa maniere, dans une brochure qu'il a intitulée : *Defcription hiftorique d'un monftre fymbolique, & connu vulgairement fous le nom de* LA HARPIE. Il l'applique au contrôleur-général actuel des finances. Cette fatire eft fi gauche, fi plate & fi bête, qu'elle ne produit que de l'indignation ou du dégoût ; le ftyle eft proportionné au ton des interlocuteurs qui font des laquais. Ce qu'il dit fur la piece de *Figaro* & fur fon auteur, eft plus jufte : quant au docteur *Mefmer*, il veut l'envelopper auffi dans fa diatribe, mais fans fel & fans efprit.

22 *Février.* On observe dans *la Femme jalouse*, quatre caracteres bien prononcés, très-distincts, & même tout-à-fait opposés: celui d'une épouse qui, par un excès d'attachement, fait le tourment de son mari & de tout ce qui l'environne. Le mari, dont l'amour prenant une autre teinte, n'ose la contrarier & par foiblesse tolere tous les excès, toutes les fureurs de sa femme. Un ami, dont la fermeté releve & fait sortir singuliérement la molle complaisance du mari, & qui, par cette qualité même, ramene la jalouse & la corrige. Enfin, une jeune personne, fille des deux époux, d'une naïveté tout-à-fait aimable, & jetant dans la piece le seul piquant, la seule gaieté dont elle est susceptible. Les autres personnages sont, l'amant de la jeune personne, une soubrette & un valet, amoureux épisodiques, hors-d'œuvre froid qui rallentit l'action: un ancien domestique de confiance, pere de la premiere: voilà les divers acteurs. Voici maintenant en bref le sujet.

La *Femme jalouse* dans un de ses accès de défiance ouvre le secretaire de son mari; elle y trouve une boîte, dans laquelle est caché le portrait d'une véritable beauté: il arrive que le portrait ressemble fort à une inconnue que le mari fait venir de province & qui, graces à des contre-temps ménagés par le poëte, ne peut échapper aux recherches, aux regards & aux questions de sa rivale furieuse, croyant du moins en avoir une en la jeune personne. Point du tout, c'est une fille de *Dorsan*, nom de l'époux; elle est le fruit d'un mariage clandestin, que ses parents n'ont jamais voulu ratifier, & qui a dû rester caché pour sa femme, exigeant comme un préalable essentie qu'il ne fût ni pere, ni veuf, ni n'eût même eu d'autres passions : bizarrerie assez adroitement ménagée par le poëte, afin de mieux annoncer le caractere extraordinaire de la *Jalouse* & de bien l'établir; car au fond sa jalousie est motivée & très-raisonnable depuis l'ouverture du secretaire. Cette premiere démarche d'une curiosité indiscrete & malhonnête, est le seul trait qui décele véritablement le germe de la passion dont elle est dévorée.

Il résulte du fond de la piece, que la moralité concerne également le mari & la femme ; que si elle ouvre les yeux de celle-ci sur l'injustice de ses soupçons, elle apprend à l'autre à ne point tromper une amante foible & crédule qui s'en rapporte à sa parole.

Le succès de cet ouvrage doit s'attribuer principalement aux caracteres extrêmement bien soutenus & contrastés, à la peinture énergique des inquiétudes, des angoisses, des tourments, des horreurs de la jalousie ; à sa conduite ingénieuse & fertile en situations attachantes ; enfin au dialogue naturel semé de vers heureux, où l'on sent, même dans les morceaux de force, le langage de la passion, & l'on admire des tirades d'une éloquence déchirante.

La femme jalouse, de beaucoup supérieure à *Tom-Jones* du même auteur, confirme un talent réel, & ne seroit point déplacée sur le théâtre françois, où certainement elle n'auroit pas été mieux jouée. Madame *Verteuil*, le sieur *Granger*, le sieur *Courcelle* & la demoiselle *Carline* rendent les quatre premiers rôles de maniere à étonner & satisfaire les connoisseurs les plus difficiles.

22 *Février*. On étoit inquiet de M. *Dombey*,

médecin botaniste, dont on a dans le temps annoncé le départ pour le *Pérou* sous le ministere de M. *Turgot*; ce qui prouve une absence de près de dix ans. On a su enfin qu'il en étoit reparti le 14 avril 1784; qu'il étoit le 15 juin vers 60 degrés de latitude, & après avoir eu beaucoup de peine à doubler le cap *Horn*, avoit été trop heureux de relâcher à *Rio-Janeiro*, où il étoit arrivé le 14 août. Son bâtiment en très-mauvais état devoit s'y réparer, l'équipage fatigué & épuisé s'y refaire, & il n'espéroit s'y rembarquer qu'au mois de janvier de cette année. Son projet est d'aborder à Cadix. Il rapporte avec lui soixante-treize caisses remplies de curiosités naturelles.

23. *Février*. Les nouvelles remontrances du parlement au sujet de l'affaire des Quinze-vingts & du grand-aumônier, ont été portées au Roi le dimanche 13 de ce mois à l'heure & de la maniere indiquée par sa majesté. Elle a répondu, suivant l'usage, qu'elle les feroit examiner dans son conseil.

23 *Février*. L'arrêt du conseil concernant la congrégation de Saint-Maur, dénoncé dans le mois dernier au parlement & qui devoit être un des objets de ses remontrances, est du 8 janvier 1785, & n'est connu du public que depuis peu.

Sa majesté voulant prévenir le trouble, la division, l'insubordination, & donner en même temps une nouvelle marque de sa protection à une congrégation distinguée par les services qu'elle a rendus à l'église, à l'état & aux lettres, cherche à en assurer la durée par le maintien de ses constitutions.

Il s'agit de celles autorisées par les lettres-patentes du 21 juillet 1769: S. M. ordonne qu'elles soient exécutées tant par les supérieurs majeurs & locaux, que par les officiers & simples religieux. Elle enjoint à tous les membres de la congrégation de rendre aux chefs nommés par le chapitre de Saint-Denis, l'obéissance due à des supérieurs légitimes, sous les peines portées par lesdites constitutions. Le surplus n'est qu'une extension de cet article & concerne des religieux réfractaires qui, sans doute, avoient cru pouvoir se soustraire par la suite à une autorité qu'ils regardoient comme illégale & tyrannique.

23 *Février*. Le bruit général est que M. *Necker* a reçu de M. le baron *de Breteuil* une lettre, qui lui enjoint au nom du Roi de s'abstenir de venir à Paris & de rester où il est, c'est-à-dire, auprès de Montpellier, avec madame sa femme qui se meurt: il en fut parlé lundi au dîner de M. le garde-des-sceaux, qui ne dit ni oui ni non; ce qui confirma pour le conseil la vérité de cette rumeur.

Il faudroit conclure de cette espece d'exil, que M. *Necker* n'a pas, comme l'ont assuré ses partisans, demandé au Roi la permission de faire imprimer son livre. En effet, ayant eu le secret du ministere, il devoit s'abstenir de parler de matieres où il ne pouvoit s'empecher de le révéler; & ce qui auroit été une action indifférente d'un particulier, devenoit de sa part une indiscrétion tout au moins: d'ailleurs en introduisant son ouvrage avec profusion dans les provinces méridionales, il contrevenoit aux loix du royaume: autre grief toujours plus grave dans un ex-ministre.

Ses amis veulent qu'on ait seulement craint que sa présence n'augmentât la fermentation déjà très-grande depuis la publication de son manifeste ; comme l'appellent ses adversaires.

23 Février. Il est grandement question d'un mémoire que les receveurs-généraux des finances font en réponse du chapitre de l'ouvrage de monsieur *Necker* qui les concerne ; on a vu que les états de Bretagne réclamoient également pour leur partie ; on dit que d'autres corps se disposent encore à relever les erreurs dans lesquelles il est tombé.

24 Février. Il paroît que les 6 millions donnés par le Roi à son auguste compagne doivent être employés à payer la vente de Saint-Cloud. La Reine avoit fait assembler extraordinairement son conseil le dimanche 13, où elle avoit voulu présider elle-même pour terminer cette grande affaire, sur laquelle il y a depuis six mois des variations infinies.

24 Février. Extrait d'une lettre de Rennes, du 15 février.... Nos états sont finis avec un calme dont il n'y a point d'exemple. Les derniers événements dignes de remarque sont l'accouchement de madame la comtesse *de Tremerga*, la femme du président de la noblesse. Il est d'usage que l'enfant, lorsque c'est un garçon, soit tenu par les états, qui ont choisi pour marraine madame la commandante. Cette cérémonie religieuse a servi de nouveau lien pour attacher la province à madame la comtesse *de Montmorin*, qui avoit déjà séduit les cœurs par ses graces, sa bonté & ses vertus. Il est de regle encore que les états fassent un présent à madame la commandante ; on l'a fixé à dix mille écus ; elle ne pouvoit les refuser ; mais elle a désiré qu'ils fussent consacrés en choses utiles. Sa réponse a occasionné les plus vifs applaudissements,

& pour s'y conformer, les états ont donné le fonds de 10,000 livres pour chacun des hôtels des gentilshommes & des demoiselles, & 10,000 liv. à la disposition de l'ordre du tiers: madame la comtesse *de Montmorin* aura la nomination des deux premieres places dans ces hôtels.

L'introduction du marquis *de la Fayette* dans l'assemblée des états à la séance du lundi 24 janvier, n'est pas moins remarquable. La commission pour l'examen des opérations concernant les canaux commençoit son rapport, lorsqu'il parut à son retour d'Amérique. Il fut reçu avec acclamation, & on le fit placer sur le banc des barons, auprès de M. le président de la noblesse, M. l'abbé *de Boisbilly*, qui parloit en ce moment, reprit son discours, qui rouloit sur l'utilité dont les canaux seroient pendant la guerre & sur le fruit qu'on en retireroit en temps de paix. Il prit occasion de ce mot pour complimenter le jeune héros. Il ajouta: « Combien n'est-il pas flatteur d'avoir » sous les yeux un de ceux qui ont contribué à » nous procurer cette paix désirable! »

Le marquis *de la Fayette*, en se retirant avec sa modestie ordinaire, témoigna aux états sa sensibilité sur la distinction glorieuse dont ils venoient de l'honorer, & dit qu'il espéroit bientôt devenir un des membres de cette auguste assemblée.

Mais le spectacle le plus singulier & le plus incroyable, c'est de voir des membres des états se rendre les vengeurs en quelque sorte de M. *de Calonne*, en dénonçant à l'assemblée un ouvrage dont le but indirect sembloit être d'attaquer l'administration de ce ministre des finances, & de le satiriser; c'est de voir M. *de Caradeuc* être en correspondance avec M. *de Calonne* & concourir au même but que les états, en dénonçant au parlement le même livre....

24. *Février*. Le *Mémoire des négociants du Havre*, quoique roulant sur le même objet que ceux de Nantes & de Bordeaux, mérite encore d'être lu & médité. Il envisage la chose plus en grand & l'approfondit davantage sous certains rapports. Par exemple, il démontre aux colons que leur intérêt bien entendu seroit de rejeter eux-mêmes la liberté qu'on leur accorde de commercer avec l'étranger; liberté funeste, qui tend à les asservir tôt ou tard aux vexations de l'Europe. On en recueille d'autres faits précieux, tels que ceux-ci.

Le commerce des François se borne à un foible cabotage à Cadix, à Lisbonne, dans le Nord & le Levant; il consiste en une pêche à Terre-Neuve peu digne d'un grand empire & sous l'inspection d'une flotte Angloise destinée à faire toujours observer les traités avec la derniere rigueur. Sans compagnie des Indes, la navigation nationale est tournée particuliérement vers l'Amérique & la côte de Guinée.

Le commerce d'Amérique occupoit seul sept cents navires & faisoit peut-être la moitié de notre navigation; il pouvoit être de grande ressource pour les opérations de guerre.

Oleron, Saint-Malo, Granville & Dieppe ont fourni en 1778 à la marine royale, la plus grande partie des matelots qu'elle a employés. Ces ports destinés spécialement aux pêcheries, ne forment plus une aussi grande quantité de matelots.

La servitude des classes, d'ailleurs si utile à l'état, n'engage que trop souvent nos matelots à passer chez l'étranger: il y en a aujourd'hui un grand nombre sous le pavillon des Etats-Unis, & les matelots sont rares pour les armements & très-chers.

Si avec ce désavantage le gouvernement, par ses opérations, diminue la navigation nationale, que deviendrons-nous dans une guerre future ?

25 *Février*. L'enlèvement récent de l'abbé *Cochu de la Grange*, chanoine de l'église de Paris, cause un grand scandale. C'étoit un joueur effréné, qui ce carnaval avoit perdu une somme énorme chez madame *Dubois*. On croit que M. l'archevêque de Paris a provoqué lui-même cette correction, qui n'a du moins pas eu lieu sans son attache. L'exempt chargé de cette mission y a, dit-on, mis beaucoup d'indécence & de dureté, afin sans doute de faire plus d'impression sur le coupable. Il paroît qu'il est hors d'état d'acquitter ce qu'il a perdu sur parole. On ne dit pas encore où l'abbé *Cochu* a été conduit.

25 *Février*. C'est par une *Lettre au Roi*, convenue à Bordeaux, les chambres assemblées le 29 janvier, que le parlement de cette ville a fait part à sa majesté des alarmes du commerce, dont il étoit dépositaire. Cette lettre est imprimée : elle traite la matière avec beaucoup de force, de netteté & de noblesse. Laissant les détails dont se sont occupés les différentes corporations de commerçants, elle remonte aux grands principes, & attaque le système général d'administration actuelle, le seul peut-être qui ait été suivi constamment, dont le but est de vouer à une nullité absolue tous les corps, ceux mêmes qui, par leur nature, sont moins propres à faire ombrage. Il rappelle l'expression de M. de Malesherbes : *il semble qu'on ait prononcé une interdiction générale contre la nation*

nation. Le parlement se plaint, par exemple, que dans cette occasion-ci très-importante, les chambres du commerce n'aient pas été consultées. Il profite de la circonstance pour relever d'autres vices dans l'administration des Colonies, pour y demander la réforme de la jurisprudence, très-instante, sur-tout dans l'objet qui concerne les débiteurs & leurs créanciers ; pour invoquer des réglements qui protegent & consolent cette foule d'éleves voués à l'esclavage, sous le nom de *Negres*.

Mais le paragraphe le plus remarquable, c'est celui où le parlement fait sentir au Roi la nécessité de rétablir ces assemblées antiques & solemnelles, trop long-temps suspendues, les *états généraux* ; véritable & unique moyen de remonter les ressorts de la monarchie, dans un relâchement général. Sa prérogative n'en a rien à craindre dans ce siecle éclairé ; le souverain n'en deviendra que plus grand par le spectacle de sa puissance, & l'esprit patriotique succédant à l'égoïsme, tous les citoyens concourront de bonne foi & avec zele à la félicité publique.

On ne peut que savoir beaucoup de gré au parlement de Bordeaux, qui sent lui-même la diminution d'autorité qui en résulteroit pour lui, & sacrifiant généreusement toutes ses vues ambitieuses, offre de se renfermer alors dans la paisible uniformité de ses fonctions.

16 Février. M. l'abbé *Barruel* a rompu le silence & publié un *Factum* qui n'est guere mieux digéré que celui de M. l'abbé *Soulavie* ; il roule uniquement sur les procédés, & comme ils consistent dans des faits, il les rend à sa maniere, c'est-à-dire, de façon à se disculper parfaitement. Le seul aveu qui échappe & qui décele son caractere aux yeux de ceux accoutumés à sonder les profondeurs du cœur humain, c'est lorsqu'en rendant compte d'un accommodement en train, il saisit avec empressement une infraction prétendue de la part de son adversaire, pour rompre la treve & reprendre la plume ; il s'écrie dans un excès de joie qui perce malgré lui : *Que la raison armée du fouet de l'ironie, venge enfin la révélation.*

Le paragraphe de ce Mémoire, que M. *Barruel* auroit dû rendre le plus intéressant, qui étoit le plus susceptible d'éloquence, où n'auroit pas manqué de se peindre une ame forte & énergique, c'est celui où il reproche à M. l'abbé *Soulavie* de tâcher à prévenir contre lui les magistrats, en leur insinuant qu'il a été jésuite. Au lieu de saisir cette occasion de venger son ordre & lui-même d'une pareille qualification, comme s'il avoit à en rougir, il n'y montre que cet esprit de prudence & de circonspection, qui caractérisoit en général ses anciens confreres, mais qu'on doit regarder en cette occasion comme pusillanimité.

26 *Février*. Le sieur *de Beaumarchais*, mécontent du Mandement de M. l'archevêque, n'a pas manqué de chercher à tourner en ridicule ce prélat & son faiseur, qu'il croit être l'ancien évêque de Senez ; on lui attribue du moins la chanson suivante à ce sujet, où l'on reconnoît parfaitement sa maniere & son style.

Cantique spirituel d'un très-spirituel Mandement de carême. Air : *A Paris l'y a deux Lieutenants.*

A Paris sont en grand faqulas
Deux saints prélats :
L'un est le chef, & l'autre son
Premier garçon.

Leur carnaval est d'annoncer
    Qu'on peut laisser
Filles, garçons, femmes & veufs,
    Casser des œufs.

Suivons tous les commandements
    Des mandements ;
Celui-ci n'est pas trop mauvais
    Pour du Beauvais ;
Sur Figaro, sur l'opéra,
    Et cætera.
L'on y voit des conseils tout neufs
    A propos d'œufs.

A propos d'œufs ce mandement
    Discrétement
Dénonce aux dames certain goût
    Qu'il voit par-tout.
Puis nommant leurs amusements,
    Déréglements,
L'apôtre annonce aux bons époux,
    Qu'ils le sont tous.

A propos d'œufs dans ce trésor
    L'on voit encor
L'écrivain le plus admiré
    Bien déchiré ;
Puis il empoigne auteur, lecteur
    Et rédacteur,
Et lance tout d'un bras de fer
    Au feu d'enfer.
Puis quand il les a condamnés
    Tous bien damnés,

Des lieux communs du bon pasteur,
 Le grave auteur
A ses freres pauvres d'esprit
 En Jesus-Christ,
Promet le benoit paradis
 Du temps jadis.

En ce temps de confession
 Rémission ;
Si du mandement les avis
 Sont bien suivis :
Nos deux pasteurs sont indulgents,
 Si bonnes gens,
Qu'ils laisseront avec les œufs
 Manger les bœufs.

Pourtant les buts des révérends
 Sont différents :
L'un grille d'avoir du renom
 Et l'autre non.
Or prions le doux Rédempteur
 Qu'à cet auteur
Il donne un esprit plus subtil,
 Ainsi soit-il !

26 *Février.* Voici encore un nouveau manifeste contre le brigandage du palais : c'est *Lettre d'un avocat à M. de Lamoignon, président au parlement de Paris, sur les devoirs des juges par rapport à leurs secretaires.* L'auteur qui est M. C.... invite les magistrats à réformer les abus multipliés qui naissent des exactions de ces subalternes, & à abréger les vaines & inutiles formalités de

notre législation, qui ôtent aux pauvres & aux foibles les moyens de réclamer leurs droits, & qui donnent aux puissants & riches le privilege d'être injustes & usurpateurs. Quoiqu'il y ait à parier que cet écrit lumineux & appuyé de toutes les autorités les plus respectables, n'aura pas plus d'effet que tant d'autres sur la même matiere, on doit applaudir au zele qui l'a enfanté, & il faut désirer qu'on ne se lasse point de l'imiter, jusqu'à ce qu'on ait fait ouvrir les yeux au gouvernement, forcé à la réforme désirée depuis trop long-temps.

27 *Février*. Réflexions sur divers sujets pour servir de suite à celles qui ont été publiées par M ✳ ✳ ✳.

Cette espece de *Miscellanea* est divisé en cinq chapitres.

1. Sur l'opinion qui étend sur tous les individus d'une même famille une partie de la honte attachée au peines infamantes : est-elle plus utile que nuisible ?

2. Vues générales sur l'administration des provinces.

3. Des charges & des emplois.

4. Des duels.

5. Des accusés fugitifs.

Tous ces chapitres courts sont remplis de vues excellentes & quelquefois neuves : ils sont semés d'anecdotes historiques qui les rendent piquants, & d'ailleurs écrits avec beaucoup de pureté & de noblesse.

A la fin est un avertissement, où l'auteur dit qu'il a dans son porte-feuille plusieurs morceaux qui ne sont pas étrangers à l'ordre social & qu'il ne tardera pas à mettre au jour, si ceux-ci sont recueillis. On ne peut que l'inviter à remplir sa promesse.

On prétend que ce recueil est du même patriote qui nous a donné, il y a quelques années, *Opinions d'un citoyen sur le mariage & sur la dot*, c'est-à-dire, de M. Mignonot, & il en est très-digne.

27 *Février*. La Reine est extrêmement grosse, non-seulement du ventre, mais de tous ses membres : quoique le sieur *Vermont*, qui ne va plus quitter Versailles, la rassure, elle a quelques inquiétudes sur son état; & sa religion lui a prescrit de prendre les précautions d'une ame chrétienne. Sa majesté s'est déjà confessée deux fois, & a fait ses dévotions. Les courtisans en sont très-alarmés, ils craignent que la cour ne devienne triste, que les intrigues ne changent de tournure & que le regne des prêtres n'arrive.

En outre sa majesté a envoyé chercher Mlle. *Bertin*, & lui a dit qu'au mois de novembre elle auroit trente ans; que personne ne l'en avertiroit vraisemblablement; que son projet étoit de réformer de sa parure les agréments qui ne pouvoient aller qu'avec ceux d'une extrême jeunesse; qu'en conséquence elle ne porteroit plus ni de plumes ni de fleurs.

On sait aussi que l'étiquette pour ses robes est changée; que la Reine ne veut plus de pierrots, ni de chemises, ni de redingotes, ni de polonoises, ni de lévites, ni de robes à la turque, ni de circassiennes; qu'il est question de reprendre les robes graves & à plis; que les princesses ont été invitées de proscrire toutes les autres pour les visites de cérémonie, & que leur dame d'honneur avertir les dames qui viennent dans un autre costume, qu'elles ne peuvent être admises dans cet état sans une permission de son altesse qu'elle va demander.

28 *Février*. La division & l'aigreur subsistent toujours entre les membres de la caisse d'escompte, qui continuent à se battre par des pamphlets. Il en paroît deux nouveaux ; l'un : *Deux mots sur le mot de réponse de M. Panchault* ; l'autre : *Questions proposées à M. Panchault sur sa justification*. Comme ils ne font que développer les réflexions qu'on a déjà faites à l'occasion de la même brochure, il est inutile de s'étendre davantage sur cet objet. Tout ce qu'on y voit de nouveau, c'est que le dividende, sans les manœuvres du sieur Panchault, auroit pu monter à 213 livres.

28 *Février*. On continue à tourmenter le pauvre M. *Morel* à l'occasion de son *Panurge*, qui se soutient par les accessoires, qui est même très-couru, à raison de détails de chorégraphie très-brillants dans un genre neuf, exécutés par les premiers sujets : voici encore un quatrain en calembour, où l'on assimile cet auteur au navigateur aérien, arrivé comme par miracle d'Angleterre sur nos côtes :

Voyez à quoi tient un succès !
Un rien peut élever, comme un rien peut abattre ;
Blanchard étoit F**** sans le pas de Calais,
Et *Morel* sans le pas de quatre.

1 *Mars* 1785. Comme l'hymne imaginé en faveur des treize pauvres enfants aveugles nés, dont quatre filles & neuf garçons, composant l'école actuelle de M. Haüy & présents au concert, est très-intéressant & mérite d'être con-

servé, en voici les paroles qui pourroient dépérir, n'étant guere dans le cas d'être chantées désormais. Les voilà, non telles qu'elles ont été exécutées, mais réformées par le poëte qui est toujours anonyme. Ce sont eux qui s'écrient :

O ciel ! pour combler tes bienfaits,
Ouvre un instant notre paupiere,
Et nous n'aurons plus de regrets
d'être privés de la lumiere.

Que notre œil contemple les traits
De ceux dont la main nous soulage,
Et referme-le pour jamais ;
Nos cœurs en garderont l'image.

O ciel ! pour combler tes bienfaits, &c.

Mais pourquoi formons-nous des vœux !
Livrons-nous au plaisir d'entendre
Célébrer des noms précieux (1)
Que nos doigts apprennent à rendre...
Ne sommes-nous pas trop heureux ?

Livrons-nous au plaisir d'entendre
Célébrer des noms précieux
Que nos doigts apprennent à rendre...
Nos doigts plus heureux que nos yeux !
Hélas ! toujours les mêmes vœux !
Notre cœur ne peut s'en défendre.

O ciel ! pour combler tes bienfaits, &c.

_____

(1) Ceux du Roi & de la Reine, les premiers noms qu'on leur apprend à écrire.

On a su depuis le nom des auteurs des pieces de vers lues à la fin de la séance. L'impromptu étoit de M. *Pajoulx* ; l'autre de M. *Theveneau*, où l'on trouve ce morceau saillant qui rapproche les deux institutions également précieuses, & des M. l'abbé *de l'Epée*, & de M. *Haüy* :

> Mais dans ce siecle ingénieux
> Où l'homme enfante des merveilles,
> Les yeux remplacent les oreilles,
> Le toucher remplace les yeux.

On est bien étonné que Mlle. *Aurore*, le poëte de l'académie royale de musique, ne se soit pas signalée en cette occasion importante & soit restée muette.

1 *Mars*. Les états de Bretagne ont arrêté le 4 février de faire continuer dans l'intermédiaire les ouvrages pour les canaux & de vérifier la possibilité & l'utilité de la communication de la Vilaine à la Loire, & de la Vilaine aux rivieres d'Oust, de Blaver & de Châteauloin.

2 *Mars*. *La Femme jalouse* a du succès de plus en plus. Les détracteurs de M. *Desforges* cherchent à diminuer son mérite, en assurant qu'il n'a fait que mettre en vers un drame du même nom, de madame *Riccoboni*, qu'elle-même l'avoit traduit de l'anglois. Ceux qui ont remonté à la source & vu la piece angloise de *George-Colman*, représentée en 1763 sur le théâtre de Drury-Lane, veulent que l'auteur moderne ne soit rien moins qu'un servile imitateur, qu'il se soit au contraire rendu maître de son sujet, & en rejetant tous les

caracteres qui ne pouvoient pas s'accommoder avec nos amours, en réformant ce qu'il y avoit de trop tranchant dans ceux qui pouvoient s'en rapprocher, il ait imaginé une intrigue neuve & totalement étrangere à celle de *George Colman*.

Au reste, peu importent cette discussion & cette généalogie au public, qui court en foule à une piece qui lui fait le plus grand plaisir, d'autant que ce caractere n'est point au théâtre françois, où, sans le *Jaloux* de M. *Rochon*, il seroit même absolument étranger dans les deux sexes.

2 *Mars*. L'affaire du vicomte *de Noë* n'est point finie. Ce n'est que le dimanche 13 février que la députation du parlement qui portoit au Roi les remontrances contre le grand-aumônier, a reçu la réponse de sa majesté au sujet du premier. Sa majesté persiste à défendre à son parlement la connoissance de cette affaire, les maréchaux de France n'ayant rien fait que par son ordre. Elle ajouta : « Qu'elle avoit vu avec surprise les arrêtés » & les remontrances de son parlement imprimés ; » qu'elle étoit persuadée que si son parlement par- » venoit à découvrir l'auteur de cette publication, » il le puniroit sévérement. »

Le ton & la maniere dont le Roi s'expliqua ce jour-là ne permettent pas d'espérer que M. *de Noë* rentre en France, à moins qu'il ne se soumette aux décisions du tribunal.

On prétend que les maréchaux de France tiennent si fort à cet objet, qu'ils donneroient plutôt leurs démissions que de céder au parlement, ainsi qu'aux protestations du vicomte *de Noë*.

2 *Mars*. M. *de la Blancherie* ressemble à ces

charlatans qui, de temps en temps, pour se rappeller au souvenir du public, font distribuer dans les rues des feuilles aux passants. Lui, frappe à la porte de tous les journaux, afin d'y renouveller ses notices; & quand il a épuisé la complaisance de l'un, il s'adresse à quelqu'autre. C'est aujourd'hui le Mercure qui lui sert de messager. Comme il ne fait que répéter avec emphase ce qu'il a déjà dit cent fois de cet établissement puérile & dont l'utilité ne sera jamais que personnelle pour lui, il est superflu de s'y arrêter davantage.

3 *Mars*. Précisément au moment où M. l'archevêque annonçoit le vœu du clergé pour la proscription de la nouvelle édition de *Voltaire*, le sieur *de Beaumarchais*, afin de le mieux narguer, introduisoit une moitié de cette édition, mais furtivement, de façon qu'une partie des souscripteurs ne l'a pas reçue & même eu aucun avis à cet égard. Les autres se plaignent fort, & de la forme, & du fond. M. le duc *de Nivernois* a été si mécontent de l'*in-4°*. édition la plus belle, qu'il a renvoyé son exemplaire au sieur *de Beaumarchais*, en lui faisant dire qu'il y avoit erreur sans doute, que l'on s'étoit trompé & qu'on lui avoit adressé une contrefaçon. L'*in-8°*. est encore plus mal & ne ressemble en rien, ni pour le papier, ni pour l'encre, ni pour la propreté, aux éditions de *Baskerville*.

En outre, quand on examine l'ouvrage même, c'est bien autre chose, nul goût, nul ordre, nulle chronologie. Des interpollations, des répétitions, des superfétations. On juge que c'est un brigandage littéraire, & que le sieur *Pallandre*, libraire de Bordeaux, n'avoit point eu tort de dire au sieur *de Beaumarchais*, lorsqu'il l'exhortoit à lui donner des souscriptions, qu'il se méfioit de ce fripon *de Beaumarchais*, & c'étoit à lui-même qu'il s'adressoit sans le connoître.

3 *Mars*. Le marquis de *Villette* a écrit à M. *Necker* une lettre pour le féliciter sur son livre; il en distribue des copies avec empressement, & les amis du Genevois le secondent à merveille pour la répandre. Cette piece originale mérite d'être conservée.

"Monsieur, permettez que je mêle ma voix au concert de louanges & de bénédictions que l'on vous prodigue de toutes parts, & que vous n'entendez pas. Je cede à l'enthousiasme que m'a laissé votre dernier ouvrage, pour vous offrir le tribut de mon admiration, & comme citoyen, celui de ma reconnoissance. Si vos veilles pouvoient être payées par le sentiment unanime, vous n'auriez plus rien à désirer. Vous venez d'élever contre les ennemis de la France, une forteresse, qu'il sera impossible de renverser, & un monument à votre gloire, où l'envie n'atteindra jamais. On ne sait lequel doit plus étonner, ou de l'immensité de votre travail, ou de l'éloquence qui pare un sujet aussi aride. C'est elle qui commande l'attention, & qui fait lire avec tant d'intérêt ces détails abstraits & pénibles. Vous reposez l'esprit en parlant au cœur, & l'on vous sait gré de la douce familiarité avec laquelle vous descendez de la hauteur où votre génie vous avoit placé. Vous savez en même-temps plaider la cause du peuple, & nous faire aimer le Roi. Si, d'un côté, vous révélez des vérités affligeantes, de l'autre vous présentez l'espérance & des consolations. Depuis

» que vous avez jeté tant de jour sur les ressources de l'état, les spéculateurs & les avares ne
» craignent plus d'ouvrir leurs coffres forts, & le
» crédit public est encore soutenu par votre ré-
» putation. Il est facile de reconnoître que la
» modération & la sagesse ont plus d'une fois
» tempéré dans vos écrits la haine des vexations
» fiscales. Si vous attaquez les abus dans tous les
» ordres de l'administration, toujours impartial,
» vous n'en rendez pas moins justice aux prélats
» distingués, qui sont l'ornement de l'église
» dans laquelle vous n'êtes pas né; aux vrais
» magistrats, aux hommes de finances, à tous
» ceux qui par leurs lumieres & par leur désin-
» téressement étoient dignes de concourir avec
» vous à la félicité publique. Ennemi du luxe,
» vous l'envisagez cependant comme un des pre-
» miers aliments du commerce national, & vous
» voulez qu'il embellisse la cour d'un grand mo-
» narque. Malgré la sévérité de vos mœurs, vous
» souriez à la mode, qui réveille sans cesse l'in-
» dustrie & la circulation. Livré par caractere &
» par état à la méditation & à l'étude; étranger,
» pour ainsi dire, aux plaisirs du monde, aux
» jouissances de la société, vous accueillez dans
» votre système politique les beaux arts & les ta-
» lents agréables que repoussoient l'esprit faux &
» la pédanterie de vos dévanciers. Tous les yeux,
» je dirai presque tous les vœux de la nation sont
» aujourd'hui fixés sur vous, & vous n'avez pas
» besoin d'attendre la postérité pour jouir des
» honneurs qu'elle accorde aux plus illustres &
» plus utiles écrivains. On dira de votre livre,
» qu'il est le bréviaire des bons ministres, comme
» celui de *Montagne* est le bréviaire des honnêtes

» gens. En vous adreſſant cette lettre, Monſieur,
» j'ai bien moins cherché à vous louer, qu'à ſa-
« tisfaire au ſentiment de mon cœur, & à vous
» renouveller les témoignages de mon attache-
» ment & de mon reſpect. »

4 Mars. Le chevalier *de la Morliere* étoit ſi dé-
crié, qu'aucun journal n'a oſé non ſeulement en
faire l'éloge, mais en donner la plus légere no-
tice. Voici ce qu'on a recueilli ſur ſa mort, peut-
être le moment le plus beau de ſa vie. Tombé
dans la miſere, il avoit vu une jeune perſonne, dont
il avoit fait ſa gouvernante, lui reſter attachée &
le ſoulager de ſes ſoins perſonnels. Cette fille,
attaquée de la poitrine, après une maladie lente
comme le ſont celles de cette eſpece, étoit périe
ſous ſes yeux & dans ſes bras. Frappé de cet événement, ému d'une ſenſibilité dont on ne l'auroit
pas jugé capable, le chagrin prit tellement ſur
lui que, malgré la vigueur de ſon tempérament,
il tomba malade & n'en eſt pas relevé. Les prêtres
ont fait ce qu'ils ont pu pour s'en emparer dans
les derniers inſtants; mais il leur a réſiſté avec
une fermeté philoſophique, non moins extraordinaire dans un homme qui juſques-là ne s'étoit
piqué de philoſophie en rien. On ignore s'il laiſſe
des manuſcrits. Il avoit peu le temps de compoſer,
& paſſoit la plus grande partie de ſes loiſirs à
eſcroquer des ſujets du ſexe qu'il formoit pour le
théâtre.

4 Mars. On juge que le parlement de Toulouſe
a eu gain de cauſe, au moins en partie, au ſujet
de l'exportation, par une lettre de l'intendant de
cette province, adreſſée à la chambre du commerce de Toulouſe. Elle eſt datée de Montpellier
le 6 février 1785. M. *de Saint-Prieſt* y engage ces

messieurs d'apprendre aux négociants qu'ils peuvent, dès-à-préfent, donner un libre cours à leurs spéculations sur les millets & menus grains, & que la liberté d'exporter cette denrée à l'étranger est rétablie suivant ce que lui apprend M. le contrôleur-général.

4 *Mars*. Une jeune fille de Champagne, ayant fait une faute, est venue, comme beaucoup d'autres, la cacher dans Paris. Bientôt tombée dans l'indigence, elle a été obligée d'user des ressources ordinaires de ses semblables, & s'est mise à raccrocher. Un soir, exerçant son métier, elle voit à ses pieds un porte-feuille; elle le visite avec un petit souteneur plus au fait. Il se trouve que ce porte-feuille contenoit pour environ cent mille francs de billets de la caisse d'escompte. Le souteneur envisageant déjà la part qui lui en reviendroit, l'exhorte à serrer précieusement cette trouvaille, & à attendre au lendemain pour se décider. Mais à peine est-il parti, qu'elle se rend chez M. le lieutenant-général de police, & lui porte ce dépôt. Le magistrat étonné d'un procédé si noble dans une pareille créature, l'admire, la loue beaucoup, & lui dit que lorsque le propriétaire sera reconnu, il la fera bien récompenser: il lui assure d'ailleurs sa protection en tout temps, & lui demande quel service il peut lui rendre. Elle désire pour toute grace qu'il fasse sortir de Saint-Martin deux de ses camarades qui viennent d'y être envoyées; ce qui est exécuté sur le champ.

Cependant M. le marquis *de la Vaupalliere*, gros joueur très-connu, à qui appartenoit le porte-feuille, s'appercevant qu'il est perdu, vient déposer ses inquiétudes dans le sein de M. *le Noir*,

& le prie de donner les ordres pour la recherche de ses effets. Il est bientôt rassuré ; il ne s'agit plus que de reconnoître un si important service : il convient de donner dix mille francs à la raccrocheuse. Celle-ci prie M. *le Noir* de les lui placer, & désormais à l'abri de la misere, convient de retourner en Champagne pour y vivre honnêtement & s'y marier, s'il est possible. Comme elle est jolie, on ne doute pas qu'elle ne fasse bientôt affaire. C'est par cette raison qu'on n'a point inséré dans le journal de Paris son histoire, dont l'omission a fait suspecter la vérité à bien des gens, mais elle est certaine. On regarde comme une délicatesse mal fondée de n'en pas nommer l'héroïne ; la publicité de cette belle action lui faisant plus d'honneur que celle de ses foiblesses, ne pourroit lui causer de honte & de préjudice.

5 Mars. Depuis que M. *Panchault* a eu la mal-adresse de vouloir imprimer sa justification prétendue, il est assailli de pamphlets qui se succedent sans interruption, & tous plus cruels les uns que les autres. *Un mot à l'oreille de M. Panchault*, est le titre du dernier. Il est d'un homme très au fait de toute sa conduite, qui semble le suivre comme son ombre, qui révele ses actions les plus secretes, ses propos les plus intimes, & fouille jusques dans sa pensée. Cette méchanceté est assaisonnée de beaucoup de sel & écrite d'un ton assez leste. L'auteur y fait un beau portrait de M. *le Noir*, qu'il représente comme le médiateur entre les actionnaires de la caisse d'escompte & le contrôleur-général ; il excuse celui-ci comme trompé & séduit indignement par le sieur *Panchault*.

Du reste, on apprend toujours quelque anecdote

dans ces sortes d'écrits : suivant celui-ci le plan de l'emprunt dernier n'est pas même du sieur *Panchault*; il a été trouvé dans les papiers de l'intendant du prince *de Guimené*, arrêté lors de la banqueroute de son maître.

5 *Mars*. Dans *Richard Cœur de lion*, on sait que le Sr. *Clairval* fait un rôle d'aveugle, auquel sert de conducteur, suivant l'usage, un petit garçon représenté par Mlle. *Rosalie*. Cette actrice, soit par espiéglerie, soit par vengeance, il y a quelques jours s'est avisée de faire une pelotte de sa manche en la lardant d'épingles dont les pointes sortoient en dehors. Lorsque le sieur *Clairval* s'est appuyé sur son bras pour entrer sur la scene, il s'est étrangement déchiré la main, & a reconnu la traîtrise : sur quoi Mlle. *Rosalie* souriant ironiquement, lui a répondu : « En effet ce n'est pas si » doux qu'un peigne, » faisant allusion au métier de perruquier qu'exerçoit cet acteur dans le principe.

Le maréchal duc *de Richelieu*, informé de cette scene scandaleuse, a exigé que Mlle. *Rosalie* fît des excuses au sieur *Clairval*, & l'a fait conduire ensuite à l'hôtel de la Force.

5 *Mars*. Il paroît une seconde lettre prétendue de M. *de Lessart* à madame *Necker*. On assure que celle-ci est moins contre M. *Necker* que contre M. *de Calonne*. Ce pamphlet, très condamnable, n'est imprimé qu'au rouleau, & se communique difficilement.

6 *Mars*. Le Roi instruit de la chanson faite pour tourner en dérision le mandement de l'archevêque, a voulu qu'on éclaircît, s'il étoit possible, quel en étoit l'auteur, & qu'on se mît du moins en devoir de faire des recherches pour don-

ner quelque satisfaction aux deux prélats offensés. En conséquence le bruit général du palais épiscopal est, que M. le lieutenant-général de police a mandé le sieur *de Beaumarchais*, & l'a interrogé à ce sujet. Celui-ci n'a pas manqué de nier; il a regardé comme une injure qu'on le soupçonnât auteur d'une pareille platitude, & cela n'a pas eu d'autres suites.

On prétend aujourd'hui que le chevalier *de Coigny*, pour disculper le sieur *de Beaumarchais*, se met en avant, & déclare qu'il est l'auteur de cette mauvaise plaisanterie; ce qui seroit un grand trait de générosité de la part de ce seigneur.

6 *Mars*. On juge que les différents mémoires des ports du commerce, contre l'arrêt du conseil du 30 août, ont produit quelque effet. La chambre du commerce qui n'avoit été consultée que sur la forme, & le déclare aujourd'hui en se défendant des reproches qu'on lui faisoit de tous côtés à cet égard, va l'être sur le fond, a déjà même reçu ordre de s'assembler & d'en conférer. En conséquence, on ne doute pas que l'arrêt en question ne soit retiré tout-à-fait, ou du moins infiniment modifié.

6 *Mars*. Dans ce moment où la cour est à son plus haut degré de fermentation par plusieurs intrigues qui s'y croisent de toutes parts & s'entrechoquent, il est grandement question d'un mémoire présenté au Roi par *Monsieur*. On veut qu'il y fasse sentir au monarque la nécessité d'avoir dans le conseil un autre lui-même, dont les intérêts ne puissent se séparer des siens, & qui l'aident à démêler les différents pieges qu'on tend de chaque côté à sa majesté. Or, cet autre lui-même ne peut être que son frere le plus près du trône après le

Dauphin, trop enfant pour qu'il en soit question.

Cette démarche, si l'on en croit certaines gens, étoit le résultat de menées profondes des ex-jésuites, tentant un nouvel effort pour se reproduire, & jugeant l'occasion favorable, s'ils avoient dans le conseil un protecteur puissant, tel que le prince auguste dont il s'agit.

Depuis leur destruction, on se plaint du manque des bons instituteurs pour l'éducation de la jeunesse, sur-tout dans les provinces: les différents remedes apportés à cet égard n'ont pas réussi, & le mal est devenu si grand que dans plusieurs assemblées provinciales déjà tenues, afin d'élire les députés pour l'assemblée décennale du clergé, on les a chargés spécialement d'engager les princes de l'église à s'occuper de cette matiere essentielle, & à solliciter du Roi un choix de sujets affectés au soutien des colleges & autres lieux d'institutions publiques.

Les partisans des jésuites, lorsque l'affaire auroit été portée & agitée au conseil, avoient d'abord fait sentir l'insuffisance des diverses congrégations proposées pour tenir les colleges, telles que les oratoriens, les doctrinaires, les génovefains, les lazaristes, les bénédictins; soit par le défaut de talents, soit par le manque de sujets, soit par des inconvénients tirés de leurs constitutions mêmes; ils n'auroient vu que les anciens disciples d'Ignace propres à ces importantes fonctions; ils auroient fait sentir la nécessité de les rappeller avec toutes les modifications, restrictions, changements convenables, que les proscrits s'estimeroient trop heureux d'accepter, &, soutenus du frere du Roi, dont sa majesté prise la sagesse & les lumieres, ils se flattoient de l'emporter & de réussir.

Telles sont les vues détournées & secretes guidant ceux qui ont suggéré à Monsieur la démarche dont on vient de parler, & marquées des apparences du bien de l'état, qu'ils faisoient envisager uniquement à son altesse royale. Du moins c'est le prétexte que les gens intéressés à écarter ce prince du conseil ont pris pour sonner le tocsin, alarmer toutes les autres cabales, les réunir contre celle-là, & effrayer le monarque lui-même; en sorte qu'on regarde ce nouveau coup de parti des ex-jésuites comme manqué.

7 Mars. Les gens les plus difficiles qui se plaignent de l'abus de prodiguer trop les *spectacles de bénéfice*, n'ont pu qu'applaudir à l'idée du concert exécuté le samedi 26 février au profit de Mlle. *Caroline d'Escarsin*, âgée de onze ans, lorsqu'ils l'ont entendu exécuter sur la harpe un concerto & une symphonie de M. *Krumholtz* avec une supériorité qui feroit honneur aux maîtres les plus consommés & les plus célebres. Son exécution toujours nette, brillante & remplie d'expression, lui a mérité tous les suffrages.

7 Mars. On apprend par le *Prospectus* d'une quête en faveur des enfants trouvés qui a dû avoir lieu hier aux théatins, que leur nombre actuel est de quinze mille.

7 Mars. Le sieur *Pilâtre* est toujours à Boulogne; on voit à son musée un nouveau bulletin de lui, par lequel il se plaint de la contrariété des vents: un jour ils étoient au sud-est, il étoit prêt à partir lorsqu'ils ont changé, se sont convertis en un ouragan furieux & ont encore endommagé sa machine. Mais ce sont les rats qui le désolent sur-tout. Pour empêcher l'évaporation du gaz, il a fallu enduire de graisse les tonneaux. Ces insectes accourent de toutes parts alléchés par cet enduit ; il faut faire veiller jour & nuit des hommes avec des chiens, des chats, des tambours pour les écarter.

8 *Mars*. Extrait d'une lettre de Vendre en Roussillon, le 25 février 1785..... Vous vous rappellez peut-être le modele d'un obélisque pour ce port, exposé par M. *de Wailhy*, au salon de 1783. Il est exécuté en marbre. Voici la description de ce premier monument imaginé à la gloire du Roi, & peut-être le plus frappant de tous ceux qu'on lui consacrera, par le ton de grandeur & de majesté qu'il présente.

Elevé à cent pieds au-dessus du niveau de la mer, il est terminé par le globe des quatre parties du monde, & surmonté d'une fleur de lis, en forme de protection de toutes les nations.

Le pied, autrement dit le socle, est orné de bas-reliefs en bronze, offrant les quatre premieres époques du regne de *Louis XVI* ; l'un, *la Servitude abolie en France* ; l'autre, l'*Amérique indépendante* ; & les deux autres, *le Commerce protégé* & *la Marine relevée* : le tout surmonté de trophées & d'inscriptions.

Il est entouré de quatre piédestaux en marbre d'Italie, portant les attributs des souverains des quatre parties du monde. Ils sont unis par des grilles de fer dorées, & l'intérieur pavé en marbre présente quatre marches pour monter au pied de l'obélisque.

Ce monument est élevé au centre de la grande place de *Louis XVI*, ornée dans tout son pourtour de trophées militaires de terre & de mer ; & l'on y monte de la place de débarquement, par un superbe escalier à deux rampes en avant-corps:

au pied de chaque rampe est un génie tenant une corne d'abondance, des deux sortent toutes les richesses du commerce de la mer, & à chaque côté est une fontaine qui fournit de l'eau aux vaisseaux ; l'un & l'autre symbole de la grandeur & de la bienfaisance du Roi.

8 Mars. La gazette de Leyde, la plus recherchée de toutes depuis plusieurs années, parce qu'elle contient quelquefois des nouvelles politiques plus fraîches & plus particulieres que les autres, a manqué l'ordinaire dernier & celui d'aujourd'hui. On est allé au bureau des gazettes étrangeres & l'on y lit la lettre ministérielle portant : *De par le Roi, défenses de continuer la distribution de la gazette de Leyde.* Cet échec arrivé successivement à presque toutes les feuilles de cette espece, n'avoit pas encore eu lieu à l'égard de celle-ci ; même dans les jours les plus critiques sous le feu Roi, elle étoit d'ordinaire fort circonspecte & fort silencieuse sur les points délicats.

On tait la vraie cause de sa prohibition.

Il faut ajouter que le Roi en faisoit cas & qu'elle passoit pour être la seule que lût sa majesté.

9 Mars. La *Lettre de M. de Lessart à Madame N.* est très-courte ; elle n'a que six pages de fort vilaine impression au rouleau ; mais c'est un élixir de méchancetés & d'horreurs contre M. le contrôleur-général. A en croire l'auteur, au lieu de s'occuper des fonctions importantes de sa place, il se seroit amusé à faire des pamphlets contre le livre de M. *Necker,* ou du moins il les auroit commandés à ses faiseurs & présideroit à leur confection. Il se seroit servi du ministere de M. le lieutenant de police, son ami, pour leur impression & distribution. Tout cela est également ri-

dicule & absurde. Ensuite, par une accusation plus coupable encore, on prétend que l'expulsion du sieur *Panchault* n'est que simulée, & qu'il conserve toujours ce fripon pour confident & pour conseiller. Enfin, on parodie la premiere lettre & on met de nouveau en scene *Monsieur*, comme révélant au Roi son frere l'état déplorable où son ministre des finances en peu de temps a réduit celles du royaume, au point que la balance qui en novembre 1783, lorsque M. *de Calonne* succéda à M. *d'Ormesson*, étoit au moins de pair entre la recette & la dépense, si la premiere ne surpassoit pas l'autre, est baissée par un excédant de celle-ci de 57 millions en novembre 1784, c'est-à-dire en un an; ce qui ne s'est point fait sans que celles du ministre ne se soient très améliorées. Le prince termine par déclarer à S. M. que l'honneur de son regne, l'estime de l'Europe & le crédit public dépendent du renvoi d'un tel serviteur.

Par la violence de cette diatribe contre M. *de Calonne* & des louanges adroitement placées, & comme en passant, en l'honneur de M. *Necker*, on seroit, au premier coup d'œil, tenté de croire l'ouvrage d'un partisan de celui-ci; mais avec quelque réflexion on juge que c'est une tournure adroite pour détourner les soupçons & les faire tomber en effet sur le parti *Neckériste* par une perfidie digne du reste. Il est plutôt à présumer qu'il part d'une troisieme cabale, qui voudroit élever un autre personnage sur les ruines de ces deux-ci.

Mercredi on a fait une perquisition sévere & sans exemple chez les marchands de nouveautés, même les mieux famés, sans qu'on ait dit pour quelle raison. On présume que c'est au sujet de ce pamphlet, dont les exemplaires, vu son genre d'impreſſion, ne peuvent être qu'en petit nombre, peut-être auſſi afin d'effrayer & d'en empêcher la réimpreſſion.

9 Mars. Depuis que la piece du *Mariage de Figaro* a paru ſur la ſcene, le bruit ſe renouvelle de temps en temps que le ſieur *de Beaumarchais* eſt enfermé, & juſqu'à préſent il s'eſt trouvé faux. Il s'eſt répandu plus fortement que jamais hier, & ſe ſoutient aujourd'hui; il paroît même conſtant que le commiſſaire *Chenon*, pere, s'eſt tranſporté chez lui dans la nuit du lundi au mardi, & lui a notifié un ordre du Roi, par lequel il devoit être conduit à Saint-Lazare; ce qui a été exécuté ſur le champ avec une forte eſcorte. Voilà tout ce qui eſt poſitif; quant à la cauſe & aux circonſtances, on varie ſi fort qu'il faut attendre pour les éclaircir. Du reſte, c'eſt le même quanquan que lorſque Me. *Linguet* fut arrêté. On ne fait qu'en parler dans les lieux publics & dans les ſociétés particulieres.

10 Mars. Les *troiſiemes remontrances* du parlement au ſujet des troubles de la congrégation de Saint-Maur, lues & arrêtées aux chambres aſſemblées le premier février dernier, & préſentées au Roi le 13 du même mois, n'ont pas tardé d'être imprimées & ſe répandent dans le public. Elles ſont très-bien faites; elles roulent ſur la réponſe de ſa majeſté, qu'elles diviſent en deux parties; la premiere relative à la congrégation de Saint-Maur, la ſeconde relative à la commiſſion des réguliers. Le ſujet y paroît traité avec beaucoup d'ordre, de méthode, de clarté, de logique, & cette piece intéreſſante parfaitement bien écrite, mérite qu'on y revienne.

10 Mars. C'eſt par une ordonnance de police affichée

affichée en gros caracteres sur les murs de chaque appartement du *salon des arcades*, de *la société olympique* & des autres *clubs* du Palais-Royal, que tous les jeux y sont interdits. Il y a eu des assemblées & une députation à M. *le Noir*, pour l'engager à représenter au ministre l'irrégularité d'un ordre qui n'est ni général, puisqu'il y a des exceptions, & que le club de la comédie italienne, appelé éminemment *le salon*, renommé pour les pertes énormes qui s'y font au jeu, pour les acteurs presque tous joueurs effrénés, continue d'offrir ce spectacle scandaleux ; ni légal, puisqu'il interdit même les jeux honnêtes qui se jouent dans la société & jusques dans les maisons religieuses.

M. le lieutenant de police leur a communiqué la lettre du Roi dont il étoit autorisé, qui ne souffroit ni commentaires, ni répliques. Il leur a cependant fait entendre ensuite que peut-être sa majesté se radouciroit-elle. On croit que le retour du duc *de Chartres* pourra faire retirer cette ordonnance. On semble avoir attendu le moment de son départ pour Londres, afin de lui donner cette mortification.

10 *Mars*. Relation de la séance publique de l'académie françoise, tenue aujourd'hui pour la réception de Me. *Target*.

Depuis près d'un siecle on n'avoit point vu d'avocat siéger parmi les quarante ; c'étoit donc un spectacle seul propre à piquer la curiosité que le renouvellement, pour ainsi parler, de l'alliance antique entre le barreau & l'académie. Aussi une foule des confreres de Me. *Target* avoient désiré se rendre témoins de son triomphe ; un d'eux, dont la présence lui eût été sans doute

Tome XXVIII. H

la plus glorieuse, lui manquoit. En vain ses amis avoient répandu le bruit que Me. *Gerbier* s'y trouveroit, qu'il seroit à côté du récipiendaire, & l'animeroit par ses regards & ses suffrages; il est à présumer que ce rival, humilié d'une préférence injurieuse, n'avoit pu vaincre son ressentiment contre l'académie, & sa jalousie contre son vainqueur. Quoi qu'il en soit, un autre spectacle a frappé l'assemblée, ç'a été de voir Me. *Target* introduit en quelque sorte sous les auspices de M. *de Malesherbes*, qui le tenoit comme par la main, & l'offroit à l'admiration publique; elle s'est manifestée par de nombreux battements de mains, précurseurs de ceux qui alloient suivre lorsqu'il ouvriroit la bouche.

Un avocat devoit naturellement parler d'éloquence, & c'est ce qu'a fait Me. *Target*; il l'a prise pour sujet principal de son discours. Il l'a suivie depuis son origine jusqu'à nos jours; il en a tracé les progrès & les révolutions: il a caractérisé celle des premiers âges; il s'est étendu principalement sur l'éloquence d'Athenes, de Rome, & sur la nôtre. Il a parcouru ses diverses périodes & les a enchaînées par des transitions heureuses. Les portraits de *Démosthene*, de *Cicéron* & de *Bossuet* ont marqué chacune de ces époques. Dans la nôtre, où l'éloquence se divise en deux branches, celle du barreau & celle de la chaire, il est convenu de l'infériorité de la premiere, non à raison des orateurs, mais à raison des objets. C'étoit le lieu de placer sans affectation & sans effort l'éloge d'un magistrat présent qui, depuis long-temps porte la parole au parlement, & qu'on entend toujours avec un plaisir nouveau; éloge qui ne pouvoit regarder que M. *Seguier*. C'étoit le lieu encore de se venger noblement du dédain de Me. *Gerbier*, en lui renvoyant la couronne que l'académie venoit de décerner à son rival, & c'est à quoi n'a pas manqué le récipiendaire. Toute cette partie de son discours a été fort applaudie.

La seconde l'a été moins. Elle contenoit une digression sur son prédécesseur, l'abbé *Arnaud*, personnage peu en recommandation auprès du public. L'orateur, par un trait de bienfaisance de la part de ce gros bénéficier cité à propos, arrangé au théâtre & narré de la maniere la plus intéressante, a eu l'art de le faire passer pour un prêtre très-charitable & même pour une belle ame. Il s'agissoit d'un curé à portion congrue, contre lequel il étoit forcé de plaider pour soutenir les droits de son abbaye: mais, comme homme, désirant de perdre, il a si bien fait qu'il a trouvé & fourni lui-même à son adversaire des titres propres à le rendre victorieux; & en effet celui-ci a gagné. Cette anecdote secrete qui n'auroit pas dû rester telle, au moins de la part de celui qui avoit ressenti le bienfait, se trouve révélée ici pour la premiere fois, & a rencontré encore beaucoup d'incrédules.

Les gens difficiles, malgré les applaudissements multipliés qu'a obtenus le récipiendaire, estiment qu'à la lecture son discours ne sera pas tant admiré. Ils lui reprochent de l'emphase, de l'obscurité, des tournures peu nobles & quelquefois des locutions qui ne sont pas correctes.

C'étoit M. l'archevêque de Toulouse qui auroit dû encore cette fois répondre au récipiendaire; il étoit à Paris & eût rempli à merveille cette fonction; mais M. le duc *de Nivernois*, ayant déjà fait les frais de la réponse, n'a pas voulu les perdre, & le prélat a eu pour lui la complaisance de prétexter des affaires & de ne point se montrer à l'assemblée.

Cette réponse aussi agréable au public que la premiere, ne tranchoit pas moins avec le ton de l'avocat, car on se ressent toujours de sa profession, & si l'abbé *Maury*, peu habitué en ce commencement au fauteuil académique, avoit prêché, Me. *Target* sembloit plaider. M. le duc *de Nivernois*, sans rien perdre de la dignité de directeur, y a mêlé l'urbanité du courtisan & les graces aimables qui caractérisent toutes ses productions. Il n'a pas dissimulé que l'abbé *Arnaud* n'avoit rien fait, & il lui a d'autant mieux reproché son inaction, que le confrere paresseux étoit très en état de faire. Un portrait du journaliste, un portrait de l'avocat, une digression adroite sur la journée du 12 novembre 1774, c'est-à-dire sur le rétablissement de la magistrature, sont les morceaux principaux de son discours. Le dernier sur lequel l'auteur comptoit vraisemblablement, puisqu'il l'avoit réservé pour la fin, n'a pas causé l'explosion qu'il auroit dû faire ; il prouve que la conduite actuelle du parlement a bien fait évanouir l'enthousiasme de la nation.

Le reste de la séance auroit dû être rempli par une lecture du quatrieme acte de la tragédie de *Barnevelt*, de M. *le Mierre*. Il l'avoit annoncé à ses amis ; il en avoit, suivant la regle, fait part à l'académie dans une séance particuliere. Messieurs *Marmontel*, *la Harpe*, *Ducis*, en avoient été émerveillés. Le public désiroit d'autant plus l'entendre que depuis long-temps l'ambassadeur de Hollande s'oppose à la représentation de la piece, & qu'ayant une ressemblance trop frappante à ce qui se passe aujourd'hui dans le sein de la république, aux dissensions & aux troubles qui l'agitent, elle est moins susceptible que jamais d'être jouée. Des soins plus pressants avoient déterminé la compagnie de préférer un morceau de prose. Elle étoit ulcérée de l'humiliation donnée le jour de la réception de M. l'abbé *Maury*, à l'un de ses membres, en la personne de M. *Gaillard*. L'abbé *de Boismont* a entrepris de le venger & la majesté de l'académie violée. Il a annoncé un *discours sur les assemblées littéraires*. Ce titre piquant en lui-même ne pouvoit qu'exciter l'attention ; mais quand on a vu que c'étoit une vraie mercuriale, l'auditoire s'est révolté & a hué vigoureusement le lecteur au point qu'on ne pouvoit l'entendre. Il a soutenu le choc avec l'impudence qu'on lui connoît ; il a redoublé de poumons, & a si bien fait qu'il a fini par emporter quelques claquements : en général, il a commenté le mot ancien de l'abbé d'*Olivet* : *on applaudit au théâtre, on écoute à l'académie*. Mot que celui-ci n'avoit jamais osé proférer en public, & qui ne s'est conservé que par tradition ; mot qui auroit moins passé alors qu'aujourd'hui, parce que les oreilles étoient plus superbes & les ames plus énergiques.

Quoi qu'il en soit, si le jour de la précédente réception l'académie s'est séparée très-mécontente du public, à celle-ci le public est sorti très-mécontent de l'académie, & sans doute il le témoignera. Messieurs le craignent & s'attendent à toutes sortes de quolibets, de calembours, de sarcasmes & même d'épigrammes sanglantes.

10 *Mars*. Les héritiers d'un procureur nommé *Denisart*, auteur d'un ouvrage de pratique estimé, s'étant trouvés frustrés de cette propriété par la veuve *Dessaint*, qui a prétendu l'avoir acquise, ont plaidé contre elle en 1783, & gagné leur procès à la grand'chambre. La veuve *Dessaint* a voulu se pourvoir au conseil en cassation, & sa requête n'a point été admise. Elle est revenue cette année par requête civile. C'est Me. *de Bonnieres* qui plaidoit pour elle. Le vendredi 25 février, sentant combien la voie de la cassation est désagréable à messieurs, il cherchoit à excuser cette premiere démarche. Son adversaire saisissant au contraire cette occasion d'indisposer les juges, demande à lire la requête; il la lit, puis il ajoute: puisque *la puissance suprême*..... A ce mot de *puissance suprême*, en parlant d'actes du conseil, toutes les perruques de la grand'chambre se sont hérissées, messieurs se sont levés & alloient aux voix.... Me. *Target* sent sa faute; il veut la réparer, il reprend; *puisque j'ai eu le malheur de déplaire, je promets de ne plus parler de cette requête.* Alors M. d'*Ormesson*, qui présidoit, l'a apostrophé & lui a dit d'un air sévere: *vous le promettez donc ?...... Je m'y suis déjà engagé,* a répliqué l'avocat, & la colere de la cour n'a point eu de suite.

L'ordre est indigné du manque de tête de Me. *Target* en cette occasion. On cite à ce sujet le trait d'un Me. *de Fourcroy*, qui, le président l'interrompant & lui enjoignant de conclure, tire sa montre & dit : « J'ai encore une heure à parler » pour mon client, si la cour m'empêche de le » faire, je déclare que ma partie n'aura pas été » défendue. » Le président ayant persisté, après avoir pris l'avis des juges & réitéré l'injonction de conclure, Me. *de Fourcroy* ajouta : « Je de- » mande qu'il me soit donné acte de ma décla- » ration & du refus de la cour. » On alla de nouveau aux voix, & il lui fut accordé la liberté de continuer.

11 *Mars*. L'affaire des avocats du parlement de Besançon contre cette cour a été jugée au conseil, dit-on, & les arrêts du parlement ont été confirmés.

11 *Mars*. Le parlement dans la premiere de ses remontrances au sujet de la congrégation de Saint-Maur, revient sur l'illégalité des voies employées pour préparer & soutenir le prétendu chapitre de Saint-Denis, illégalité sur laquelle on a trompé le Roi, au point de lui persuader que tout étoit conforme aux ordonnances, & de le porter à employer son autorité pour la soutenir. Le parlement y reconnoît l'adresse d'une cabale cherchant à détruire la congrégation contre le vœu & les termes formels de la réponse de sa majesté, & à opérer cette ruine de maniere qu'elle ait l'air du propre ouvrage des enfants de Saint-Benoît, & cette ruine s'avance à grands pas; on apperçoit déjà les avant-coureurs de ce fatal événement dans la division, l'anarchie & l'oppression qui en sont les caracteres distinctifs.

La congrégation de Saint-Maur est aujourd'hui partagée en quelques ambitieux, suivant le parti qui les flatte davantage; des foibles gémissant en silence, & des ames fortes qui ont porté au tribunal de la justice la cause de la religion & de la vérité.

L'anarchie est au point que les religieux ne savent plus à qui ils doivent l'obéissance par la multiplicité & la rivalité des supérieurs : plusieurs prélats sont partagés sur les sujets admissibles aux ordres, & quelques-uns les refusent aux religieux présentés par les nouveaux prieurs.

L'oppression en est la suite, & l'on ne sauroit nombrer la foule des lettres de cachet prodiguées en cette occasion.

Le parlement s'éleve après contre l'arrêt du conseil du 8 janvier, qu'il nomme *jugement*, & si on le laissoit subsister, suivant cette cour, il présageroit la destruction de toutes les loix. Il est précisément le triomphe des ennemis de la paix. Il couronneroit leurs requêtes des 28 avril & 18 mai 1784, requêtes monstrueuses sur lesquelles le conseil lui-même n'a osé statuer directement.

Il n'est qu'un seul moyen de remédier à tant de maux, c'est de laisser la congrégation tenir un chapitre régulier.

Le remede est d'autant plus nécessaire, que si la loi se trouve anéantie par un simple acte d'administration, il n'y a plus rien de stable, & que toutes les classes de la société doivent trembler; on n'en peut ébranler une que la secousse ne se communique à toutes.

Le parlement dans la seconde partie de ses remontrances, démasque la conduite insidieuse de la commission des réguliers qui, dans l'espoir de se soustraire à l'inspection des cours, s'est convertie en un simple conseil consultatif. Il prouve qu'il a eu raison de la représenter comme l'établissement le plus dangereux ; il cite un exemple entre cent autres, celui des chanoines réguliers de Sainte-Croix de la Bretonnerie. Il prend de-là occasion de revenir sur ce qui a été fait contre cet ordre, & d'en former un des articles de sa réclamation; il termine par s'élever plus fortement encore que la premiere fois contre l'existence versatile de la commission, de ce protée funeste sous toutes les formes qu'il prend tour-à-tour, qui, dès sa naissance, a alarmé la plus grande partie du clergé & dont les progrès alarment tous les ordres de l'état.

11 *Mars*. Lorsque le sieur *de Beaumarchais* a reçu la notification de l'ordre du Roi, il étoit encore à souper avec quelques amis qui ont été bientôt dispersés; il s'en est défait sous le prétexte qu'il venoit de recevoir une lettre qui l'obligeoit de se rendre sur le champ à Versailles, & même de faire quelque travail avant. Resté avec le commissaire, celui-ci, suivant l'usage, a voulu procéder à mettre le scellé sur les papiers : le sieur *de Beaumarchais* lui a représenté qu'étant dans une infinité d'entreprises, il avoit des lettres de change à payer continuellement; que la clôture de ses papiers non-seulement lui feroit un tort infini, mais à beaucoup de gens. Cette considération a fait suspendre les fonctions au commissaire, qui a dépêché quelqu'un de confiance pour en référer à M. le lieutenant-général de police. Ce magistrat a décidé que dans ce cas le scellé n'ayant lieu que pour la conservation des effets du prisonnier, dès que le sieur *de Beaumarchais* ne craignoit point de tout laisser à la discrétion de ses commis, on pouvoit s'abstenir de cette formalité. Alors on est parti. Le sieur *de Beaumarchais* jusques-là faisoit assez bonne contenance; il s'imaginoit qu'on le conduiroit à la Bastille, il en tiroit même une sorte de gloire; mais quand il a su & vu qu'on le menoit à Saint-Lazare, il a été fort sot, on veut même qu'il ait pleuré;

ce qui ne lui étoit arrivé depuis long-temps. Il faut savoir que Saint-Lazare est une maison de correction en hommes, comme certains couvents le sont pour les femmes libertines. On n'y enferme guere que des enfants de famille ou des prêtres, qui ont fait des bassesses ou des fredaines, & qu'on espere ramener à une meilleure conduite, non-seulement par la captivité, mais encore quelquefois par la flagellation. En sorte qu'une punition pareille laisse toujours une sorte de tache, sur-tout quand elle est infligée à l'âge du sieur *de Beaumarchais*, qui est presque sexagénaire.

Ce qu'il y a de plus fâcheux, c'est qu'il passe pour constant que le Roi l'a en exécration comme un homme infame, & dans son premier mouvement vouloit qu'il allât à Bicêtre. On dit que c'est sur les observations du baron *de Breteuil* que sa majesté s'est relâchée & a décidé qu'il n'iroit qu'à Saint-Lazare.

12 *Mars*. On peut se rappeller le procès du marquis de *la Grange* contre le marquis *de Bouthillier*, & l'étrange surnom de *Voltaire* (*Vole-terre*) donné au premier, qui se prévaloit d'une erreur de commis dans la copie de l'adjudication pour prétendre se mettre en possession de deux terres lorsqu'il n'en avoit acheté qu'une. Depuis peu, il avoit répandu un mémoire, qui en avoit imposé à beaucoup de gens; mais enfin jeudi dernier il a perdu unanimement à la grand'chambre avec dépens.

12 *Mars*. Si quelque chose peut consoler dans sa prison le sieur *de Beaumarchais*, c'est sans doute d'occuper tout Paris, comme il le fait. On ne pouvoit le mieux servir dans son goût, & il n'est si petite coterie où l'on ne s'entretienne de lui,

où l'on ne cherche la cause de sa détention : on l'attribue à plusieurs.

1. M. l'abbé *Aubert* & M. *Suard*, malgré l'engouement général, ayant eu le courage de critiquer son *Mariage de Figaro* & d'en dévoiler la turpitude, l'auteur en a conservé un ressentiment profond, & par récrimination avoit fait contre ces messieurs dans sa préface une sortie si violente que le censeur y avoit refusé son approbation : M. *de Beaumarchais* lutte depuis deux mois pour la faire passer & ne peut l'obtenir. Tout récemment il étoit allé chez M. *le Noir* à cet effet, & ce magistrat le trouvant opiniâtre à la publier sans permission, l'avoit charitablement averti de l'orage qui grondoit sur sa tête, lui avoit dit que s'il faisoit cette sottise, il seroit arrêté. *En tout cas, Monsieur*, avoit-il répliqué, *si je suis puni pour mes sottises, ce ne sera pas pour mes bêtises*. Ce magistrat fatigué de ses importunités l'ayant enfin renvoyé au ministre de Paris, il y va.

M. le baron *de Breteuil* lui déclare formellement que c'est le Roi qui ne veut pas que cette préface paroisse dans l'état où elle est : le sieur *de Beaumarchais* irrité par ces obstacles & accoutumé à les vaincre, ne semble point effarouché de cette réponse & en devient plus insolent. Il veut savoir pourquoi sa majesté s'oppose à cette publicité ; il prétend qu'on a surpris la religion du Roi ; il fait le plaisant, il persiffle : le ministre est obligé de lui dire de se retirer & de le faire sortir.

2. La chanson contre le mandement de l'archevêque, malgré sa dénégation. On prétend que lorsque M. *le Noir* le manda à cet effet, il lui répondit qu'il avoit fait la chanson, comme

M. l'archevêque son mandement. Quoi qu'il en soit, on parle d'une lettre très-indécente qu'il a écrite à ce prélat & que le Roi a vue, & l'on ajoute que depuis la détention du sieur *de Beaumarchais*, sa majesté a fait part de ce châtiment à l'archevêque, qui a répondu apostoliquement à sa majesté qu'il ne désiroit point la mort du pécheur, mais sa conversion.

3. Il a paru dans le journal de Paris le lundi 23 février une lettre anonyme, où l'on plaisantoit le sieur *de Beaumarchais* sur la fureur de bienfaisance qui lui avoit pris tout-à-coup. Cette lettre extrêmement fine & piquante, attribuée d'abord à M. *Suard*, paroît rester aujourd'hui à un abbé *Suard* ex-oratorien, ancien prédicateur, aumônier de madame la duchesse *de la Tremouille*, & qu'on dit frere de l'académicien : des gens qui se prétendent plus au fait, vont jusqu'à insinuer qu'elle seroit d'un prince auguste, accoutumé à mystifier le public par des énigmes, des allégories & autres productions très-spirituelles; que du moins elle a été composée sous ses yeux. Le sieur *de Beaumarchais* piqué au vif d'une plaisanterie supérieure à toutes les siennes, a cependant voulu y répondre, mais l'a fait d'une maniere si grossiere & si injurieuse que M. *Guidi*, le censeur royal du journal, n'avoit jamais voulu passer cette réponse qu'il n'y fût forcé par un ordre supérieur. On veut encore que tout ceci ait été un piege tendu au sieur *de Beaumarchais*, & qu'il y ait donné. On cite le mot de l'autorité exigeant qu'on insérât sa lettre, *il s'enferre de lui-même, il faut le laisser aller*. Effectivement, ç'a été la derniere impudence qu'on lui ait permise, & il a été arrêté le lundi même 7 mars où avoit paru cette diatribe sanglante.

13 *Mars*. Il s'est élevé depuis peu un *Club des Américains* : pour y être admis, il faut avoir quelque habitation dans les Colonies. Leur principal objet est de s'occuper de leurs affaires & de tout ce qui peut contribuer à l'amélioration de leur culture. Ils n'ont pas manqué d'être scandalisés des divers mémoires du commerce dont on a rendu compte, & ils ont résolu d'y répondre par un *Mémoire des Planteurs*. On ne sait s'ils obtiendront la permission de le publier, & s'il sera même reçu & agréé du ministre; le gouvernement n'aime pas ces associations politiques non autorisées, & le Roi qui en général ne voit pas de bon œil tous ces clubs, pourroit trouver mauvais que celui-ci s'ingérât de matières aussi étrangeres à leur institution & à leur tolérance.

13 *Mars*. Tout Paris a été enchanté de la perte du procès de M. *de la Grange*. On prétend que sa mauvaise foi étoit si manifeste, qu'il y a eu des voix pour l'*aumôner*, & que, s'il n'a pas été plus maltraité, il le doit à la circonstance favorable de se trouver beau-frere du procureur-général. Naturellement il auroit dû être condamné à de gros dommages & intérêts envers le marquis *de Bouthillier*, qui n'en demandoit pas pour lui, mais les vouloit applicables aux pauvres de la terre.

Le mémoire du marquis *de la Grange* n'étoit signé que d'un procureur, & l'on en a jugé qu'aucun avocat n'auroit voulu se charger d'une aussi mauvaise cause : quant à son adversaire, l'on a dit qu'il faisoit lui-même les siens.

14 *Mars*. Le gouvernement s'obstine à la proscription de l'ouvrage de M. *Necker*, mais tacitement; il ne veut pas qu'aucune feuille périodique en parle.

L'abbé *Aubert* qui, en sa qualité de rédacteur du *Journal général de France*, est le chef de toutes les affiches particulieres qui s'impriment dans les diverses provinces, a envoyé à ses confreres une lettre circulaire, où il leur notifie les défenses du ministere.

Le rédacteur des affiches de Limoges, gourmandé par les habitants de la ville & de la province sur le silence qu'il gardoit du livre de monsieur *Necker*, afin de répondre à tous ces reproches par bêtise ou par malice, a imprimé dans un de ses numéros la lettre de l'abbé *Aubert*. Le gouvernement en a été fort scandalisé & le rédacteur est interdit.

14 *Mars*. Jeudi dernier à la réception de Me. *Target* on a été effrayé de voir M. *de la Harpe*, qui est assez bien de figure ordinairement, paroître le visage couvert de pustules qui le rendoient hideux, dégoûtant même : on ne doute pas que ce ne soit le chapelet fatal dont son front est couronné, présent de Mlle. *Cléophile* ou de quelque autre courtisane. Quoi qu'il en soit, un caustique, dit-on, M. *Daubonne*, composa pendant l'assemblée cet *impromptu* & le lui fit passer : il n'a de mérite que l'à-propos.

La Création du Monde.

D'abord Dieu créa la santé,
Sans laquelle ici-bas aucun bien n'est goûté.
Ensuite vint la patience,
Vertu si nécessaire autant que l'équité ;
Et puis en digérant, il fit la bienfaisance ;
On est toujours humain lorsqu'on est bien lesté.

Le quatrieme jour vit naître la gaîté ;
C'eſt depuis ce temps que l'on danſe.
Au milieu du cinquieme il forma la beauté ;
Le lendemain au ſoir il fit la tempérance.
Pour ſeptieme chef-d'œuvre enfin la volupté,
Mais la vérole prit naiſſance,
Et tout l'ouvrage fut gâté.

15 *Mars.* Depuis la détention du ſieur *de Beaumarchais*, la contrefaçon de ſa comédie a doublé, & ſe vend trois livres, par la crainte qu'elle ne ſoit arrêtée.

15 *Mars.* Après la longue & faſtueuſe introduction, M. *Necker* dans ſon livre de *l'Adminiſtration des Finances de la France*, entre en matiere, & l'on doit admirer ſans doute le courage avec lequel, malgré les ſecours qu'il a trouvés au contrôle-général, dans le travail de ſes prédéceſſeurs & dans celui de ſes coopérateurs & de ſes agents, il a développé ſon ſujet, quoiqu'en y laiſſant encore beaucoup d'obſcurité & d'ennui, au point que l'ouvrage ſeroit lu de peu de monde, s'il n'étoit à la mode, & ſi chacun ne vouloit ſe mettre en état d'en parler tant bien que mal. Ce qui fatigue ſur-tout, c'eſt ſa diffuſion, ce ſont les réflexions philoſophiques & morales dont il ſurcharge des chapitres qui ne demanderoient que de l'ordre & de la préciſion; c'eſt le ton de rhéteur qu'il affecte toujours, lorſqu'il ne devroit écrire qu'avec clarté & ſimplicité. Auſſi ce livre, après avoir, à raiſon des circonſtances, cauſé l'engouement général, ſera au bout d'un certain temps enſeveli dans la pouſſiere des bibliotheques, & ne

fera consulté au besoin que par ceux qui voudront s'en éclairer, ou en discuter les erreurs.

Si l'on vouloit résumer ce livre pour n'en conserver que les détails, les faits & les raisonnemens relatifs à l'administration, on réduiroit facilement les trois volumes en un, qui n'en seroit que meilleur. Quoi qu'il en soit, après l'avoir bien dépecé, nous en donnerons l'apperçu & les résultats dans tout ce qu'il contient d'instructif pour son objet & son but véritable.

15 *Mars*. Le sieur *de Beaumarchais* est sorti de Saint-Lazare & rentré chez lui, dans la nuit du dimanche au lundi. Ses amis se prévalent de cette courte détention qui n'a duré que six jours, pour atténuer son châtiment. Ils disent que c'est une espiéglerie du gouvernement, qui a voulu le corriger en riant, & par cette espece d'épigramme en action le traiter à sa maniere. La gaieté qu'on y a mise efface, suivant eux, ce qu'elle a d'humiliant.

15 *Mars*. Samedi dernier l'on donna pour la derniere capitation des acteurs à l'opéra, *Iphigénie en Tauride*, en quatre actes, & *Panurge* en trois. Ce qui fit durer le spectacle jusqu'à dix heures un quart. La recette de 16,500 livres est sans exemple.

On sait que ces jours-là l'on a droit d'aller sur le théâtre pour un louis : le nombre de ces agréables étoit si grand qu'il offusquoit le parterre, qui fit un vacarme du diable & les obligea de se retirer dans les coulisses.

Du reste, on a fait une caricature sur *Panurge*. On le représente jeté par les fenêtres, & deux danseurs, *Vestris* & *Gardel*, le soutiennent avec des ballets ; calembour relatif à la nature de son succès.

16 *Mars*. On n'a pas manqué de conserver par

des caricatures & des chansons la mémoire de l'événement du séjour du sieur *de Beaumarchais* à Saint-Lazare. Les dernieres sont pitoyables, les autres sont toujours plaisantes par la flagellation qui en fait le fond ; ce n'est pas une légere consolation pour ceux qu'il a tant bafoués de le voir à son tour culotte bas, recevoir la correction des cuistres auxquels il est soumis.

16 *Mars*. On a déjà fait à l'opéra une répétition de *l'Alceste* de MM. *de Saint-Marc* & *Floquet*; car celui-ci a levé enfin le masque. On a trouvé dans la musique des airs de ballet, un chœur de démons, assez beaux; mais point de chant, & en général le comité n'a point jugé cet ouvrage assez bon pour pouvoir soutenir le parallele de celui du chevalier *Gluck*. Tel a été le compte que l'on a rendu au ministre. Ces messieurs ne se tiennent pas pour battus, ils demandent un second essai & de nouveaux juges.

17 *Mars*. On a parlé précédemment du numéro 88 de Me. *Linguet*, espece de mémoire pour l'Empereur : le numéro suivant contient un *Discours tenu ou à tenir par un ministre de France au Conseil d'Etat à Versailles, sur les vrais intérêts de la nation relativement à l'ouverture de l'Escaut.* Dans celui-ci, plus partial encore, il semble soumettre la France à l'Empire, & prétend que les succès de *Louis XVI* ne sont dus qu'à l'inaction de *Joseph II*. Il cite modestement lui-même dans ce discours, & fait rapporter par l'orateur politique ses réflexions & un fragment de son mémoire, comme une autorité propre à faire une grande impression dans le conseil.

Ce numéro 89 a plus révolté encore que le précédent, & quoiqu'il ne soit rempli que de mauvais raisonnements & de sophismes, le ministere a cru devoir arrêter le cours de ces diatribes : les numéros suivants ont été interceptés & les souscripteurs gémissent d'une nouvelle interruption. Les numéros 90 & 91 n'ayant point passé, il a essayé de se servir du canal de l'ambassadeur de l'Empereur pour les numéros 92 & 93, qui ont été également interceptés.

Le bruit court que l'Empereur a fait une pension à Me. *Linguet*, & c'est à désirer pour cet écrivain dont le journal, pour peu qu'il veuille le rendre intéressant, ne pourra jamais jouir d'une liberté soutenue & nécessaire en France.

Quoi qu'il en soit, ce qu'il y a de sûr, c'est que Me. *Linguet* ayant réuni ses deux numéros en une brochure isolée, sous le titre de *Considérations sur l'ouverture de l'Escaut*, avec un *avertissement*, où, suivant sa coutume, il fait profession de la plus entiere impartialité ; il jure n'avoir été poussé à écrire que par son amour pour l'humanité. L'ambassadeur de sa majesté Impériale à Paris, se trouve pourvu d'un bon nombre d'exemplaires de ce *factum*, & le fait distribuer à ceux qui en demandent ; preuve que son maître ne désavoue pas son apologiste, en fait cas & approuve ses raisonnements.

17 Mars. Dans une des caricatures sur le sieur *de Beaumarchais*, il est représenté entre les jambes d'un lazariste, qui a le martinet levé sur son postérieur à découvert : à côté & dans un fauteuil est assise une belle dame, magnifiquement vêtue, la comtesse *Almaviva*, les yeux fixés sur le derriere du patient & souriant : plus loin & debout est le petit page, qui leve les yeux au ciel & semble gémir de l'infortune de son défenseur &

de son maître. Tout cela est peu caractérisé ; par une mal-adresse inconcevable, le sieur *de Beaumarchais* est caché ; en sorte que lui & ses partisans pourroient nier qu'il fût l'objet de la caricature, si la légende qu'on lit au haut, tirée de sa comédie, ne fixoit l'incertitude du spectateur. Elle porte : *Tant va la cruche à l'eau qu'à la fin elle s'emplit* : citation la plus ingénieuse de cette estampe peu piquante, & quant à l'exécution & quant à sa composition même. Elle s'est vendue librement jusques ici ; mais enfin il est venu défenses aux marchands de l'étaler, & elle coûte aujourd'hui six francs.

17 *Mars*. Un abbé *Petit* ayant dit sa premiere messe ces jours-ci, un plaisant lui a adressé l'espece de rondeau suivant, dont une forte impiété fait le principal mérite. Cela se chante sur l'air *de haut en bas*.

Petit, Petit,
Vous allez faire grande chere,
Il vous faut un grand appétit ;
Le Dieu du ciel & de la terre
En votre faveur va se faire
Petit, Petit.

18 *Mars*. On cite parmi les convives qui étoient à souper chez le sieur *de Beaumarchais* le jour de son enlevement, le prince *de Nassau*, l'abbé *de Calonne*, frere du contrôleur-général, &c. Le lendemain de son élargissement, il s'est trouvé à sa porte une file de plus de cent carrosses qui venoient le féliciter.

18 *Mars*. M. *Necker* dans son premier chapi-

tre, développe toutes les contributions des peuples, qu'il évalue à 585,000,000 livres.

Après avoir dans le second jeté des réflexions générales sur l'étendue des impôts, il établit dans le troisieme que les frais vont à 58 millions, & après avoir déduit de la recette générale ci-dessus 27,500,000 livres pour les corvées & les frais de contrainte ou de saisie, sortes de contributions qui ne forment pas un objet de recette, il trouve que le résultat des frais de recouvrement est de $10\frac{1}{4}$ pour cent.

Dans le quatrieme il critique le rétablissement des receveurs généraux des finances & des receveurs des tailles.

Il donne au chapitre cinq des notions générales sur les économies, dont l'universalité des frais de recouvrement est susceptible, & il estime qu'elles pourroient s'élever encore jusqu'à 16 millions environ; en sorte qu'il ne resteroit plus que 42 millions de frais de recouvrement; ce qui le réduiroit à 7 & demi pour cent.

M. *Necker*, dans les chapitres 6 & 7, examine le système de ceux qui voudroient convertir toutes les contributions de la France dans un seul impôt territorial, ou dans une capitation personnelle, & il est pour la négative.

Le nombre des agents & des employés du fisc fait l'objet des recherches du chapitre 8; il se monte à environ 250,000 personnes.

Il passe dans le chapitre 9 à la population de la France que, la Corse comprise, il éleve à 26 millions d'hommes.

Dans le chapitre 10, en réduisant la population au taux plus modéré de 24 millions 676 mille ames, il trouve que chaque individu paye 23 livres 13 sous 8 deniers.

Dans le reste du premier volume, c'est-à-dire, dans les chapitres 11, 12, 13 & 14, après avoir donné des notions succinctes sur les contribuables, les franchises, la population, l'étendue & les principales ressources de chaque généralité du royaume, l'auteur parle de l'étendue de la population & des contributions de la Corse. Il parle des impôts & de la population des colonies de la France.

On y compte en tout environ 72 mille blancs & plus de 500 mille esclaves, & elles ne rendent pas sept millions d'impôts.

Il termine par des observations générales sur la réforme des impositions.

Le second volume est divisé en 12 chapitres. Dans les quatre premiers, M. *Necker* traite de l'impôt sur le sel, de l'impôt sur le tabac, des droits de traite ; il établit la balance du commerce de la France, qu'il évalue en sa faveur à 70 millions, & donne ses idées sur la réforme de cette partie.

Dans les trois suivants, il parle avec la plus grande complaisance de ces administrations provinciales qu'il regarde comme son ouvrage ; il voudroit dans le huitieme faire comprendre aux parlements que ces établissements qui les offusquent, devroient au contraire en être favorisés.

Dans le neuvieme, il parle des contributions du clergé, qui sont de dix millions, sur un revenu d'environ 130 millions : ses dettes sont d'environ 134 millions. Dans le dixieme il voudroit un conseil pour la distribution des bénéfices.

Dans les onzieme & le douzieme chapitres, auxquels il joint un supplément, l'ex-ministre des finances parle des dettes de l'état, des remboursements & des dépenses de la France. Le résultat est que la balance de la dépense excede la recette de dix millions, & au contraire, suivant lui, lorsqu'il fut renvoyé, la recette surpassoit la dépense de plus de dix millions.

Dans le troisieme volume qui contient 36 chapitres, les dix premiers seulement qui roulent sur les monnoies & sur le numéraire de la France, rentrent dans le titre de l'ouvrage. Dans les autres, c'est moins un contrôleur-général qu'un premier ministre qui parle, & le plus souvent un moraliste qui prêche, qui dit de très-bonnes choses, mais qui perdent la plus grande partie de leur effet, parce qu'elles sont mal amenées ou mal placées ; *non erat hic locus*.

18 *Mars*. M. le comte *de Senneterre*, connu par sa cécité & par son goût pour les lettres, vient de mourir : il étoit le dernier mâle de son nom.

18 *Mars*. A l'occasion de la mercuriale dont on a parlé, faite au public par l'abbé *de Boismont* le jour de la réception de Me. *Target*, un plaisant avoit fait *l'impromptu* suivant, qui ne s'est répandu que depuis peu :

    De par *Phœbus* & cætera,
    Lorsqu'un des quarante lira,
    Messieurs *Boismont* vous notifie
    Qu'il est défendu de siffler :
    Si trop fortement on s'ennuie,
    Permis seulement de bâiller.

19 *Mars*. Dans la foule des vaudevilles faits à l'occasion du châtiment exercé sur le sieur *de Beaumarchais*, voici le seul plus passable, dont quelques couplets ont d'autant plus de sel qu'ils sont calqués heureusement sur ceux qui terminent son *Mariage de Figaro*. Il faut les avoir présents ; les nouveaux sont sur le même air :

Cœurs sensibles, cœurs fideles,
Par *Beaumarchais* offensés,
Calmez vos frayeurs cruelles,
Les vices sont terrassés :
Cet auteur n'a plus les ailes
Qui le faisoient voltiger ;
Son succès fut passager.

Oui, ce docteur admirable
Qui faisoit hier l'important,
Devient aujourd'hui traitable,
Il a l'air d'un pénitent.
C'est une amende honorable
Qu'il devoit à l'univers
Pour sa prose & pour ses vers.

Le public qui toujours glose,
Dit qu'il n'est plus insolent
Depuis qu'il reçoit sa dose
D'un vigoureux flagellant.
De cette métamorphose
Il nous apprit le pourquoi :
Les plus forts lui font la loi.

Un lazariste inflexible,
Ennemi de tout repos,
Prend un instrument terrible
Et l'exerce sur son dos :
Par ce châtiment horrible
Caron est anéanti ;
Paveant male ranti.

Goëzman, au gosier d'autruche,
Que la pitié n'amollit,
Au patient qui trébuche,
Répete un dicton qu'il fit :
Tant à l'eau s'en va la cruche
Qu'à la fin elle s'emplit ;
Quoiqu'un peu tard, il suffit.

Quoi ! c'est vous, mon pauvre pere,
Dit *Figaro* ricanant,
Qu'à coups nombreux d'étriviere
On punit comme un enfant !
Cette leçon salutaire
Apprend qu'un juste retour
A chacun donne son tour.

Bridoison qui voit la fête,
En paroît très-satisfait :
Ah ! dit-il, branlant la tête,
Comme un sot il me peignoit :
Mais, si je suis une bête,
Avec tout son esprit, ma foi,
Le voilà plus sot que moi.

Sans

Sans doute la tragédie
Qu'il nous donne en cet inftant,
Vaut mieux que la comédie
De cet auteur impudent.
On l'étrille, il pefte, il crie,
Il s'agite en cent façons :
Plaignons-le par des chanfons.

19 *Mars*. Feu M. *de saint-Auban*, cet officier général d'artillerie qui n'a que trop fait parler de lui fur la fin de fes jours, avoit un cabinet de machines & de modeles très-curieux pour fon métier. Sa famille a offert ce cabinet au Roi. Sa majefté l'a accepté. Il eft maintenant placé à Verfailles dans la piece où l'on étale les porcelaines de Seve, & le public le voit librement.

19 *Mars*. Le parlement que l'ordre des avocats offufque depuis long-temps, cherche tous les moyens de fe foumettre ce corps, dont la liberté & l'indépendance font l'effence. N'ofant l'attaquer ouvertement, il s'y prend avec adreffe & de la même maniere que la cour en a ufé envers lui. Il cherche à le raccourcir, fur-tout à exclure des délibérations la jeuneffe trop turbulente. Sous ce prétexte, il a fait propofer par les anciens, ignorant fans doute les vues ultérieures de cette cour, que l'on n'admît aux affemblées générales que les avocats qui auroient dix ans de palais; favoir, quatre ans de ftage, & fix ans de tableau.

On fait que l'ordre eft divifé en dix colonnes, qui votent chacune féparément; le plus grand nombre a déjà opiné pour que le réglement paffât.

Tome XXVIII.

Lorsque les dix colonnes auront délibéré, les deux députés de chacune, au nombre de deux, en référeront à l'assemblée des séniors, composée, sur-tout, de tous les bâtonniers & autres vieux consultants, & l'on ne doute pas que le raccourcissement de l'ordre ne s'opere ainsi, & peut-être son esclavage & son déshonneur successivement.

Messieurs les gens du Roi insistent avec force & avec persévérance pour qu'on fasse un réglement à l'occasion des mémoires, sinon menacent d'en faire un; ce qui est embarrassant.

20 *Mars.* On ne cesse de s'entretenir du sieur *de Beaumarchais*, & l'on met aujourd'hui en problème s'il restera en France. Quelques gens vont jusqu'à prétendre que ses chevaux sont en vente, & qu'il se retire en pays étranger. D'autres assurent qu'il est comme à son ordinaire, & n'en est pas moins impudent. Ce dont on convient assez généralement, c'est qu'il étoit maté durant son séjour à Saint-Lazare, qu'il y faisoit le malade, & avoit obtenu d'y voir son médecin sous ce prétexte, & son caissier sous prétexte de ses affaires. Que ses amis se sont prévalus de celles-ci pour obtenir son prompt élargissement; qu'ils ont présenté comme une injustice de faire refluer sur une infinité de particuliers la punition exercée sur celui-ci.

On convient encore assez généralement que le sieur *de Beaumarchais* étoit resté dans un état fort inculte & fort mal-propre; qu'il s'étoit laissé croître la barbe & ne vouloit pas sortir, au moment où le commissaire vint lui annoncer sa liberté; qu'il exigeoit qu'on lui rendît raison de sa captivité; que ce commissaire, son ami, avoit été obligé de lui remettre la tête & de lui conseiller de jouir de la grace qu'on lui accordoit, sans en demander davantage; qu'alors il s'enveloppa dans son videchoura & se remit entre les mains de l'officier de police, qui le ramena chez lui.

Le sieur *Gudin de la Brenellerie*, son paillasse dans toutes les circonstances, joue aussi un grand rôle dans cet événement; il est le premier qui ait vu le sieur *de Beaumarchais*, il accompagnoit le commissaire.

Le sieur *de Beaumarchais*, rentré chez lui, trouve sa fille, sa chere *Eugénie* fondant en larmes; Mlle. *de Villers*, sa maîtresse, se jetant avec elle à ses genoux; tous ses domestiques dans le même attendrissement, enchantés du retour d'un aussi bon maître.

Tel est le spectacle qu'on pourroit faire graver, & qui seroit un digne pendant de la caricature.

20 *Mars*. Extrait d'une lettre de Besançon, du 15 mars 1785..... L'ordre des avocats est ici dans une grande désolation, & le public aussi. M. *de Grosbois*, le premier président du parlement, cherchant à se remettre bien avec sa compagnie, a pris son différend avec les avocats fort à cœur; il est allé à Paris, il a pressé le garde-des-sceaux de terminer cette affaire en rejetant la requête des avocats du parlement de Besançon. C'est un M. *Albert* qui en étoit rapporteur; ce magistrat passe pour assez integre, mais il étoit membre du parlement de Paris. Il est dur, il a le despotisme dans la tête, il est dévoré d'ambition, il auroit envie de se raccrocher, & d'après son rapport au bureau des cassations, la requête

n'a point été admife. Je crois que c'eft le mercredi 2 de ce mois qu'elle a été rejetée. Nous avons défefpéré de notre caufe, quand nous avons appris le propos de M. *Grosbois* à Me. *Baſſan*, notre député.

Celui-ci n'a pas cru devoir fe difpenfer de rendre fes hommages au premier préfident, lorfqu'il l'a fu à Paris : la converfation eft bientôt tombée fur l'affaire. « Monfieur, lui a dit M. » *de Grosbois*, fi les avocats de Befançon gagnent, » je donne ma démiffion & me fais avocat. »

Voilà donc les arrêts du parlement qui fubfiftent ! Trois avocats tarés compofant feuls aujourd'hui le barreau de cette ville, & le bâtonnier condamné à payer 1500 livres de dommages & intérêts envers l'un d'eux.

Notre parti eſt pris. De 150 environ que nous fommes, fept ou huit refteront dans cette ville, mais pour confulter feulement, pour écrire & pour concilier les affaires. Les autres fe répartiront dans les bailliages du reffort.

En outre, on a fait une bourfe commune pour faire des penfions aux pauvres avocats & aux infirmes qui ne pourront fe tranfporter ailleurs ou fe tirer d'affaire.

Nous ne favons comment les autres ordres, & fur-tout celui de Paris, prendront la chofe; mais il nous femble qu'elle les intéreffe affez fort pour qu'ils duffent craindre pour eux & s'en mêler.....

20 *Mars*. Par la réponfe de M. le duc *de Nivernois* au difcours de réception de Me. *Target* à l'académie françoife, on apprend que l'académie, à force de rechercher quelque titre littéraire du candidat qui pût juftifier fon choix, a déterré

une brochure anonyme de sa façon, dont on a parlé dans le temps, sans en connoître l'auteur. Elle parut lors du différend des avocats avec Me. *Linguet*, & avoit pour titre *la censure*. Le directeur en fait l'éloge & y trouve des vues très-sages & très-philosophiques sur cette magistrature morale, qui ne peut s'exercer que dans un corps où l'honneur & la liberté regnent ensemble.

21 *Mars*. L'affaire du sieur *Saussaye* renaît de ses cendres, & acquiert plus de célébrité que jamais par des circonstances agravantes.

D'abord son adversaire, ci-devant simple commis, aujourd'hui se qualifie d'ancien gentil-homme de la garde de sa majesté le roi de Sardaigne, & breveté d'officier d'infanterie dans ses troupes.

Ensuite son premier défenseur, Me. *Martin de Marivaux*, dénoncé à son ordre, est obligé de renoncer à sa profession, & a fini par s'expatrier pour passer en Angleterre, lui & sa famille.

Son second défenseur, Me. *Pincemaille de Villers*, ayant signé imprudemment une consultation du 8 octobre dernier, à la suite d'une supplique à la chambre des comptes, violente en général & dérisoire sur-tout contre M. le procureur-général *de Montholon*, est réprimandé par son ordre, & n'échappe à une punition plus grave qu'en vertu de sa jeunesse, de son inexpérience, de son zele aveugle, & plus encore du mécontentement de l'ordre contre la chambre des comptes, qui veut s'arroger sur les avocats une jurisdiction coërcitive qu'ils lui refusent.

La chambre, par son arrêt du 4 décembre, après avoir déchargé le sieur *Saussaye*, déclaré fausses & injurieuses les imputations contenues au mémoire du sieur *Dupasquier*...... ordonné que l'imprimé intitulé *supplique*, & la *consultation* étant ensuite, seront supprimés, &c. enjoint audit *Alexis Dupasquier d'être plus circonspect à l'avenir...* Injonction qui frappe également sur l'avocat, auteur du mémoire, ne s'en est pas contentée, & tout récemment a fait signifier cet arrêt à Me. *Pincemaille*; ce dont il a été rendu compte à l'ordre qui doit en délibérer, & a provisoirement arrêté qu'aucun de ses membres ne se présenteroit pour plaider devant cette cour.

Enfin le sieur *Dupasquier*, constitué prisonnier à la Conciergerie par arrêt de la chambre le 15 septembre, & élargi seulement en vertu de l'arrêt du 4 décembre, revient au Châtelet par le ministere de Me. *Marteau*, son troisieme défenseur, & invoque de nouveau le secours des loix contre son adversaire.

21 *Mars*. Extrait d'une lettre de Guines, du 15 mars ...... Nous avons vu ici M. *Blanchard*, qui y a repassé en venant de Paris; il rencontra à Boulogne M. *Pilâtre de Rozier*, qui gémit de n'avoir pu encore suivre ses traces. Le 15 de ce mois il avoit essayé de nouveau son appareil, il étoit prêt à partir : mais son ballon précurseur lui fit connoître que le vent n'étoit pas bon.

M. *Blanchard*, dès le 21 février, s'étoit embarqué à Calais pour l'Angleterre, où il fait construire des ballons à sa maniere; nous avons de ses nouvelles du 8.

Pour nous, plus constants que les Parisiens, nous persistons à vouloir ériger le monument projeté, qui sera vraisemblablement le premier & peut-être le seul exécuté.

La délibération du corps municipal de cette ville, en date du 8 janvier, & notre requête du 18e, ayant été favorablement accueillies de sa majesté le 17 février, d'après un réquisitoire court & très-bien libellé du procureur du Roi, il a été définitivement résolu de faire travailler sans relâche à la colonne qui doit être placée dans la forêt à l'endroit où le ballon de M. *Blanchard* s'est arrêté, avec une inscription convenue, & les ouvriers sont en œuvre actuellement.

La colonne sera en marbre du pays, d'ordre Toscan, & ses dimensions sont aussi fixées. On a pourvu aux fonds & à la maniere de les employer.

22 *Mars*. Les amateurs des belles voix sont enthousiasmés du sieur *David*, que le sieur *le Gros* a fait venir à grands frais d'Italie pour l'ornement de son concert spirituel, durant la quinzaine de pâques. Il a débuté le dimanche 13, & l'on assure qu'il a chanté avec un goût & une perfection dont il y a peu d'exemples.

22 *Mars*. L'université ayant fait des représentations au parlement sur son arrêt du 7 septembre, concernant l'âge auquel on peut concourir pour les prix, on y a apporté des modifications, par un autre du 21 février.

Les principaux changements sont 1°. que dans la classe de rhétorique, il en sera usé à l'avenir comme par le passé : 2°. que l'époque pour être exclus des compositions dans les autres classes respectivement, est reculée & rapportée au premier octobre précédent.

22 *Mars*. Extrait d'une lettre de Rocroy, du 15 mars..... Le prodige de *Valentin* se renouvelle dans ce pays-ci. Nous y avons actuellement *Fiacre Bouillon*, jeune homme, compatriote de

Duval, qui n'a pas encore vingt ans, né comme lui sous le chaume dans la plaine de Rocroy & gardien de quelques vaches. Il a composé un poëme d'environ cinq cents vers, dont le sujet est *la Bataille de Rocroy*, que le grand *Condé* remporta à vingt-deux ans. Il le présenta en 1783 au prince de *Condé* actuel, sur le chmp de bataille même, le premier théâtre de la gloire de son aïeul. Il l'a retouché depuis, & on l'imprime actuellement à Charleville, avec l'agrément du prince & vraisemblablement à ses dépens. Vous en jugerez : quant à moi, cet ouvrage me paroît l'annonce du plus grand talent.

Ce qu'il y a de plus extraordinaire, c'est que, contre l'usage, son goût pour la poésie ne lui a gâté ni le cœur, ni l'esprit ; il n'est point empressé de sortir de son état, il ne s'en dégoûte point, il y vaque avec zele. Comme on lui proposoit de l'envoyer à Paris pour lui procurer de l'éducation, il répondit : « Je ne le puis ; ma mere est pauvre, & ne » subsiste que de mon labeur ; je ne l'abandonnerai » pas. »

23 *Mars*. M. l'abbé *Millot*, précepteur de M. le duc d'*Enguien*, vient encore par sa mort de laisser une place vacante à l'académie françoise, dont il étoit membre. Quand il fut nommé, on se demandoit qu'a-t-il fait ? Depuis qu'il en a été, on renouvella la même question. Et cependant il est auteur de discours & de traductions estimables, d'éléments d'histoire, où l'intérêt se trouve réuni à la précision ; ouvrages peu connus.

C'étoit une créature de la maison de *Noailles*, qui l'avoit poussé en quelque sorte, malgré lui, car il étoit timide & modeste.

23 *Mars*. Rien de plus vrai que la vente des che-

vaux du sieur *de Beaumarchais*. Il s'obstine à ne point sortir de chez lui & même à ne voir personne, qu'il n'ait reçu satisfaction de l'opprobre dont on l'a couvert. On veut qu'il travaille à un mémoire au Roi. Il a consigné lui-même sa résolution dans une lettre au marquis de Ximenès, dont celui-ci, de concert vraisemblablement avec l'auteur, répand des copies. Elle est très-bien faite, à ce qu'assurent ceux qui l'ont lue, & même écrite avec plus de noblesse que ses autres productions. Il y prétend n'avoir manqué à personne, n'avoir rien à se reprocher ; il s'élève contre la surprise faite à la religion de sa majesté, & il espere que mieux instruite, elle ne lui refusera pas une réparation éclatante.

Il paroît que l'exemple du sieur *de Sainte-Foy* encourage le sieur *de Beaumarchais*, qui est même dans un cas beaucoup plus favorable, puisque l'autre étoit diffamé par une punition légale, & que lui n'a été frappé que d'un coup d'autorité despotique. Il voudroit donc qu'on lui donnât aussi quelque place honorable à la cour ou ailleurs, avec un brevet, dans lequel le Roi reconnoîtroit l'innocence de cette malheureuse victime des préventions & de la calomnie. Ses amis ne désesperent point du succès de son étrange prétention, & l'on voit tant de choses extraordinaires qu'on ne seroit pas surpris qu'il réussît en cette occasion, quoiqu'on n'en connoisse point d'exemple.

24 *Mars*. Il paroît tous les jours, outre les mémoires des ports du commerce, des écrits contre l'arrêt du 30 août.

Le club des Américains a publié aussi le sien. Indépendamment de celui de ces *Planteurs* en général, dénomination qu'ils ont prise d'après celle

Angloife, il y en a de particuliers, & l'on assure que l'abbé *Beaudeau* en broche un sur-tout auquel les principes des économistes doivent servir de base.

Quoi qu'il en soit, il paroît que le gouvernement est aujourd'hui décidé à revenir sur ses pas, & qu'il ne s'agit que de mettre à couvert l'amour-propre du ministre.

C'est mardi prochain 29 du mois, que M. *de la Coste*, député du commerce pour les colonies, & messieurs *du Bergier*, député du commerce de Bordeaux, & *Rostagny*, député du commerce de Marseille, doivent entrer au conseil royal du commerce & y exposer le vœu général de leurs confreres.

Il en sera ensuite référé au conseil des dépêches.

24 *Mars*. C'est M. *Courtois de Minut*, maître des requêtes, qui est chargé du rapport au conseil de l'affaire des bénédictins. Il s'en occupe depuis long-temps, & avoue être bien embarrassé de savoir quel parti prendre.

24 *Mars*. M. le contrôleur-général a imaginé de créer un nouveau département dans ses bureaux pour le commerce. Jusqu'à présent les consuls n'avoient eu de relation qu'aux affaires étrangeres ou à la marine; il a obtenu la création de deux places qui lui donneront dans cette partie l'influence qu'il réclame; ce sont deux inspecteurs-généraux, l'un pour le midi & l'autre pour le nord. Le premier sera M. *Boyetet*, ci-devant chargé des affaires de la marine & de commerce de France à Madrid, & le second M. *Dupont*, Inspecteur-général du commerce, créature de M. *Turgot*, grand économiste, & qui a travaillé long-temps aux *Ephémérides du citoyen*.

Le fort de ces messieurs est de 40,000 livres de rentes pour chacun.

24 *Mars.* Un vieillard de soixante & seize ans a été convaincu ces jours derniers d'avoir assassiné sa femme de quatre-vingt-huit ans, pour épouser une fille, sa servante; il a été condamné à être roué. Comme c'étoit un ancien valet-de-pied du Roi, c'est la prévôté de l'hôtel qui l'a jugé. Les valets-de-pied ont fait tout ce qu'ils ont pu pour le sauver, & non pas réussi. L'atrocité de ce crime à un pareil âge, & pour pareille cause de la part d'un vieillard à qui jusqu'à présent on n'avoit rien reproché, fait époque dans les annales des passions, & mérite d'être conservée par sa singularité effrayante.

25 *Mars.* Copie de la lettre du sieur de Beaumarchais à M. le marquis de *** en date du 20 mars.

« Je vous rends grâces, monsieur le Marquis; mais frappé d'anathêmes du courroux du Roi que je n'ai point mérité, je me suis imposé la loi rigoureuse & volontaire de garder prison dans ma chambre jusqu'à ce qu'il ait plu à sa majesté d'entendre ou de lire ma justification. J'espere que le Roi qui m'a fait punir en me croyant coupable, ne me refusera pas justice quand il me saura innocent. C'est dans cet espoir que je le fais solliciter avec respect de recevoir la plus humble requête. Le hasard a mis dans mes mains des preuves aussi certaines de mon innocence qu'on pourroit en produire dans un procès criminel. Le Roi est juste & je ne l'ai point offensé. Recevez d'un homme affligé les assurances du respectueux attachement avec lequel, &c. »

Telle est cette lettre, qui ne répond pas à l'opinion qu'en avoient donné les partisans du sieur *de Beaumarchais* ; elle est sinon plate, au moins très-médiocre.

On assure que, lorsque le Roi a appris l'étrange résolution de cet intrigant, il a ri & a dit : « Il » fait très-bien, il se juge & se punit lui-même. »

Depuis la détention du sieur *de Beaumarchais*, les langues se délient & des gens attachés au Roi, lorsqu'il étoit Dauphin, rapportent un propos de ce prince, qu'ils attestent avoir entendu, en preuve de l'opinion qu'il en avoit dès ce temps-là. Le soir du jour où le sieur *de Beaumarchais* fut condamné par le parlement Maupeou, la nouvelle en fut apportée à M. le Dauphin, à son coucher : « C'est bien fait, s'écria-t-il, c'est un » homme vil & atroce, qui ne sait se faire va-» loir que par sa méchanceté. Les maîtres-d'hôtel » n'en ont pas voulu, & les contrôleurs feroient » bien de le renvoyer. »

25 *Mars*. Depuis les réclamations des négociants de Bordeaux, exposées dans leur mémoire sur l'arrêt du conseil du 30 août, les directeurs du commerce de la province de Guienne en ont publié un particulier plus étendu. Ils y font voir que cet arrêt est une loi qui contrarie & les principes de l'établissement des colonies, & les loix confirmatives de ces principes ; qui s'annonce être l'ouvrage d'une surprise méditée depuis plus de trente ans ; qui dans les objets dont elle permet l'importation dans les colonies aux étrangers, montre une masse énorme de réductions pour le commerce national, & dans ceux que les étrangers introduiront en contrebande, sa chûte est celle de l'agriculture & des arts, qui, pour les biens qu'elle ôte à la métropole, n'offre que des ef-

pérances plus que certaines, & aux colons, pour une mince économie du moment, que la perspective du monopole des étrangers, & peut-être leur tyrannie au lieu du joug léger du meilleur des gouvernements ; qui enfin contrarie ces notions simples d'une raison droite, selon lesquelles le moyen de vivifier le commerce de France, est l'exécution des loix, qui défendent aux étrangers d'aborder aux Colonies.

Ce mémoire est divisé en sept articles, qui rentrent dans tout ce qu'on a déjà dit sur cet objet intéressant, & seulement le développent, le discutent, l'approfondissent davantage. Le seul nouveau est le troisieme, où, après avoir présenté le tableau de la prospérité nationale sous le régime exclusif, l'auteur trace l'histoique des tentatives, toujours heureuses dans l'obscurité de l'intrigue, toujours confondues au grand jour des discussions publiques, que quelques ennemis de l'état ont fait depuis plusieurs années pour la détruire.

25 *Mars.* Le rédacteur du *Courier de l'Europe* poursuit avec un acharnement incroyable Me. *Linguet*, contre lequel il faut qu'il soit ulcéré à un point excessif. Il a inséré dans le N°. 19 du 8 mars, un paragraphe très-long sur cet objet.

Après être revenu sur le soufflet qu'il se vante d'avoir donné à l'annaliste le 11 septembre 1784, en présence d'un témoin, homme d'honneur & digne de foi, il raconte comment il a été forcé d'en venir à cette extrémité ; comment leur différend d'abord littéraire, depuis une lettre datée de Spa le premier juillet, & la réponse, s'est convertie en querelle personnelle, & en combat de crocheteurs. Comme tout ce récit est plein de réticences, on ne peut trop en suivre la marche & la gradation ; il paroît seulement que la maîtresse de Me. *Linguet* y est pour beaucoup ; que c'est elle qui a excité le dernier à rompre enfin le silence au bout de six mois, à traiter le *rédacteur*, *d'infame*, de *reptile*, de *complétement déshonoré*, & à le menacer de le traduire devant les tribunaux.

Tout cela est bien triste, bien affligeant pour le spectateur honnête, & cet étrange abus de l'esprit doit bien consoler ceux qui seroient fâchés d'être privés de ce funeste don de la nature.

25 *Mars*. Ces jours derniers on a apporté dans les clubs du Palais-Royal des paquets cachetés, qui se sont trouvés contenir des exemplaires d'une lettre imprimée & sanglante, adressée au maréchal prince de *Soubise*, à l'occasion du rôle indifférent auquel il se réduit aujourd'hui dans la banqueroute de son petit-fils, le prince de *Guimené* : c'est un malheureux réduit à l'aumône & mourant de faim qu'on met en scene.

Dans un nouveau club appellé le *club des artistes*, composé de virtuoses & de beaucoup de gens de lettres, le paquet composé de dix exemplaires, dès qu'on en a eu fait lecture, a été jeté au feu, & chacun a eu la discrétion de ne vouloir en garder aucun. On ne sait quel usage il en a été fait dans les autres ; mais tout le monde n'a pas eu la même réserve, car cette diatribe a percé, & est publique aujourd'hui.

26 *Mars*. Ce fut à l'occasion du désastre arrivé au commerce de France en 1755, que l'on commença d'agiter la question de l'introduction des étrangers dans les colonies. On surprit au ministre en 1761 & 1762 des passe-ports,

autorisant les étrangers à y porter des negres au retour de la paix.

Le 18 avril 1763, déclaration du Roi qui leur permet l'importation par tous les ports des colonies, de bestiaux, de toutes sortes de légumes, fruits verds, bois de toute espece, roues & voitures, & l'exportation du sirop & du taffia.

Le duc *de Choiseul*, alors ministre de la marine, éclairé par les représentations de quelques chambres du commerce, fit révoquer le 15 août suivant cette déclaration; cependant l'entrepôt à Sainte-Lucie resta.

En 1765 les ennemis du commerce françois firent des tentatives nouvelles. Un rapport fait par M. *de Montaran* pere, en présence de tous les ministres, & qui dura toute la journée du 9 septembre 1765, convainquit tous les esprits de la nécessité de l'exécution rigoureuse des loix prohibitives. Il fut décidé que toute tolérance à cet égard, même passagere, étoit pernicieuse, & l'un reconnut que le commerce de France étoit en état d'approvisionner complétement les Colonies. Cette décision pour avoir tous ses effets, devoit être prise en considération au conseil royal du commerce. Après plusieurs délais, le conseil assemblé alloit prononcer, lorsque la maladie & la mort de M. le Dauphin le disperserent.

Depuis intervint l'arrêt du 29 juillet 1767, ajoutant un nouvel entrepôt au Môle Saint-Nicolas, d'où s'ensuivit une fraude si considérable, qu'en une seule année on vit arriver à Amsterdam plus de sucres des Colonies françoises du vent, que tous les ports de la métropole ensemble ne purent y en fournir. Cette quantité s'élevoit à vingt-six mille barriques & entraînoit une perte pour l'état de plus de 10 millions.

Un ouragan en 1772 fit de grands ravages dans certaines parties de Saint-Domingue; les administrateurs ordonnerent que tous bâtiments étrangers feroient admis dans tous les ports pendant l'espace d'un an. On compta au mois d'avril 1773, qu'il y avoit à la fois cent soixante-trois navires de cette espece répandus dans la colonie, y introduisant toutes especes de marchandises, & durant l'année par estime environ cinq cents qui, n'eussent-ils pris, l'un dans l'autre, que pour 30,000 livres de denrées coloniales, enlevoient plus de 15 millions à la balance du commerce de la métropole; bien plus, ils y introduisirent une quantité très-considérable de monnoie fausse ou altérée.

Sous le nouveau regne, M. *de Sartines* évoqua de chacun des ports auprès de lui des négocians pour discuter cette grande question. C'étoit à la fin de 1775: il se tint vingt-deux conférences à ce sujet, auxquelles le ministre présida. Les représentants des colonies y parurent comme interlocuteurs, ils furent forcés de reconnoître la sagesse des principes prohibitifs, & de demander eux-mêmes qu'ils fussent rigoureusement observés. Mais la suppression des ports d'entrepôt de Sainte-Lucie & du Môle fut renvoyée au terme de dix-huit mois. Heureusement la guerre allumée entre les Anglois & leurs sujets Américains ne permettoit guere, ni aux uns, ni aux autres de gêner le commerce de France. Ce fut donc pour lui une époque brillante, qui dura même pendant la guerre d'abord désastreuse pour lui, faute de protection; ensuite celle-ci lui fit prendre une marche rapide, comme s'il eût été dans une paix profonde. Cette prospérité fut courte. Les neutres admis dans tous les ports des colonies pour suppléer le commerce national, dont la protection n'étoit plus assurée, lui opposerent une concurrence, si supérieure, si dévorante, qu'il touchoit à son extinction totale, lorsque la paix vint à son secours. Les négociants espéroient un nouvel ordre de choses, lorsque des bruits sourds se répandirent du crédit que prenoit le système de leurs ennemis, qui se sont trouvé réalisés par l'arrêt du 30 août 1784.

Tel est le résumé de cet historique, traité d'une maniere aussi noble qu'intéressante, dans le *Mémoire des directeurs du commerce de la province de Guienne.*

26 *Mars.* L'académie françoise a arrêté que dorénavant & à commencer de cette année, le panégyrique de saint Louis, qui se prononçoit devant elle dans la chapelle du Louvre, le jour de sa fête, seroit converti en un discours de morale. En effet ce sujet traité périodiquement depuis plus d'un siecle, étoit devenu fastidieux & impossible à rajeunir.

27 *Mars.* On sait aujourd'hui que le chanoine *Cochu* est enfermé dans une maison de cordeliers auprès de Tours : cet événement a fait découvrir un nouveau scandale de sa part. Une madame *des Fontaines* qui a un enfant de sa façon, réclame de sa famille la pension qu'il faisoit à cette maîtresse pour son bâtard, & elle craint bien malheureusement de ne la point obtenir.

En parlant de prêtres débordés, son histoire a donné lieu de s'entretenir de l'abbé *Arnould,* revenu du pays étranger où il étoit allé, & qui pleure aujourd'hui ses péchés à Saint Lazare.

27 *Mars.* Extrait d'une lettre de Rheims, du

15 mars...... M. *Roger de Mauclain*, dont vous me demandez l'histoire, est un bourgeois riche de notre ville, capitaine au régiment du Roi, cavalerie. Il avoit épousé depuis peu une jeune & jolie femme, dont il avoit fait la fortune. Il étoit allé au mois de février à Paris, pour lui faire voir cette ville & y goûter les plaisirs du carnaval. Ils avoient porté environ deux mille écus consacrés à ce voyage. A son arrivée, un chevalier *Courtin*, capitaine au régiment de la Reine dragons, je crois, dont le frere a épousé une riche héritiere de notre ville, qui connoissoit M. *de Mauclain* & sa fortune, vient le voir & l'invite à déjeûner. Il y va, on dîne ensuite, & puis après avoir bien échauffé la tête de notre provincial, dont il n'ignoroit pas le foible pour le bon vin, on le fait jouer. Il perd bientôt la petite somme qu'il avoit dans son porte-feuille pour ses menus plaisirs, joue après sur sa parole, & on ne le lâche que lorsqu'on n'en peut plus rien tirer. Il rentre désespéré, disant à sa femme qu'il est ruiné. Le lendemain il faut éclaircir le fatal mystere. Il apprend qu'il a perdu 166,000 livres, qu'il a promis de payer dans les vingt-quatre heures. Il se désole. Le sieur *Hazon*, oncle du chevalier *Courtin*, renommé pour ses talents au jeu, qui lui ont valu le bannissement par ordre du Roi, chez qui la scene s'étoit passée, avoit eu la prudence de rester simple spectateur. Il offre sa bourse à M. *de Mauclain*. Il lui donne des billets de la caisse d'escompte, pour acquitter sa perte, & lui fait faire des lettres de change pour pareille somme payables à différentes échéances. Ainsi voilà, comme vous voyez, une dette de jeu très-équivoque, & pour laquelle on n'avoit

aucune action en justice, convertie adroitement en une dette très-légitime, en un titre valable devant tous tribunaux. Avec ses billets de la caisse d'escompte, M. *de Mauclain* s'acquitte envers le chevalier *Courtin*, & autres escrocs ; puis honteux de sa faute, & craignant encore qu'on ne se moque de lui, il n'a rien de plus pressé que de revenir ici pour vendre une partie de ses biens & satisfaire aux échéances. Il est obligé de conter son désastre à sa mere désolée ; elle va trouver le lieutenant criminel & lui demander son secours. Ce magistrat bien instruit, ne voit d'autres ressources que d'en écrire à M. le lieutenant-général de police de Paris. M. *le Noir* envoie chercher les joueurs & leur déclare qu'ils seront punis, s'ils ne lui rapportent un certificat par lequel M. *de Mauclain* reconnoîtra avoir perdu légitimement. En conséquence ces messieurs s'arment de pistolets, partent en diligence pour Rheims, vont trouver M. *de Mauclain*, entouré de sa femme & de sa mere, exigent cette attestation, ou lui déclarent qu'il faut qu'il se batte avec eux successivement au pistolet. Les femmes se trouvent mal, le jeune homme perd la tête, & enfin ils lui arrachent le billet & le privent de cette derniere ressource. En sorte qu'aujourd'hui il est occupé à fondre des effets pour payer. On dit que le Roi instruit de l'aventure, & sachant que le sieur *Hazon* qui n'étoit que par tolérance à Paris, y participoit, s'est exprimé sur son compte avec beaucoup d'énergie, & a ordonné qu'il sortît bien vîte de Paris ; ce qu'il a fait.

28 *Mars*. On est fâché de voir le chevalier *Courtin*, très-bien né, impliqué dans la mauvaise affaire de Rheims. Il paroît que c'est le pe-

nicieux exemple de son oncle *Hazon* qui l'aura gâté. C'est aux eaux de Spa que ses talents au jeu ont éclaté. Un étranger nommé le prince *de Gargara*, nom qui sent beaucoup l'aventurier, lui fit connoître qu'il le soupçonnoit. Le chevalier lui en demanda raison, & l'étranger désira se battre au pistolet. On décida par le sort à qui tireroit le premier. Le prince eut cet avantage. Il n'en profite pas, il manque son adversaire. Le chevalier plaisante, se tâte, & se trouve parfaitement sain & entier; lui crie: « A vous, » mon Prince. » Puis le mesurant pendant long-temps avec son pistolet dans toute la longueur de son corps, le fait mourir dix fois pour une; enfin il dirige son arme de côté, & lâche le coup en l'air. Le prince furieux vouloit recommencer, mais les juges du combat s'y opposèrent.

Cette anecdote racontée par la famille du chevalier *Courtin*, qui ne la tient vraisemblablement que de lui, fût-elle mieux attestée, confirme ce qu'on voit souvent dans le même individu, un mélange de grandeur & de bassesse, de générosité & d'infamie.

28 *Mars*. A l'occasion de la mort de l'abbé *Millot*, les brigues recommencent déjà dans le sein de l'académie. Plusieurs avocats désireroient se mettre sur les rangs; mais la compagnie qui, en élisant Me. *Target*, a senti l'irruption du barreau qui alloit se faire vers elle, a secrétement arrêté que cet exemple ne tireroit point à conséquence. En vain le récipiendaire avoit modestement inséré dans son discours, qu'étonné lui-même de son admission, il jugeoit que c'étoit son ordre qu'on avoit voulu couronner en lui; M. le directeur, chargé d'insinuer avec

adresse que c'étoit, au contraire, seulement l'individu qu'on avoit choisi. Ce qu'il fit dès son début par une phrase ridicule, où il déclare que, quoique les honneurs de l'académie ne doivent être en général, par ses réglements, que la récompense du mérite littéraire, ce n'est pas y déroger en préférant quelquefois les qualités sociales & les vertus patriotiques.

Quoi qu'il en soit, on croit aujourd'hui que le chevalier *de Florian* l'emportera, parce que Mad. la duchesse *de Chartres* & Mad. la princesse *de Lamballe*, sollicitent déjà pour lui de la maniere la plus chaude.

28 Mars. Comme la maison professe des jésuites est occupée par les génovefains, ce qui annulle le vœu du *Louis XIV*, qui avoit ordonné que son cœur seroit déposé chez ces religieux détruits; M. le comte *de Guibert* a profité de la circonstance pour demander que ce cœur fût placé dans l'église des invalides dont ce monarque est fondateur. Cette demande a paru très-juste & il a été décidé que la translation auroit lieu en septembre prochain. Cette cérémonie funebre s'exécutera en grande pompe : les freres du Roi doivent y présider.

L'abbé *Maury* est chargé de prononcer l'oraison funebre.

29 Mars. Depuis long-temps on parle d'une brochure très-rare, qui parut en 1781, & dont sans doute il n'y eut qu'un petit nombre d'exemplaires de distribués; elle nous tombe aujourd'hui sous la main & mérite qu'on en rende compte. Elle a pour titre : *Monsieur Guillaume le disputeur.*

Cette bagatelle morale, suivant la préface de l'éditeur, n'est que le *Barbon* de Balzac rajeuni. Celui-ci froid, plat & pédant ennuyeux de collège, bête de somme chargée de tout le bagage de l'antiquité, est converti aujourd'hui en un homme instruit, à la vérité importun, bizarre, fatigant & fortement dominé par l'esprit d'argumentation; mais dans le fond raisonnable, ayant des vues très-saines en politique, en morale, en littérature.

Quiconque lira l'ouvrage, trouvera ce portrait très-vrai. Seulement on s'apperçoit que l'auteur, dans ce roman philosophique, calqué sur quelques-uns du philosophe de Ferney, est absolument de sa clique, & a en vue de défendre les *de Lille*, les *Raynal*, & sur-tout *Voltaire*. M. *d'Epremesnil* est le plus attaqué, pour ce qu'il a dit de ce dernier dans son plaidoyer contre M. le comte *de Tollendal*. En général, on ne peut traiter de plus de choses en un aussi court espace, ni plus agréablement. Le style approche aussi beaucoup de celui du maître ; il est parfaitement imité, jusques dans sa manière de dire gaiement des injures.

30 Mars. Depuis que le gouvernement a désiré que l'académie des sciences s'occupât des nouvelles machines aérostatiques, & lui a déclaré qu'il sacrifieroit jusqu'à cinquante mille écus pour des expériences, il paroît que cette compagnie a fini par adopter l'avis de la société de Londres, & regarde la direction de ces machines, sinon comme impossible à trouver, au moins comme si difficile, qu'elle renonce à s'en occuper en corps : c'est ce qu'on juge par les observations sur cette matière, que M. *Brisson*, l'un de ses membres, vient de publier de l'aveu de son corps.

30 Mars. Malgré les nombreux applaudissements qu'a recueillis M. *David*, & qui vont toujours croissant de la part de ses admirateurs; il rencontre aussi des critiques. C'est un *tenor*, en terme de l'art, c'est-à-dire, une basse-taille superbe, qui tient un peu du fausset dans le haut. C'est le premier chanteur d'Italie en ce genre, conséquemment il ne doit point être agréable aux amateurs de la musique, & de la maniere françoise: aussi ne lui trouvent-ils pas une brillante voix; ils ne peuvent s'empêcher sans doute de reconnoître l'adresse & l'art avec lesquels il la ménage, mais lui reprochent trop de luxe dans son chant; défaut au reste de son école, qui a transporté dans sa musique & dans son exécution, les *concetti* qu'on critiquoit autrefois dans les productions littéraires des Italiens.

30 Mars. Dans le Mercure du 26 de ce mois, on trouve une lettre qui donne de nouveaux éclaircissements, ou plutôt rectifie ce qu'on a dit de la découverte de l'inconnu soit-disant, trouvé sur les côtes de Normandie. Cette lettre est signée d'un M. *Fleuriau de Bellamare*, qui s'annonce comme un marchand de Caen. Voici ce qu'il raconte.

Ce fut à la foire de Guibray, près Falaise, à la fin d'août 1783, & non en mars 1784, que l'enfant fut rencontré, abandonné, à ce que présume l'historien, par ses parents ou par d'autres personnes, auxquels il étoit à charge. Sa familiarité avec tout ce qu'il voyoit, & son peu d'étonnement sur tout ce qui l'entouroit, firent croire à M. *Fleuriau* que, quoiqu'étranger, cet enfant devoit être depuis long-temps en France, & son habillement, quoique des plus misérables, l'annonçoit. Il rend compte ensuite de la maniere dont cet inconnu resta chez sa mere, puis fut placé à l'hôtel-Dieu de Caen, ensuite chez différents ouvriers pour lui faire apprendre un métier. Tout ce qu'il raconte à cet égard des mœurs, des habitudes de l'enfant, est parfaitement conforme à ce qu'on en a dit. Ce fut aux fêtes de pâques 1784, qu'il fut présenté à l'intendant de Caen. On sait le reste. Il paroît que depuis, M. *Fleuriau* a ignoré la destinée de l'inconnu, & il en demande des nouvelles.

On peut lui apprendre qu'il est toujours chez Mad. *Billard*, marchande de galons, rue Saint-Honoré, au coin de la rue du Roule, qui continue à en prendre soin & en est fort contente, quant à sa conduite. Quant à l'instruction, il n'est pas plus avancé; il n'apprend rien. M. *de Keralio*, membre de l'académie des belles-lettres, qui s'étoit chargé de lui enseigner le françois, a perdu ses peines & en désespere. On soupçonne aujourd'hui l'enfant sourd.

31 *Mars*. Quoique la lettre adressée au prince *de Soubise* existe, & qu'il y en ait en effet des exemplaires répandus dans le public, il faut que le nombre en soit rare. On la dit assez longue, & voici un fragment principal qui s'en distribue manuscrit.

 " En vain par vos larmes hypocrites vous avez
 ,, paru vous montrer sensible à mes malheurs;
 ,, en vain vous vous êtes pendant quelque temps
 ,, éclipsé d'un théâtre, sanctuaire de vos plaisirs,
 ,, & auquel vous reparoissez en Sultan vétéran :
 ,, la source de vos pleurs est tarie, vous bravez
 ,, tout, & ne cherchez à remédier à rien....
 ,, Oubliez, abandonnez votre petite maison
 ,, si célebre dans les fastes du libertinage, où
l'innocence

,, l'innocence a souvent gémi, & retournez dans
,, votre palais, où la vue des portraits de vos
,, ancêtres vous ramenera peut-être à des senti-
,, mens dignes d'eux....

,, Ces réflexions vous sont adressées par un
,, infortuné que la mort va bientôt délivrer des
,, horreurs où l'ont réduit les atrocités de vos
,, petits-enfants, & qui, s'il se peut, va porter
,, au-delà du tombeau le sentiment qui l'ani-
,, me, & mettre sa consolation à vous tour-
,, menter......,,

En effet, l'épitaphe porte ce vers :

Omnibus umbra locis adhero, dabis improbe pœnas.

Il y a un paragraphe sanglant aussi, dans lequel M. l'archevêque de Cambray n'est pas oublié.

1 *Avril* 1785. M. *de Calonne*, en homme de génie uniquement occupé des fonctions importantes de son ministere, avoit négligé jusques ici l'étiquette en ses audiences : les femmes en avoient étrangement abusé, au point qu'on y avoit vu la duchesse *de Luines* en *jocquet* ou *pierrot*, c'est-à-dire, en casaquin. Des amis graves ont fait sentir à M. *de Calonne* qu'il ne convenoit pas de se présenter ainsi chez un ministre du Roi ; qu'il devoit soutenir, au moins pour ses successeurs, les prérogatives de sa place, & traiter la chose moins philosophiquement : en conséquence ses valets de chambre ont annoncé que dorénavant personne, de quelque rang & qualité qu'elle fût, ne seroit admise les jours d'audience, dans les salles & cabinets du contrôle-général, qu'en habit décent.

Tome XXVIII. K

Cette sévérité d'étiquette sur laquelle il s'étoit relâché d'abord, n'a pas manqué de produire un mauvais effet. Il en est résulté une chanson, suivant l'usage, où l'on cherche à tourner M. *de Calonne* en ridicule. Elle est en six couplets, & sur l'air : *la bonne aventure ogué.* Elle a pour refrein, *j'ai mon protocole ogué.* Mais l'auteur caustique ne s'en tient point à cette plaisanterie peu honnête vis-à-vis de ce ministre; il donne en passant des coups de patte aux autres, & s'immisçant ensuite, fouillant dans les intimités de M. *de Calonne*, passe en revue ses prétendues maîtresses, & termine par un couplet sur l'emprunt, très-propre à le décrier.

Il faut avouer que ce vaudeville malin, mieux fait que la plupart de ceux de nos jours, par sa gaieté peut-être, mériteroit de trouver grace devant le personnage sur lequel il roule, trop homme d'esprit, trop philosophe pour ne pas entendre la raillerie ; si le même égard qu'il doit à sa place & aux autres ministres attaqués, & aux femmes de qualité qu'on y nomme, ne le mettoit pas dans la nécessité d'en exiger la proscription. Aussi est-il sévèrement prohibé.

1 *Avril.* On a consacré en quelque sorte à la mémoire, par un calembour assez ingénieux, le souvenir de la facilité de l'accouchement de la Reine, & du peu de temps qu'il a duré. Il est tiré du jeu de brelan, qu'il faut savoir pour le bien entendre. Il est à trois. La Reine dit, *je suis du jeu* : M. le duc de Normandie répond, *je passe* ; & l'accoucheur *Vermond* s'écrie, *je le tiens*.

On ne pouvoit marquer d'une façon plus précise cet heureux événement, remarquable encore par le jour, celui de Pâques.

1 *Avril.* *Bulletin du contrôle-général*, en date du 19 mars 1785. Tel est le titre d'un nouveau pamphlet sur les opérations de M. *de Calonne.* Il est très-court, puisqu'il n'a que deux pages: il paroît imprimé aussi au rouleau, & le sens en est resté imparfait en deux ou trois endroits. Malgré sa briéveté, il embrasse & critique beaucoup de choses, telles que la nouvelle création d'offices de payeurs des rentes; l'expédition en Chine d'un vaisseau au compte du Roi; le rétablissement de la compagnie des Indes: il insinue malignement des craintes sur la situation de l'état, qui deviendroit affreuse au moindre ébranlement du crédit public.

Ce pamphlet parle encore de l'étiquette introduite récemment pour les audiences du contrôleur-général, de la descente de la police chez tous les libraires pour y trouver la *seconde lettre de Lessart*, d'un second mariage projeté de M. *de Calonne*, du renvoi qu'il fait de sa famille en conséquence, qui doit vuider à Pâques le contrôle-général; enfin du rétablissement du sieur *Panchault*, dans la confiance du ministre qu'il n'a jamais perdue, mais affiche aujourd'hui plus ouvertement que jamais. Tout cela est très-méchant & peu plaisant.

2 *Avril.* Extrait d'une lettre de Rennes, du 25 mars.... Sur le rapport fait de la mauvaise qualité des tabacs de Bretagne, vérifiée par les commissaires *Beaumé* & *Cadet de Vaux*, que la cour avoit envoyés, sans contradiction de la part des fermiers-généraux, & sur-tout du sieur *de la Haute*, le plus acharné à les maintenir bons en présence de M. le contrôleur-général, ce ministre avoit écrit au parlement, il l'engageoit à

suspendre ses poursuites, & promettoit une déclaration satisfaisante. Cette déclaration est venue à la fin de février, & bien loin de remplir les engagements du ministre pour la destruction des abus en cette partie, elle tendoit à les perpétuer. Le parlement jugeant que la religion du ministre avoit été surprise, a renvoyé la déclaration, comme n'étant susceptible d'aucun enrégistrement. On a aigri le ministre sur ce renvoi: on l'a représenté comme méprisant, & il étoit à la veille d'obtenir des lettres de jussion, lorsque des gens plus réfléchis lui ont représenté qu'il alloit se compromettre par une obstination qui n'en valoit pas la peine, & se brouiller avec une province en faveur de laquelle il avoit fait récemment tant de sacrifices : les choses en sont restées là, & l'on négocie sans doute un arrangement.

Cependant le parlement a continué les opérations commencées ; il a laissé agir les différentes jurisdictions inférieures, où restoient des tabacs saisis, qui ont été brûlés & nous ont infectés pendant long-temps. On en a envoyé d'autres, qui n'ont pas été trouvés meilleurs, & nos nez sont fort mal soignés....

2 *Avril.* Par une lettre du 31 mars, M. *de Lassonne*, premier médecin du Roi & de la Reine, réclame contre les bulletins donnés depuis l'accouchement de la Reine, sur l'état de S. M.; il trouve cela fort extraordinaire, dérogeant à toutes les regles & peu exact. Il prétend que lui seul en pouvoit donner, s'il l'eût jugé nécessaire ; mais il déclare qu'il n'a pas cru en devoir composer un. Il annonce une fois pour toutes que la Reine & son auguste enfant se portent bien.

Rien de plus ridicule que ce billet inséré au journal de Paris d'hier.

3 *Avril*. Il paroît que l'étiquette à la naissance de M. le duc *de Normandie* a été la même qu'à celle de M. le Dauphin. Nous allons seulement recueillir quelques circonstances nouvelles.

La Reine ayant désiré voir le nouveau-né, il lui fut apporté par la duchesse *de Polignac*, aujourd'hui gouvernante des enfants de France, accompagnée des trois sous-gouvernantes.

En sortant de chez la Reine, la duchesse *de Polignac* porta dans son appartement, monseigneur le duc *de Normandie*, que le duc *d'Ayen*, capitaine des gardes-du-corps du Roi en quartier, y conduisit, conformément aux ordres que sa majesté lui avoit donnés, de quitter son service près de sa personne pour accompagner ce prince.

Le même soir de l'accouchement, & moins de deux heures après, le duc *de Normandie* fut baptisé par le grand-aumônier, en présence du curé de la paroisse de Notre-Dame. Il fut tenu sur les fonts, par *Monsieur* & par Mad. *Elisabeth* de France, au nom de la reine de Naples, le Roi étant présent & le duc *de Chartres* seulement : par une circonstance assez bizarre, les autres princes & princesses n'ont pas pu se rendre assez tôt pour s'y trouver.

Après la cérémonie, le prince ayant été reconduit dans son appartement, M. *de Calonne*, grand trésorier des ordres du Roi, lui porta le cordon & la croix du Saint-Esprit, conformément aux ordres de S. M.

Le Roi, ainsi que la cour, après le baptême,

assista au *Te Deum*, chanté dans la chapelle du château par la musique de S. M.

La Reine sortie du travail, le comte *de Saint-Aulaire*, lieutenant des gardes-du-corps du Roi, de la compagnie de Villeroy, de service auprès de la Reine, alla à Paris par ordre du monarque, annoncer cette heureuse nouvelle au corps de ville, qui s'étoit déjà rassemblé, d'après les ordres que S. M. lui en avoit envoyés peu de temps auparavant.

Le comte *de Vergennes*, ministre des affaires étrangeres, rentré chez lui, dépêcha des couriers extraordinaires aux ambassadeurs & aux ministres de France dans les cours étrangeres, pour leur faire part de cette nouvelle. Tous ces couriers partirent dès le soir, & moins de trois heures après l'accouchement de la Reine.

Les autres ministres ont également fait part de cette nouvelle dans leurs départements.

Le lendemain, les princes du sang ont complimenté le Roi à ce sujet.

3 *Avril*. Les quatre numéros de Me. *Linguet*, arrêtés, ont obtenu enfin un libre cours. On trouve en tête du neuvieme, un *Avis* du 30 janvier 1785, qui, combiné avec ce qu'on lit dans les *Couriers de l'Europe* postérieurs, avec d'autres circonstances, jette quelque jour sur la querelle élevée entre l'annaliste & le rédacteur de ce journal.

1°. Par cet avis il est bien constaté que le rédacteur est le sieur *Morande*, l'auteur du *Gazetier cuirassé*.

2°. On ne peut douter de l'influence du sieur *de Beaumarchais* sur le *Courier de l'Europe*, & que ce rédacteur ne soit son homme, par l silence absolu qu'a gardé cette gazette, tant sur sa détention, que sur sa sortie de Saint-Lazare ; anecdotes que toutes les autres se sont fait un plaisir de consigner avec étendue.

3°. En vertu de cette influence, le sieur *Morande* soufflé par le sieur *de Beaumarchais*, a contrarié le plus qu'il a pu Me. *Linguet*, dans le projet annoncé par celui-ci d'une édition qu'il entreprenoit de *Voltaire* purgé. On a parlé dans le temps d'une lettre insérée au *Courier de l'Europe*, où ce projet étoit tourné en dérision dans la maniere du sieur *de Beaumarchais*.

4°. Quoique Me. *Linguet* ait, contre son ordinaire, paru renoncer modestement à son entreprise, il n'en a pas moins conservé un ressentiment profond, & s'est écrit ou fait écrire la lettre anonyme de Spa, du mois de juillet, qui traite le sieur *Morande* avec les termes injurieux & avilissants qu'on a rapportés.

5°. De-là le soufflet donné au mois de septembre, affront trop publiquement fait à Me. *Linguet*, pour qu'on puisse en douter. C'est le *coup de pied de l'âne* dont il ne parle pas.

6°. Me *Linguet*, en ce cas, n'auroit pas dû faire mention en rien de sa querelle ; mais tout en disant qu'il méprise son adversaire, il se récrie contre l'indulgence du ministere, qui laisse passer cette gazette, tandis que son journal est arrêté à chaque instant.

7°. Il déclare formellement que le produit du *Courier de l'Europe*, revient en grande partie aux affaires étrangeres. De-là, suivant lui, une collusion entre le sieur *Morande* & les commis. De-là, la protection accordée à l'une, les persécutions qu'éprouve l'autre.

K 4

8°. Après avoir cité la réponse & les propres paroles de ce qu'il appelle un de ces *Douaniers littéraires*, qui lui reproche son mépris pour un écrivain de ce genre, retombant indirectement sur le ministre qui le tolere, il parle d'un mémoire très-détaillé, très-curieux, qu'il a fait passer sur ce sujet à M. *de Vergennes*, & qui est resté sans réponse.

9°. Nouveau retard de ses numéros. Il a envoyé des couriers; il a choisi un député, M. l'abbé *Tabouet*, pour négocier. Enfin, après bien des pourparlers, il a obtenu la permission de paroître sans mutilation.

10°. Me. *Linguet* cite sur-tout un M. *de Raymond*, chargé de rendre compte au ministere de ce que contenoient les N°s. 88 & 89; qui s'avoue l'auteur de ces retards, & déclare qu'on ne les doit imputer qu'à lui.

Toute cette querelle seroit bien singuliere & bien étrange, si elle étoit réelle. Mais comme on ne peut rien espérer de vrai & d'exact de la part de Me. *Linguet*, il faut attendre les éclaircissemens que promet de son côté le rédacteur du *Courier de l'Europe*, chargé de venger l'honneur des bureaux des affaires étrangeres, attaqué si hautement par Me. *Linguet*.

4 *Avril*. La machine du théâtre lyrique est d'une manutention si difficile, que presque chaque année elle éprouve des changements. Le sieur *d'Auvergne*, qu'on avoit renvoyé en 1782 de la direction, à cause de la pesanteur de son joug, désagréable à tous les sujets, vient d'être rétabli avec de grands compliments. On dit aujourd'hui que son mérite, son honnêteté & sa probité sont connus depuis long-temps.

Les occupations multipliées des différents maîtres de l'académie royale de musique, s'étant prodigieusement accrues, non-seulement par le grand nombre d'ouvrages nouveaux mis au théâtre, mais encore par tous ceux que l'on présente journellement au comité pour y être examinés, sont le motif qu'on a fait valoir auprès de S. M. pour déterminer le rappel du sieur *d'Auvergne*, dans la vue de soulager les maîtres, & d'accélérer les plaisirs du public, en satisfaisant les auteurs par un jugement plus prompt.

Le sieur *Francœur*, neveu, l'un des maîtres de musique de la chambre de S. M. qu'on trouve aussi recommandable par ses talents, qui sont comme attachés au nom qu'il porte, est nommé *Sous-Directeur*, place de moderne création.

Les sieurs *la Suze*, *Rey* & *Gardel*, restent à la tête des différentes parties, & l'on compte que de l'adjonction des deux chefs ci-dessus à ces trois habiles maîtres, il en résultera un grand avantage pour l'académie.

S. M. afin d'y contribuer encore plus, a nommé le sieur *Paris*, dessinateur de son cabinet, & de l'académie royale d'architecture, à la place d'architecte-dessinateur de l'académie royale de musique, pour donner tous les dessins de décorations & veiller à leur exécution, ainsi qu'à celle des machines, & le sieur *Boquet*, dessinateur des habits de l'opéra, pour perfectionner cette partie, dans les rapports qu'elle doit avoir avec les différents costumes qu'exigent les pieces.

Enfin le sieur *Ménageot*, peintre célèbre, & l'un des membres de l'académie royale de peinture les plus distingués par les talents, les connoissances & le goût, est adjoint à ces artistes.

On espere que la réunion de tous ces gens habiles consolidera de plus en plus la réputation dont l'académie royale de musique jouit dans toute l'Europe, & rendra sa gloire plus éclatante.

On ne dit point quel traitement on fait à tous ces chefs; il sera sans doute considérable, & ne pourra qu'accroître les dépenses de l'opéra, auxquelles il ne pouvoit pas déjà suffire. On vouloit d'abord les faire supporter au public, on parloit d'augmenter les places. On a cru qu'il n'étoit pas prudent de l'annoncer en ce moment, & le sieur *de la Salle*, secretaire perpétuel de l'académie royale de musique, par une lettre insérée au *Journal de Paris* du 12 mars, a déclaré de la part du comité que les choses resteroient sur le même pied. Mais cette hausse aura certainement lieu plutôt ou plus tard. Les frais de ce spectacle deviennent trop énormes, pour que le Roi puisse y subvenir long-temps.

4 Avril. Une ordonnance du Roi, concernant les propriétaires, procureurs & économes gérants des habitations situées aux isles sous le vent, en date du 17 décembre dernier, est remarquable par ce paragraphe : « Tous propriétaires, pro-
„ cureurs & économes-gérants, convaincus
„ d'avoir fait donner plus de cinquante coups
„ de fouet à leurs esclaves, ou de les avoir frap-
„ pés à coups de bâton, seront à l'avenir con-
„ damnés en 2,000 livres d'amende pour la pre-
„ miere fois, &, en cas de récidive, déclarés
„ incapables de posséder des esclaves, & renvoyés
„ en France. Outre les peines ci-dessus, ils seront
„ notés d'infamie, lorsqu'ils auront fait mutiler
„ des esclaves, & encourront la peine de mort

„ toutes les fois qu'ils en auront fait périr de
„ leur autorité, pour quelque cause que ce soit.
„ Veut S. M. qu'ils soient esdits cas poursuivis
„ comme meurtriers, &c. „

Ce réglement suppose des délits bien fréquents & bien horribles, & confirme tout ce qu'on rapporte de la cruauté dont les Negres étoient traités dans nos colonies. En effet, s'ils étoient soignés comme des hommes, pourquoi ne propageroient-ils pas sous un climat à-peu-près égal aux leurs? Pourquoi douze mille esclaves sont-ils annuellement nécessaires pour en réparer la perte?

4 Avril. M. l'abbé *de Clamarens* vient de mourir. Il étoit connu par un bulletin de nouvelles qu'il rédigeoit & envoyoit à ses amis. Sans avoir autant de vogue que celui de Mad. *Doublet,* ce bulletin étoit estimé pour sa véracité. Son auteur, homme de qualité très-répandu, étoit fort en état d'être instruit des événements, & se faisoit un plaisir de les rendre, toujours avec sagesse, quoiqu'avec une malignité qui donnoit quelquefois beaucoup de sel à ses récits.

5 Avril. Toute la magistrature a été si mécontente de la lettre de M. *Dupaty,* dont on a parlé précédemment, contre l'article II de la déclaration du vol domestique, qu'il est intervenu un arrêt du conseil du 2 mars, qui supprime cette lettre, & les paragraphes des différents journaux qui en ont parlé, tels que le *Journal Encyclopédique,* la *Gazette des Tribunaux,* le *Journal de Lorraine,* l'*Esprit des Journaux,* les *Affiches de Limoges,* &c. comme tendants à ébranler une loi sur laquelle repose la sûreté publique, par une citation déplacée de la lettre interprétative de cette déclaration du garde-des-sceaux d'Armenonville. Cet arrêt leur défend en outre, & à tous auteurs de feuilles publiques, de parler des matieres de législation ou de jurisprudence.

Cependant comme la *Gazette des Tribunaux* est protégée, son interdiction n'est que passagere, & elle a repris son cours.

5 *Avril*. En faisant la récapitulation des différents travaux de chaque spectacle, durant l'année dramatique, on trouve toujours que la comédie italienne l'emporte infiniment sur les deux autres. En voici l'énumération respective.

Au théâtre lyrique, quatre opéra nouveaux: *les Danaïdes*, *Diane & Endimion*, *Dardanus* & *Panurge*.

On a en outre continué ou repris la représentation de onze ouvrages, *Castor & Pollux*, *Armide*, *Iphigénie en Aulide*, *Iphigénie en Tauride*, *Atys*, *Renaud*, *Didon*, *Chimene*, *le Seigneur bienfaisant*, *le Carnaval* & l'*Acte de Tibulle*.

A la comédie françoise, une tragédie en cinq actes, la *Cléopâtre*; un drame tragique en quatre actes, *Abdir*; deux comédies en cinq actes, *le Mariage de Figaro*, l'*Avare cru bienfaisant*; deux comédies en trois actes, *le Bienfait anonyme*, joué une fois en 1783, mais refondu, & *la fausse Coquette*: enfin deux comédies en un acte, *Corneille aux Champs-Elysées* & *les Epreuves*. En tout huit nouveautés.

On a remis en outre à ce théâtre quatre tragédies: *les Druides*, *Oreste*, *Rome sauvée*, *Wenceslas*, & une comédie en cinq actes, la *Coquette corrigée*, de *la Noue*.

Quant à la comédie italienne, elle a donné vingt-trois nouveautés, dont la liste ne seroit à cinq ou six près restées au théâtre, qu'un catalogue de pieces mortes & enterrées.

On y a remis encore *Isabelle & Fernand*, le *Mort-marié* & *Florine*.

La comédie italienne enfin a représenté à la cour, le 19 octobre 1784, *le Barbier de Séville*, mis en musique par M. *Paësiello*, paroles arrangées par M. *Framery*, & le 4 mars 1785 *Théodore, ou le Bonheur inattendu*, comédie en trois actes & en prose, par M. *Marsollier des Vivetieres*, musique de M. *Davaux*.

5 *Avril*. Le colonel *Saint-Léger*, est un superbe homme, un anglois, que le prince de Galles honore de son amitié. On vend son portrait dans la maniere noire, en pendant de celui du prince. A Paris depuis quelque temps, il faisoit sa cour à Mlle. *Brodet*, Angloise, devant être fort riche, pensionnaire au couvent de Panthemont. Il étoit parvenu à la séduire, & l'avoit déterminée à se laisser enlever. Mais pour que cette évasion n'eût pas l'air d'un rapt, Mlle. *Brodet* devoit emmener avec elle une autre pensionnaire, son amie, qui en étoit aussi consentante. Celle-ci avoit une petite sœur, envers qui elle avoit eu la foiblesse de laisser transpirer une partie de son secret. La petite sœur, depuis ce moment, pleurant toujours, une religieuse s'en est apperçue & a voulu en savoir la raison. Etonnée de la séparation projetée, elle en a rendu compte à l'abbesse, qui est remontée adroitement à la source, & a intercepté des lettres à Mlle. *Brodet*, où le colonel parloit de mettre le feu au couvent, afin de favoriser son dessein: l'abbesse en a sur le champ instruit M. le lieutenant-général de police, qui a fait garder l'abbaye. Le ravisseur, s'appercevant

de cette précaution, s'est douté que la mine étoit éventée, & a pris la fuite.

Le pere du colonel, alarmé de ce départ précipité, & instruit par M. *le Noir* du motif, a prétendu que c'étoit une calomnie ; mais madame l'abbesse lui a montré les lettres, & fait connoître tous les détails du complot abominable de son fils ; il n'a pu ne pas en reconnoître l'écriture ni le défendre.

5 *Avril*. Relation de la séance publique de l'académie royale des inscriptions & belles-lettres, pour sa rentrée d'après pâques.

Les soins du secretaire de l'académie, monsieur *Dacier*, pour donner à ces assemblées plus de vogue & de lustre, continuent, & le succès y répond. La salle, sans être encore pleine, n'avoit point l'air d'un désert, comme autrefois.

Il a ouvert la séance & a dit: Le sujet du prix à décerner dans cette séance étoit de déterminer : *Quelle étoit l'étendue des domaines de la couronne lors de l'avénement de Hugues Capet au trône : Quelles possessions ce prince y ajouta ; comment & par quels moyens ces domaines s'accrurent jusqu'au regne de Philippe-Auguste exclusivement ?*

L'académie avoit déjà été obligée de le réserver en 1783, & elle avoit invité les auteurs, en leur proposant de nouveau ce sujet pour cette année, à se renfermer dans les bornes de la question, & à ne point la négliger pour se livrer à des discussions étrangeres ; mais ayant retrouvé dans les mémoires qui lui ont été adressés, une grande partie des défauts qu'elle avoit observés dans ceux du concours précédent, elle s'est vue avec peine forcée de réserver une seconde fois ce prix, & elle propose encore ce sujet pour pâques de l'année

1787, en observant qu'elle n'entend par domaines: 1°. Que les domaines proprement dits, ou possessions territoriales. 2°. Les droits féodaux utiles, représentant les domaines territoriaux. 3°. Les droits attachés à la souveraineté, tels que les droits de monnoies, de gîtes de rivieres de voïries, &c.

Il a déclaré ensuite que l'académie n'ayant pas distribué à la Saint-Martin 1784, le prix qui en faisoit l'objet, la compagnie proposoit le même sujet pour la Saint-Martin 1786; il s'agit d'examiner: *Quel fut l'état du commerce chez les Romains, depuis la premiere guerre punique, jusqu'à l'avénement de Constantin à l'Empire.*

De suite M. *Dacier* a procédé à la lecture de *l'Eloge de M. Bignon*, honoraire de l'académie, mort l'année derniere. Après avoir établi la filiation de cette famille comme naturalisée dans la compagnie, il en est venu à son héros qui, péri à la fleur de l'âge, & sujet médiocre par lui-même, étoit une matiere fort aride. Aussi l'a-t-il quitté bientôt pour parler de la bibliotheque du Roi, à laquelle présidoit M. *Bignon*, en vertu d'une autre sorte de droit héréditaire.

Cette bibliotheque a fourni à M. *Dacier* un épisode curieux & intéressant par les détails où il est entré, non-seulement sur les richesses littéraires qu'elle renferme, mais sur les travaux des savants qu'elle occupe. Il la regarde comme le plus beau monument, comme le plus riche trésor qui ait jamais existé en ce genre. Il la prefere à cette bibliotheque d'Alexandrie si vantée, si regrettée.

Il a fait un tableau vrai & touchant de la vie de la plupart des coopérateurs de cette bibliotheque, qui absolument concentrés dans son sein y confument leurs jours dans des recherches pénibles qui fervent à l'illuftration de tant d'autres, dont on jouit fans en connoître l'étendue & l'importance, fans leur en favoir le moindre gré, & qui meurent enfin obfcurément, fans qu'on fache, pour ainfi dire, s'ils ont exifté.

En général, cet éloge, d'une diction fimple & modefte, comme le fujet, a plu beaucoup à la fois aux érudits & aux gens de goût.

La lecture des mémoires a été partagée entre les nouveaux affociés dont on a annoncé l'intromiffion dans la compagnie, du choix du Roi.

M. *Houdard*, très-verfé dans les anciens monuments de notre hiftoire, qui même, dit-on, a été envoyé pour feuilleter dans les archives de la tour de Londres, a commencé par des *Recherches fur l'origine & les caracteres des loix de la principauté de Galles*. Elles ne font qu'une partie du grand mémoire que ce favant homme a réfervé pour les affemblées particulieres. En général, fon objet eft de prouver que ces loix, originaires des Gaulois, fe font confervées depuis ce temps fans que le mélange des Normands, des Danois & des Barbares qui ont fait des defcentes dans la Grande-Bretagne, les aient altérées. Elles font fimples, juftes, aufteres & douces comme les peuples dont elles émanent.

M. *Silveftre de Sacy*, confeiller à la cour des monnoies, le fecond en rang à faire fes preuves devant le public, & qui paffe pour un des hommes les plus érudits de nos jours dans les langues mères, l'hébreu, le fyriaque, le chaldéen, l'arabe, a donné un échantillon de fes connoiffances dans cette derniere par une digreffion fur quelques événements de *l'hiftoire des Arabes avant Mahomet*. Ce morceau, plus oratoire que discuté, s'est trouvé rempli de différents discours de princes de ces temps-là, où le génie de la langue dont ils sont traduits, a paru saisi parfaitement bien. L'auteur a conservé le style hardi & métaphorique, l'emphase quelquefois sublime, plus souvent gigantesque, enfin ce mélange de simplicité & d'enflure très-ordinaire dans les écrivains arabes.

Le mémoire le plus intéressant & qui, sans contredit, a fait le plus de plaisir au public, a été celui de dom *Poirier*. C'étoit la premiere fois qu'on voyoit siéger en ce lieu un bénédictin, quoique cette savante compagnie, remplie de sujets livrés spécialement au même genre d'étude que l'académie des belles-lettres, pût-à elle seule fournir peut être assez de membres érudits pour en composer une.

Le mémoire du nouvel associé rouloit sur le *récit des historiens anciens & modernes, au sujet de l'avénement de Hugues Capet au trône*. Son système est de prouver que ce prince, le chef de la troisieme race de nos rois, n'a point eu la couronne par usurpation, mais l'a tenue du consentement libre de la nation; ce qu'il ne semble pas avoir établi invinciblement. Il n'a point examiné d'abord, préalable nécessaire, si la nation s'étant départie de son droit en faveur de la race des Carlovingiens, avoit assez de griefs pour recouvrer ce droit avant l'extinction de la maison régnante. Ensuite les témoignages qu'il administre en faveur de son opinion, ne sont rien moins qu'irréfragables. Quoi qu'il en soit, ce morceau, qu'on sent parfaitement avoir été choisi par l'adulation, est spécieux & très-bien fait dans son genre. S'il n'est pas convaincant au fond, il est échafaudé d'une maniere adroite, & l'on est contraint d'avouer qu'au moins l'auteur est très-versé dans la connoissance des monuments de notre histoire; qu'il possede assez l'art d'en tirer parti pour soutenir également la these contraire, & sans doute avec plus d'avantage encore, parce qu'elle est la plus vraie.

L'abbé Mongès, chanoine régulier de la congrégation de Sainte-Génevieve, dont la robe a paru moins extraordinaire parmi les académiciens, puisqu'on voit depuis long-temps siéger le pere *Pingré* à l'académie des sciences, a lu le quatrieme mémoire, dans lequel il examine *l'origine & l'emploi des Médailles chez les Romains*. Il est de l'avis de tous les savants en ce genre, que les médailles servoient de monnoies. Il réfute l'opinion du pere *Hardouin* & d'un autre antiquaire, différente du général. Ainsi ce mémoire ne présente aucune découverte nouvelle au fond, mais il est curieux par une discussion, étendue sur la maniere dont ces médailles étoient fabriquées. L'auteur examine si elles étoient moulées ou frappées ; & il prouve que les anciens se servoient de l'une & l'autre méthode.

M. *de Rochefort* a lu pour le baron de *Sainte-Croix*, nouvel associé libre de l'académie, une *Dissertation sur l'état des étrangers domiciliés à Athenes*. Ils étoient proscrits de Sparte : mais quoique tolérés dans l'autre république, c'étoit d'une maniere si dure & si vexatoire, qu'elle équivaloit presque à une proscription. Tel est le but, à ce qu'il nous a paru, du travail de l'académicien.

Quoiqu'il ne fût pas cinq heures & demie, lorsque cette lecture a fini, les écoliers académiciens ont trouvé bon de gagner un quart-d'heure & se sont levés brusquement.

6 Avril. Mad. *de Sainte-Hélene* est une jeune femme créole (*Fontenelle* en son nom) très-bien née. Elle est pleine de charmes, de graces, d'art & d'esprit, vive & séduisante, très-instruite, d'ailleurs sachant plusieurs langues, faisant des vers, & n'ayant en apparence d'autre défaut dans la société, qu'un peu de causticité. Elle n'a que vingt-quatre ans. Son mari en a trente-six; il est très-laid; mais elle en sembloit si fort amoureuse, que non-seulement elle n'a jamais voulu faire lit à part, mais qu'elle le caressoit publiquement, au point de rendre jaloux les spectateurs qui avoient quelque prétention.

M. *de Sainte-Hélene* a un frere cadet, très-bel homme, au contraire. Il devoit se marier à une demoiselle *Margenci*, niece d'une Mad. *de la Rue*, femme du payeur des Rentes, avec qui Mad. *de Sainte-Helene* étoit très-liée. Celle-ci vient trouver son amie sur la premiere nouvelle de ce mariage, & lui fait un portrait affreux du futur. Mad. *de la Rue* lui rit au nez; lui répond qu'elle n'a point consenti au mariage de sa niece sans avoir fait des informations, & qu'il n'est rien du tout de ce qu'elle avance. Cette tournure n'ayant pas reussi, Mad. *de Sainte Hélene* soupire, & lui dit qu'elle va lui ouvrir son cœur, & lui confier un secret, à condition qu'elle lui donnera sa parole d'honneur de ne jamais le révéler. Elle lui déclare qu'elle est amoureuse folle de son beau-frere; qu'elle vit avec lui, & qu'elle en est grosse en ce moment; qu'elle ne le verroit pas tranquillement passer dans les bras d'une autre; qu'elle est capable de se porter à toutes les extrémités dans un accès de jalousie, & de se brûler elle-même la cervelle. Mad. *de la Rue*, en femme prudente, lui répond qu'un mariage auſſi avancé ne ſe rompt pas auſſi bruſquement ; qu'elle va le retarder ſous quelque prétexte juſqu'à ce qu'elle puiſſe faire mieux. En effet, ce mariage ſe recule juſqu'après les couches de Mad. *de Sainte-Hélene*, & enfin ſe termine. A peine eſt-il conclu, que le nouveau marié, pour éloigner ce ſpectacle des yeux de ſa belle-ſœur, part pour Bordeaux avec ſa femme. Il s'enſuit une rupture ouverte entre Mad. *de Sainte-Hélene* & madame *de la Rue*, ſans qu'on en ſache le vrai motif.

Le vendredi-ſaint madame *de Sainte-Hélene* va à confeſſe ; le lendemain elle va raconter ce fait chez pluſieurs femmes ; elle dit qu'après s'être réconciliée avec Dieu, elle veut ſe réconcilier avec ſes ennemis, & ſe rend chez madame *de la Rue*, qui avoit pris médecine. Malgré cet obſtacle, elle rompt toutes les barrieres & pénetre juſqu'au lit de ſa bonne amie ancienne ; elle ſe précipite ſur elle & lui fait toutes ſortes de careſſes : elle attribue ce retour à celui qu'elle a fait vers Dieu ; elle parle de ſes viſites du matin ; d'une Américaine qui l'avoit engagée à dîner pour le jour de Pâques, dîner qu'elle a refuſé, parce qu'elle ſe propoſe de faire ſes dévotions ce jour-là, & de paſſer toute la journée à l'égliſe. Enſuite elle quitte madame *de la Rue* ſous prétexte d'aller ſe chauffer, & vraiſemblablement jette du poiſon dans une caffetiere qui étoit au feu pour donner à boire à la malade : elle ſort enſuite.

Madame *de la Rue* ayant demandé de la boiſſon, ſe trouve bientôt dans un état affreux & convulſif. Elle ſoupçonne quelque choſe. On donne de cette boiſſon à un chien, qui en meurt. On envoie chercher des gens de l'art, qui décompoſent la liqueur & y trouvent du sublimé corrosif. Après avoir administré tous les secours nécessaires à madame *de la Rue*, son gendre se rend chez M. le lieutenant de police & lui raconte cette aventure. Le magistrat part sur le champ pour Versailles, & revient avec tous les pouvoirs nécessaires : le lendemain matin à six heures, un commissaire & un exempt se transportent chez madame *de Sainte-Hélene*, encore au lit à côté de son mari. On lui signifie l'ordre de se rendre chez M. *le Noir*. Elle s'habille & demande ses poches : l'exempt s'en étoit emparé, & lui répond qu'il ne peut les lui remettre que chez M. *le Noir*. Son mari veut l'accompagner & l'on y consent.

Tous deux rendus chez M. le lieutenant de police, il commence par visiter les poches & le porte-feuille.

Dans les premieres on trouve encore du poison, & dans le second, une lettre à milord *Digby*, anglois, auquel elle rendoit compte de son abominable action.

M. *le Noir* fait d'abord entrer le mari, lui demande s'il reconnoît l'écriture de sa femme, lui fait lire la lettre, & lui ajoute qu'après un pareil aveu, il croit que c'est lui rendre un service & à la société entiere, de les délivrer d'un pareil monstre ; qu'il peut se regarder comme veuf.

On croit que madame *de Sainte-Hélene* a été conduite dans une des maisons de force qui sont aux environs de Paris. Elle nourrissoit un petit garçon dont elle étoit accouchée : le sieur *Gardanne*, médecin de ces maisons, est venu le prendre & le lui a remis, à ce qu'on croit, pour en continuer la nourriture. Le mari, qui est capitaine d'infanterie, est parti pour son régiment.

Telle est l'étrange catastrophe qui est en ce moment la matiere de toutes les conversations de la capitale, très-propre à fournir le fond d'un roman aussi atroce que celui des *Liaisons dangereuses*, & qui pourroit lui servir de pendant.

Madame *de la Rue*, depuis ce temps est dans la désolation & a fait fermer sa porte.

6 *Avril*. On a appris depuis peu la mort du fameux comte *de Paradès*. On dit qu'elle est arrivée dans l'isle des Massacres, auprès de Saint-Domingue.

6 *Avril*. Mlle. *Lavau*, jeune actrice de la comédie françoise, s'habillant pour jouer la comédie chez madame *de Montesson*, le feu a pris à ses cotillons : le sieur *Fleuri*, autre comédien, qui étoit avec elle, a inutilement tenté de la secourir; elle n'avoit point de domestique autour d'elle : ils ont perdu la tête. Elle est dans un état déplorable, à faire craindre qu'elle ne puisse jamais reparoître en public.

Le sieur *Fleuri* a joué, le bras en écharpe, aujourd'hui dans *la Coquette corrigée*.

Mlle. *Lavau* n'étoit point jolie, & jouoit médiocrement bien; en sorte que ce n'est une perte, ni pour le théâtre, ni pour le monde galant.

6 *Avril*. Relation de la séance publique de l'académie royale des sciences, tenue aujourd'hui pour sa rentrée d'après Pâques.

Le prix sur la *théorie des assurances maritimes*, que cette compagnie devoit adjuger en 1783, & qu'elle avoit renvoyé à cette année, est encore remis à l'année 1787. Il sera triple, c'est-à-dire, de 6000 livres : la piece couronnée sera proclamée dans l'assemblée publique de Pâques.

Après cette annonce, M. le marquis *de Condorcet* a lu *l'Eloge de Margraff*, membre de l'académie royale des sciences de Berlin, & associé étranger de celle de Paris, depuis 1777.

Cet éloge d'un allemand & d'un savant, d'un chymiste uniquement occupé de son laboratoire, fournissoit peu de matiere aux digressions philosophiques de l'orateur. Aussi a-t-il paru plus sec que de coutume. Un seul endroit, très-singulier, a réveillé l'attention publique. C'est celle où parlant des qualités personnelles de son héros, le panégyriste n'a pu dissimuler qu'il étoit très-intempérant. Mais M. *de Condorcet* a prétendu qu'il falloit jeter un voile sur les défauts des grands hommes, & les respecter jusques dans leurs foiblesses.

Pendant que le secretaire se reposoit & reprenoit haleine, il a été communiqué à l'assemblée cinq mémoires.

L'un de M. *de Cassini, sur la température des caves de l'Observatoire*, qu'il a découvert avoir été mal jugée jusqu'à présent: avant on la trouvoit assez égale, &, suivant lui, elle est susceptible de beaucoup de variations.

L'autre, de M. Meunier. Celui-ci a lu la *suite des expériences entreprises par l'académie sur les machines aérostatiques*. Les nouvelles roulent encore sur le ballon dont il avoit été question, dans la séance de la Saint-Martin, & qui toujours suspendu à la voûte de la salle, n'a, depuis ce temps, presque rien perdu de son gaz, en sorte qu'il en a conclu de plus en plus l'imperméabilité de son enveloppe. Mais cet apôtre zélé de l'art de naviguer dans les airs, en est resté là, & n'a pas fait un pas de plus.

Le troisieme, de M. l'abbé Teſſier, *ſur les cyprès chauves*. Il ne nous a rien appris, ou du moins l'ennui pendant que l'académicien liſoit, a été ſi fort qu'il a dégénéré en un murmure qui empêchoit de l'entendre.

On en peut dire autant du quatrieme mémoire de M. Bartholet, *ſur l'acide minéral déphlogiſtiqué*.

L'attention s'eſt réveillée à l'égard du cinquieme, de M. Quatremere d'Iſjonval, *ſur les bêtes à laine*, d'une utilité trop reconnue pour ne pas intéreſſer toute l'aſſemblée. Il mérite un extrait détaillé.

En Eſpagne & en Angleterre les bêtes à laine n'ont d'abri que le ciel. M. Daubenton a imaginé que ce moyen devoit réuſſir à plus forte raiſon en France, dont le climat eſt tempéré. Il a conſacré dix-huit ans à cette expérience, couronnée par un ſuccès conſtant. Il en réſulte que *les troupeaux expoſés à l'air, ſont ſujets à peu de maladies & jamais aux mortalités; que leurs laines égalent les laines ſuperfines d'Eſpagne; qu'enfin le régime des troupeaux en France contrarie la nature & l'inſtinct de ces animaux*.

M. Quatremere d'Iſjonval, digne éleve de ſon maître en ce genre, a cherché à groſſir la liſte des faits que le premier avoit juſqu'à préſent recueilli ſeul. A l'appui de l'affirmative des deux queſtions formant le problême à réſoudre : La température de la France permet-elle de tenir les troupeaux à l'air pendant toute l'année ? Ce régime augmente-t-il leur ſanté, leur force, leur multiplication, mais ſur-tout la quantité & la qualité de leur lainage ? Les faits du diſciple prouvent

vent encore plus que M. Daubenton n'avoit cru devoir annoncer.

Les expériences de celui-ci avoient été faites à Montbard. La plupart des bêtes à laine réunies dans ses bergeries étoient de belles & bonnes races, toutes de diverses provinces de la France & des royaumes où ces animaux sont vigoureux & de haute taille; on prétendoit n'en pouvoir rien conclure pour les bêtes à laine de petite taille. C'est cette objection que le savant naturaliste a voulu détruire.

M. d'Isjonval a choisi le Berry, comme la province où est l'espece la plus chétive sous tous les rapports.

Le 1 décembre 1782, il a fait sortir de cette province 102 bêtes à laine. Ce troupeau a été établi dans un clos que M. d'Isjonval possede près Paris, c'est-à-dire, 74 lieues plus nord que son pays natal, & au 1 avril un seul mouton étoit mort. Ce troupeau qui, pendant tout l'hiver, excitoit la pitié du voisinage, en fit l'admiration l'automne suivant.

L'année suivante M. d'Isjonval choisit l'espece de moutons la plus délicate & la plus chétive du Berry. Il en fit venir un troupeau de 170 bêtes. Elles se trouverent comme ensevelies durant les neiges de ce long & rigoureux hiver, & ne s'en porterent que mieux.

Enfin la troisieme expérience de l'hiver dernier est encore plus démonstrative. Il s'agissoit de 165 bêtes, toutes atteintes de la gale la plus opiniâtre, & elles sont au moment actuel saines & vigoureuses. Le savant propriétaire les conserve pour les faire voir aux Parisiens & les faire revenir de leurs préjugés. Il espere bien que dans cent ans il n'existera pas une seule bergerie en France; mais il voudroit accélérer cet heureux moment.

Le marquis de Condorcet qui avoit réservé, pour clore la séance, l'*Eloge d'Euler*, a repris la parole en cet instant, & nous a peint ce savant dans le plus grand détail. Il n'est personne qui ne sache que c'étoit un des plus célebres géometres du siecle. Il a fait 800 mémoires sur la géométrie pure ou appliquée aux autres sciences, & il en est 300 d'imprimés, formant presque tous des ouvrages & des traités complets. Il étoit si pénétré de cette science, qu'il la voyoit par-tout. Il disoit que tel vers de Virgile qu'il possédoit par cœur, l'avoit conduit à quelque découverte géométrique. Ayant presque perdu la vue sur la fin de ses jours, il s'en consoloit, parce que ses yeux pouvoient voir encore des calculs algébriques ou des figures géométriques tracés à grands traits.

M. Euler étoit de l'académie de Pétersbourg, où il avoit été appellé anciennement. Passé à Berlin où il alloit se fixer, la Reine-mere se faisoit un plaisir de l'entretenir & de l'admettre dans son intimité: mais, malgré cette confiance, Euler ne répondoit que par monosyllabes. S. M. lui en témoigna sa surprise: *Madame*, s'écriat-il, *c'est que je viens d'un pays où, quand on parle, on est pendu.*

M. Euler étoit bon croyant & pratiquoit ses exercices de religion.

Cet éloge, quoique très-étendu, fournit peu de citations, parce qu'il consistoit principalement à rendre compte des travaux d'un savant aussi laborieux, & mort dans un âge avancé. Du reste, toujours des morceaux précieux & qui jettent beaucoup d'intérêt dans la narration du marquis de Condorcet ; mais aussi un retour trop fréquent d'idées & d'expressions dénigrantes, indiquant un écrivain, souvent triste, ulcéré, imprégné de fiel.

M. Fougeroux de Bondaroy devoit lire un mémoire utile sur les étuves propres à la conservation des grains, & en particulier du froment ; sujet déjà esquissé par M. Duhamel, son oncle, mais le temps ne le lui a pas permis.

7 *Avril*. Puisque le public ne se rassasie point des balourdises & des platitudes de *Panurge*, il faut bien se déterminer à en rendre compte, ne fût-ce que pour marquer à quel excès de dépravation le goût est parvenu au théâtre lyrique, ainsi que sur les autres.

Dans son avertissement, l'auteur se targue de n'avoir pris dans *Rabelais* que le nom du personnage, son arrivée dans l'isle des Lanternes & l'idée du bal. On va voir quels efforts de génie il a faits pour son compte.

Au premier acte le théâtre représente une place publique. On voit dans le fond un port de mer, & sur un des côtés le portique d'un temple. Tout est préparé pour la fête de *Lignobie*, déesse des Lanternois.

Il est question du mariage de deux chefs de l'isle, qui doit se faire avec deux jeunes personnes, leurs concitoyennes. On invoque la déesse pour qu'elle leur soit favorable ; on lui fait des présents, on couronne sa statue de fleurs Un Talapoin, prêtre de la divinité bizarre, déclare que les amants ne peuvent être heureux & époux, que lorsqu'un étranger, jeté sur ce rivage, sera devenu également épris des charmes des deux beautés. Cette nouvelle les afflige. Il leur ajoute que la déesse exige qu'ils ne cessent de rire & de chanter. Le divertissement continue. Il survient un orage qui redouble la joie, dans l'espoir que l'oracle va s'accomplir. En effet un naufragé arrive : c'est *Panurge*. Les deux belles sont les plus empressées à le secourir & à lui témoigner leur joie. Il est enchanté d'un tel accueil & commence à se prendre d'amour pour elles. Il est question d'un bal auquel elles l'invitent.

La décoration change au second acte. C'est l'intérieur d'une salle asiatique. Il s'ouvre par un monologue de *Climene*, femme de *Panurge*. Abandonnée par son époux au bout de deux ans de mariage, elle couroit après lui, lorsqu'elle a été prise par un corsaire & amenée en ces lieux où elle est esclave. Elle reconnoît *Panurge* & se propose de se déguiser pour le berner. Cependant les deux belles s'efforcent d'opérer l'accomplissement de l'oracle. Elles l'agacent à qui mieux mieux. L'une est douce & l'autre vive & piquante. La premiere le séduit, la seconde l'enchante : elles le pressent de se déclarer. Elles le quittent sous prétexte de se préparer pour le bal. Survient une femme déguisée en maître des cérémonies de l'isle. Elle vient lui donner des secours, & par occasion le plaisante sur sa double passion.

Le théâtre change & représente ici une salle de bal magnifiquement ornée ; ce qui donne lieu à des danses, pendant lesquelles les deux femmes excitent de plus en plus *Panurge*, dont l'incertitude ne fait qu'augmenter en même temps. Pour l'en tirer, *Climene*, toujours sous le même déguisement, lui propose de consulter une savante sybille qui n'est pas loin. Il y consent.

Le troisieme acte s'ouvre par la décoration d'un bois épais. On voit sur l'un des côtés une espece de rocher formant l'antre de la sybille, & dans le fond le frontispice du temple de *Lignobie*. On conçoit que c'est *Climene* qui doit faire le rôle de la vieille sorciere. Elle en instruit les quatre amants, apprenant avec surprise qu'elle est la femme de *Panurge*. Elle commence par le bien faire tourmenter d'une troupe de lutins qui s'opposent à son passage, quoiqu'il ait attaché le rameau d'or à la porte de l'antre. Enfin la pythonisse paroît & raconte à *Panurge* toute son histoire; elle lui fait des reproches sur son abandon: il s'attendrit; elle file peu-à-peu une reconnoissance, & bien sûre du repentir de son époux elle se découvre. Alors survient le grand-prêtre; les quatre amants & le peuple le suivent. Le premier déclare que l'oracle est assez accompli, & que la déesse est disposée à couronner les feux des amants.

Ici, changement de décoration encore. On voit au fond la déesse des Lanternois dans une très-grande lanterne, & les côtés sont éclairés par des lanternes. L'auteur annonce qu'il a voulu dans ce divertissement donner une idée de la fête des lanternes, chez les Chinois, telle que le pere *du Halde*, historien de ce peuple, la lui a fournie. Ce qui termine l'opéra.

C'est sur ce fond singulier que M. *Gretry* a composé sa musique. Il s'est efforcé de la rendre aussi bizarre & a parfaitement réussi. C'étoit la seule façon de lui donner du caractere.

7 Avril. La riviere du Massacre sépare la partie françoise de Saint-Domingue de la partie espagnole. Au milieu est une isle qui porte le même nom ; objet de contestation entre les deux peuples, & enfin que, par arrangement, sa majesté Catholique donna au duc *de Noailles*. Celui-ci l'avoit abandonnée à son fils le marquis *de Noailles*, alors ambassadeur en Angleterre. A son retour, n'étant pas comme nos seigneurs à la mode, voulant payer ses dettes, il prit le parti de vendre cette concession ; ce qu'il fit, moyennant 300,000 l. à un prête-nom du comte *de Paradès*, alors occupé à Versailles de la politique qui a pensé lui devenir si funeste. Depuis sa sortie il avoit vendu déjà dans cette isle pour 1,500,000 livres de terrain ; & sans doute il étoit occupé à s'y former une habitation, lorsqu'il y est mort. Telle est la fin de cet aventurier, dont on a beaucoup parlé un instant, qui depuis étoit absolument tombé dans l'oubli, & qui n'a réveillé le public sur son compte qu'en ce moment.

On dit que tout son bien va passer à une sœur fort jolie, mariée à un officier suisse.

7 *Avril*. L'ordonnance concernant les procureurs & économes gérants aux isles du Vent, déplaît beaucoup aux Américains. Ils disent qu'elle ne peut pas subsister ; qu'ils ne seroient plus maîtres chez eux ; que leurs esclaves vont s'en prévaloir & devenir indociles. Les gens impartiaux, au contraire, y développent des vues très-sages, sans parler de ceux qui percent plus loin, & prétendent y trouver le germe de l'abolition future de la servitude même de ces climats ; on y reconnoît le projet plus immédiat du gouvernement, au moyen de dépositions aux greffes, d'états & connoissances réguliers de tous les envois des productions des isles faits en Europe, de connoître positivement leur rapport jusqu'à

une barrique de sucre, & de pouvoir, quand on voudra, asseoir des impôts certains: ensuite le dessein de détruire insensiblement le privilege accordé aux premiers colons, de n'être point assujetti aux saisies réelles, & de pouvoir trop facilement se soustraire à leurs créanciers.

Une seule chose console les Américains, c'est qu'ils se flattent que l'ordonnance restera, comme tant d'autres, sans exécution, les chefs & les magistrats étant eux-mêmes colons, & ayant le même intérêt par conséquent de la faire tomber en désuétude.

7 *Avril*. La demoiselle de *Vienne*, actrice très-jolie, venant de Bruxelles, a débuté aujourd'hui aux François dans les rôles de soubrette avec tant de succès, qu'on croit qu'elle va être reçue d'emblée. C'est un événement remarquable à ce théâtre.

7 *Avril*. La comédie du *Mariage de Figaro* paroît enfin imprimée avec la préface, revêtue de toutes les formalités & dans toute son insolence. On dit que c'est un petit dédommagement qu'on a voulu accorder à l'auteur, de la correction qu'on lui a infligée.

8 *Avril*. *Les trois Puissances, ou Correspondance entre le Temps, la Politique & l'Équité, sur les affaires actuelles*. Tel est le titre d'une brochure nouvelle que, pour comble de bizarrerie, on met sur le compte d'une dame hollandoise. C'est un bavardage vague, sans faits & sans anecdotes, qui ne mérite pas qu'on en donne aucune analyse. On conçoit combien une correspondance entre trois êtres moraux de cette espece, doit être froide. Le résultat de tout cela est de conclure que l'Empereur étant le plus fort, a rai

son de demander la liberté de l'Escaut; que la République doit savoir gré de sa modération à ce prince, qui succédant aux droits de ses ancêtres, & n'ayant pas ratifié le traité de Munster en 1648, est toujours censé souverain légitime des Provinces unies.

8 *Avril.* Les planteurs françois de nos colonies rassemblés dans leur club, ont senti la nécessité de répondre aux différents mémoires du commerce du 30 août; mais il y a malheureusement scission parmi eux. Cependant le grand nombre étant pour le maintien de cet arrêt, il a fallu minuter une justification. Le galimatias de M. *Dubucq*, dans son *pour & contre*, a dégoûté de cet écrivain: Un sieur *le Noir de Rouvré*, frère d'un notaire, grand bavard & ayant l'oreille de M. *de Castries*, avoit entrepris de plaider la cause des Américains; mais sa diffusion, son défaut de méthode, son entortillage, son manque de style, ont déterminé de choisir un homme de lettres pour rédiger les matériaux qu'on lui fourniroit. M. *Hilliard d'Auberteuil*, qui a déjà des notions sur cet objet, relativement à l'histoire de la guerre d'Amérique dont il s'est occupé, a été choisi par les planteurs, & son ouvrage paroît imprimé sous le titre du *Commerce des Colonies, ses principes & ses loix. La paix est le temps de régler & d'agrandir le commerce.*

9 *Avril.* Le sieur *Audinot*, depuis sa dépossession n'est pas resté dans l'inaction. Il annonce son projet de revenir contre l'injustice dont il se prétend la victime, dans un mémoire qu'il répand depuis quelque temps & qu'on dit très-bien fait.

9 *Avril.* L'auteur *des trois Puissances*, &c

brochure dont on a parlé ci-dessus, annonce un projet vraisemblablement de sa façon, & ce projet se trouve dans une autre brochure, absolument dans les mêmes principes & à-peu-près du même style. C'est *le partage des Pays-Bas, ou moyens de pacification*, par M. de V***. Ce pamphlet est plus historique. Son objet est d'empêcher les deux grandes puissances que doit craindre l'Empereur de se mêler de sa querelle avec les Hollandois, &, suivant lui, le meilleur moyen c'est de partager avec elles le gâteau, de diminuer ainsi excessivement les états de la république, de n'en plus laisser qu'un noyau qu'on donneroit en souveraineté à la maison d'Orange. Il est horrible sans doute de voir ainsi des écrivains mercenaires, soi-disant philosophes, enseigner sans détour aux souverains des leçons publiques de brigandage, que la politique de leurs ministres pervers n'est souvent que trop disposée à suivre.

9 *Avril*. Le mémoire des Américains, rédigé par M. *Hilliard d'Auberteuil*, est très-bien fait & très-spécieux. Quoiqu'il ne soit pas sans réplique, notre office de rapporteur impartial veut que nous le mettions dans tout son jour.

Suivant cet écrivain, l'événement mémorable qui a rendu l'Amérique septentrionale à elle-même, exige de nouvelles combinaisons politiques. Des peuples nouveaux, sobres & navigateurs, qui ne sont riches qu'en denrées d'utilité première, se trouvant placés entre la France & les colonies de l'Amérique, ne tarderoient pas à rompre les barrieres qu'on voudroit leur opposer. Il vaut mieux accorder aux besoins respectifs de nos colons & des Américains du nord, tout ce qu'on peut céder sans blesser les intérêts de la nation, que de causer par des prohibitions mal entendues, une contrebande si générale, qu'elle seroit séditieuse.

En assurant à la métropole tous les produits des colonies, soit qu'elle puisse ou ne puisse pas subvenir à leurs besoins, ce seroit occasionner aux colons des pertes qui ne tarderoient pas à se faire ressentir dans toute la nation.

Tel a été l'esprit de l'arrêt du conseil du 30 août, contre lequel les négociants réclament si fortement.

M. *d'Auberteuil* entreprend de prouver que, loin d'avoir à redouter de semblables inconvénients d'une tolérance devenue nécessaire & dictée par l'expérience, la politique & l'humanité, il en résultera les plus grands avantages pour toute la nation, & qu'on accéléreroit le moment de jouir de ces avantages, en ajoutant aux importations déjà permises aux étrangers, celles des negres de Guinée.

Tel est le plan du défenseur des Américains.

10 *Avril*. Les comédiens françois annoncent pour premiere nouveauté, *les deux Freres*, comédie en cinq actes & en vers, de M. *de Rochefort*, dont ils avoient si mauvaise opinion, qu'ils éludent de la jouer depuis un an.

10 *Avril*. M. *Hilliard d'Auberteuil* commence son ouvrage par une courte introduction sur le régime qui s'est établi aux colonies, tour-à-tour favorisant le commerce prohibitif & le commerce libre, jusqu'aux lettres-patentes de 1727, défendant absolument le commerce étranger; lettres-patentes dont l'effet, en procurant des fortunes immenses aux négociants, a été de tenir les colonies dans l'enfance, & de les mettre souvent

dans la détresse, peut-être eût été de les détruire radicalement sans une contrebande salutaire, nécessitée & tolérée par une sage administration. C'est dans cet état des choses que le gouvernement mieux éclairé, a rendu enfin l'arrêt du 30 août dernier, dont il s'agit de faire l'apologie.

L'ouvrage est divisé en deux parties, & chaque partie en deux chapitres.

Le premier de la premiere partie est dirigé contre les loix prohibitives appliquées aux colonies françoises de l'Amérique. On les a fondées sur le principe avoué des deux partis, que les colonies ne doivent exister que pour l'utilité générale de la nation. Mais l'auteur prétend que cette utilité n'est point la conséquence des loix prohibitives, qui ruinent à la fois les manufactures, le commerce, la marine, les colonies, pour enrichir quelques particuliers, au préjudice du commerce que ceux-ci s'empressent de quitter.

Le second chapitre traite du commerce, de la navigation & des matelots, des négociants & des fabriques. Il n'est qu'une extension, un développement de la derniere proposition.

Dans la seconde partie M. d'*Auberteuil* parle d'abord du commerce par les étrangers dans les isles françoises de l'Amérique. Il établit les motifs de l'arrêt du conseil du 30 août 1784, qui accorde dans ces colonies plusieurs entrepôts aux navires étrangers. Il y voit une source d'opulence, & pour les colonies & même pour la mere patrie. Il voudroit seulement qu'on permît aux étrangers une derniere espece de commerce indispensable : c'est la traite des noirs.

L'auteur finit par examiner ce point ; selon lui,

L 6

il n'est nullement avantageux au commerce de la métropole de vendre les negres aux colons à des prix exorbitants. Il ne l'est point à la nation que les negres soient importés à Saint Domingue par des François. Bien plus, la traite des negres est onéreuse à la France; elle y emploie des marchandises de prix, & qui ne sont pas de notre crû, tandis que nos rivaux dans ce négoce le font avec des choses de peu de valeur: elle fait sortir ainsi beaucoup d'argent du royaume & entraîne surtout la perte de beaucoup de matelots. Enfin c'est un commerce effrayant pour les mœurs, & par cela seul l'auteur désireroit qu'on laissât aux étrangers, à nos ennemis politiques, ce que ce commerce peut avoir de lucratif, afin qu'ils se chargent aussi de ce qu'il a de détestable & de vil.

Ce dernier chapitre, très susceptible de *pathos*, sans être fort de raisonnement, est rempli d'éloquence & de sensibilité.

10 *Avril*. Mlle. *Levasseur*, dite *Rosalie*, dont on avoit prématuré la retraite de l'opéra en 1784, vient enfin de quitter le théâtre, & sans doute elle eût mieux fait de l'effectuer alors; elle eût emporté toute sa gloire & toute sa réputation, au lieu que le peu de fois qu'elle a paru durant le cours de cette année dramatique, par une comparaison humiliante il s'est trouvé que Mlle. *Sainte-Huberti* l'a généralement éclipsée.

Mlle. *Duplant* s'est retirée aussi & fait un vuide plus marqué, quoique ses rôles ne soient pas si difficiles. Mais ils exigent en quelque sorte une ampleur, un volume, qu'il n'est pas donné d'avoir aux meilleures actrices.

11 *Avril*. Il vient de mourir un M. *Rondet* qui, peu connu, est qualifié dans son billet d'en-

terrement du titre faftueux d'*interpretes des langues sacrées*. Du refte, il étoit auteur & éditeur de plufieurs livres liturgiques & de plufieurs commentaires fur l'écriture fainte, qui le rendoient redoutable aux rabbins, & lui feront tenir un rang parmi les favants de cette efpece.

11 *Avril*. Depuis la grande queftion élevée au fujet de la liberté de l'Efcaut, la foule des écrivains s'eft tournée du côté de la politique, à commencer par M. Linguet, par le comte *de Mirabeau* qui lui a répondu. Il paroît aujourd'hui : *Expofé fuccinct des droits imprefcriptibles & des prétentions légitimes de S. M. l'Empereur, fur plufieurs places hollandoifes, notamment fur la ville de Maftricht, le comté de Vroenhoven, le pays d'outre-Meufe, les villages de Rédemption, &c. Auffi fur plufieurs territoires, plages & péages de l'état de Liege, appartenants légitimement & imprefcriptiblement à l'augufte Maifon d'Autriche*. Tel eft le titre faftueux du mémoire *in-4°*. déjà ancien, puifqu'il eft timbré de 1784. On y trouve un morceau préliminaire hiftorique très-bien fait, quant à la forme, mais du refte fans doute ajufté aux circonftances. On voit par cet ouvrage, & dès le titre même, que l'Empereur a de vaftes prétentions, non-feulement contre la Hollande, mais encore contre l'état de Liege.

L'objet de l'écrivain paroît auffi être en partie de réfuter une petite brochure, intitulée : *Obfervations fur l'article IX des demandes & répétitions de S. M. Impériale à leurs Hautes Puiffances concernant la ville de Maftricht, &c.* & d'appuyer l'auteur d'une autre qui contient des *Réflexions en faveur de l'Empereur contre ce même ouvrage*, & de faire caufe commune enfin avec le rédacteur des *Mémoires historiques & politiques des Pays-Bas Autrichiens.*

Ce mémoire, quoique sentant l'étranger en quelques endroits, est assez bien écrit du reste & se lit avec plaisir dans les morceaux qui ne sont pas de discussion.

12 Avril. On a négligé de parler dans le temps de l'enrégistrement fait le 24 janvier par la chambre des comptes, les semestres assemblés, de l'édit d'emprunt de 125 millions. Il est remarquable par une vigueur peu ordinaire à cette cour, faisant cette fois la leçon au parlement. Il porte : « A la
» charge par le garde du trésor & le trésorier-
» général de la caisse des amortissements, dé-
» nommés audit édit, de compter, chacun en
» droit soi, des recettes & dépenses dudit em-
» prunt dans le temps de l'ordonnance, & sera
» le Roi très-humblement supplié de considérer
» que des emprunts aussi multipliés tendent à
» énerver le crédit de l'état, ou nécessiteront par
» la suite, pour maintenir la fidélité des enga-
» gements, à recourir à des ressources qui affli-
» geroient le cœur dudit seigneur Roi, & que
» les efforts des peuples sont épuisés ; enfin qu'on
» ne peut obtenir un meilleur ordre dans les
» finances, que par l'économie la plus sévère &
» la plus suivie, la sage fixation dans les dé-
» penses des départements, l'accélération de leur
» comptabilité. »

12 Avril. L'affaire de M. l'abbé *Soulavie* prend une tournure fâcheuse, en ce que l'intrigue & le fanatisme semblent avoir prévalu. D'une part on a si bien fait qu'on a déterminé l'archevêque à revendiquer l'affaire à son officialité. De l'autre, on a tellement circonvenu le lieutenant-criminel, qu'on l'a engagé à acquiescer, sans restriction, à la prétention du prélat, quoique des magistrats ses confreres lui eussent fait sentir que pour soutenir les droits de sa jurisdiction, il devroit au moins retenir l'affaire sur certains chefs : le tribunal est fort mécontent de cette foiblesse de M. *Bachois*.

13 *Avril*. La préface de la *folle Journée* ou du *Mariage de Figaro*, n'est pas aussi longue qu'on l'avoit annoncée ; elle n'a que 50 pages ; ce qui est une bagatelle pour M. *de Beaumarchais*. Son objet est en effet de défendre sa comédie sur tous les chefs, & sur-tout de repousser le reproche d'immoralité, de prouver que c'est, au contraire, une excellente école des mœurs. On sent bien que sa logique à cet égard n'est pas extrêmement concluante ; mais graces aux nouveaux principes qu'il pose, à la poétique qu'il imagine, à l'esprit qu'il répand avec profusion, aux petits contes qu'il amene à propos, à l'entortillage de ses idées, à l'obscurité de son style, à son persifflage continu sous l'apparence de gaieté, il embrouille tellement la matiere que le lecteur ne sait trop où il en est, quand il a fini cette espece de mémoire amphigourique, & en sort tellement fatigué, ennuyé, excédé, qu'il aime mieux l'en croire, que de recommencer & de discuter ce verbeux amas de sophismes, de paradoxes & d'assertions impudentes. Tout ce qu'on y voit de plus clair, c'est qu'il a sur son chantier un autre ouvrage dramatique intitulé : *La Mere coupable*, & dans lequel il se propose de *tonner fortement sur les vices qu'il a trop ménagés* ; ce sont ses expressions.

Quant aux sarcasmes violents qu'on s'attendoit à trouver dans cette préface contre l'abbé

Aubert, contre le marquis de *Montesquiou*, contre M. *Suard*, en un mot contre tous les critiques qui se sont avisés de mal parler de sa piece, en vers ou en prose; on voit bien qu'il n'a pas envie de leur faire grace; mais la même obscurité dérobe au lecteur les anecdotes qu'il avoit promises à cet égard, & l'on ne sort pas plus instruit là-dessus que sur tout le reste.

13 *Avril*. Après la grande question de la liberté de l'Escaut, sur laquelle s'exercent tous les politiques des différentes nations, il en est une autre qui occupe nos écrivains économiques & leurs adversaires : c'est la liberté du commerce, relativement aux colonies des Antilles. Un nouveau champion pour les négociants se met sur les rangs. Il entreprend de réfuter M. *Dubucq* par une réponse à la brochure intitulé : *le Pour & le Contre*. Cet ouvrage est divisé en deux lettres.

Dans la premiere le défenseur de la prohibition se range du côté de l'auteur d'un *Précis sur l'admission des étrangers dans les colonies*, qui a donné lieu à celui du *Pour & Contre* de prendre son essor & d'en essayer une réfutation.

Dans la seconde le même écrivain discute les vérités élémentaires posées pour base dans le *Pour & Contre*. Il fait voir à M. *Dubucq* que loin d'en devoir tirer les conséquences qu'il en tire, on en pourroit déduire avec plus de justesse des conséquences favorables au système combattu. Il seroit fastidieux d'entrer dans une discussion plus longue de ces lettres, où la matiere, plus approfondie que dans les autres ouvrages du même genre, n'en est pas moins trop seche & trop rebattue pour en occuper long-temps ceux qu'elle n'intéresse pas essentiellement.

Cet ouvrage est attribué à M. *la Meste*, négociant de Bordeaux.

13 Avril. La comédie *des deux Freres*, jouée hier, n'a eu aucun succès, & même pendant les deux derniers actes, les murmures & les huées ont été tellement multipliés qu'on n'entendoit plus les acteurs. On seroit fort embarrassé de dire quel a été le but de l'auteur; quelle moralité il a envisagée en composant son drame. En général, on voit une opposition entre la vie de la cour & celle de la campagne; mais les incidents qui naissent dans le cours de l'intrigue ne marquent point assez la dépravation de l'une & le bonheur de l'autre, pour en tirer quelque conséquence. Il est étonnant que M. *de Rochefort* nourri de bons modeles, & ayant toujours travaillé sur l'antique, ait fait un ouvrage aussi manqué. Il ne mérite pas qu'on entre dans plus de détails.

Pour justifier un peu la bizarrerie du plan & de l'idée de l'auteur, on dit que cette comédie est tirée d'une anecdote du *Spectateur Anglois*.

14 Avril. M. le comte *de Mirabeau* est de retour de Londres. Il est dans cette capitale, mais n'a pu obtenir la liberté de faire entrer son ouvrage en réponse aux mémoires de Me. *Linguet*. Il est bien étonnant que les journaux de celui-ci, toujours sur la même matiére, toujours injurieux aux Hollandois & quelquefois à la France, suspendus pendant long-temps pour cette raison, se tolerent enfin, tandis que l'on empêche de pénétrer le mémoire de M. *de Mirabeau*, destiné à venger l'honneur de la Hollande & de la France.

On dit que M. le duc *de Chaulnes* a cependant eu le secret de faire passer en contrebande quinze exemplaires de l'ouvrage du comte *de Mirabeau*.

14 *Avril*. Le *Courier de l'Europe*, qu'on pourroit appeller plutôt le *Courier de M. de Beaumarchais*, après avoir gardé le plus profond silence sur sa retraite à Saint-Lazare, en sort aujourd'hui pour vanter ses bonnes œuvres. Dans sa fameuse lettre du 7 mars, M. *de Beaumarchais* se plaignoit que les journaux se tussent sur le noble enthousiasme, avec lequel la ville de Lyon vient d'adopter son plan de charité pour les pauvres meres qui nourrissent. Les journaux ayant continué à se taire, il a été obligé de faire parler le sien. On voit dans le n. 27, du 5 avril, & la lettre de cet apôtre de la bienfaisance, en date du 17 janvier, à messieurs les administrateurs de l'institut de bienfaisance à Lyon, par laquelle il demande à être leur agrégé, & offre en conséquence mille écus, & la réponse datée de Lyon le 25 janvier, où ces messieurs l'exaltant avec l'adulation la plus outrée, le comparent à *Rousseau*, à *Voltaire*, & encore ils n'en disent point davantage, pour ménager sa modestie & sa délicatesse.

On voit que l'objet de cette insertion est d'effacer peu-à-peu l'impression faite sur le public par le bruit de la correction de Saint-Lazare, qui a pénétré jusques dans les villages. On trouve cependant mal-adroit au sieur *de Beaumarchais* d'avoir affecté de parler dans sa lettre de Saint Vincent de Paul, fondateur des Lazaristes.

14 *Avril*. Depuis le poëme du *Lutrin de Boileau*, le chapitre de la Sainte-Chapelle & ses

dignitaires sont fameux, sur-tout le *trésorier*, qui est le premier. Il prétend avoir le droit d'user de la mitre, de l'anneau & autres ornements des évêques, excepté la crosse; en un mot, d'officier pontificalement aux grandes fêtes de l'année. Mais il étend plus loin ses prétentions; il a aussi sa jurisdiction contentieuse; il rend des mandements, & tranche du petit prélat.

Le trésorier d'aujourd'hui est un M. *de Moy*, homme de bonne condition, ci-devant curé de Saint-Laurent. Il paroît qu'il a voulu faire valoir ses droits, & qu'on parlât de lui à l'occasion de la naissance du duc *de Normandie*.

Dès la seconde fête de pâques 29 mars, il a devancé l'archevêque, & sans aucune lettre en autorisation du souverain, a donné & fait afficher dans son enceinte un mandement, qui ordonne deux *Te Deum*, pour célébrer cet événement heureux: l'un le mercredi 30 mars, dans la chapelle haute, & l'autre le lundi 4 avril dans la chapelle basse.

Le mercredi 13., il a été rendu compte du fait dans le premier conseil de l'archevêque tenu depuis, & cet attentat à sa jurisdiction, à sa suprématie du moins, y a fait grande sensation. On ne dit point cependant qu'il ait été pris aucun parti à cet égard.

15 *Avril.* Il est très-vrai que le sieur *de Beaumarchais* a dressé un mémoire pour être mis sous les yeux du Roi. Il y prétend prouver qu'on a surpris la religion de S. M. qu'il ne méritoit nullement la correction qu'elle lui a fait infliger, & il attend de sa justice qu'elle voudra bien reconnoître son innocence. Il suggere au monarque un moyen de le faire à la face de tout

l'univers, sans compromettre la dignité du trône; c'est de vouloir bien accepter la dédicace de *la Mere coupable*, piece de grande maniere, & au devant de laquelle le nom d'un souverain peut très-bien figurer.

On n'a point encore osé présenter ce mémoire au Roi, qu'on sait être trop prévenu contre le sieur *de Beaumarchais*. Ses partisans assurent que le comte *de Vaudreuil*, qui s'intéresse à lui, attend le moment favorable pour faire valoir cette justification. Ils esperent qu'on pourra déterminer la Reine à s'y intéresser, & ils ne doutent pas que la requête du suppliant ne soit exaucée, présentée au Roi par cette main auguste.

16 Avril. L'abbé *Farjonnel*, conseiller de grand'chambre, vient de mourir. Il laisse une place de clerc vacante, à laquelle monte par ancienneté M. l'abbé *le Coigneux de Bélabre*, qui n'est reçu au parlement que de 1777, & n'a guere plus de trente ans. On dit que depuis un siecle, il n'y avoit point d'exemple d'un conseiller-clerc de grand'chambre aussi jeune.

Du reste, cet abbé *le Coigneux* est peu aimé de ses confreres & de la compagnie en général. Il y passe pour l'espion de M. le garde-des-sceaux; il est toujours chez ce chef suprême de la justice. Afin que cette intimité soit moins suspecte, quoique l'abbé *le Coigneux* ne soit pas le membre du parlement le plus érudit, le plus laborieux, le plus judicieux, M. *de Miromesnil* l'a préféré pour entrer dans le comité qui s'assemble chez lui, sous prétexte de travailler à la rédaction de toutes les ordonnances de nos rois, depuis l'origine de la monarchie, dont on a déjà parlé.

16 Avril. Quoique le sieur *de Beaumarchais*

fût arrêté, on avoit d'abord continué de mettre sur l'affiche de la comédie françoise : *en attendant le soixante & quatorzieme représentation de la Folle Journée, suspendue par l'indisposition d'un acteur.* Au bout de deux ou trois jours, cette annonce disparut absolument ; & à la rentrée, il n'en étoit plus question. Enfin il y a quelques jours que les affiches en font mention de nouveau. Les amis de l'auteur disent que c'est déjà une seconde petite satisfaction que le gouvernement veut lui donner en attendant une plus grande.

Son édition de *Voltaire*, va son train aussi, malgré le mandement de M. l'archevêque. Seulement il est défendu à tous les ouvrages périodiques d'en parler, de l'annoncer même. Le sieur *de Beaumarchais*, ne peut inviter les souscripteurs de venir prendre leurs exemplaires ; il faut que ceux-ci devinent, ou soient instruits par d'autres. Cette inconséquence est si extraordinaire qu'on ne la croiroit pas, si l'on ne l'apprenoit dans les bureaux même du sieur *de Beaumarchais*.

16 *Avril*. On dit à l'archevêché que ce n'est point sans une mûre délibération que M. l'archevêque s'est déterminé à revendiquer le procès de l'abbé *de Soulavie*, contre l'abbé *Barruel*. Le prélat voit cette affaire avec beaucoup de peine. Il a consulté son conseil, & l'on a jugé cette tournure la meilleure pour empêcher qu'elle ne fît éclat, & peut-être qu'elle ne finît. Tel est du moins le projet qu'on présume, puisqu'on ne fait point signifier cette revendication à l'abbé *Soulavie*.

17 *Avril*. Le Palais-Royal devenu le centre de tous les marchands à la mode, de toutes les curiosités, des petits spectacles, en un mot, des

divers objets qui attiroient aux foires; le wauxhall de la foire Saint-Germain ne pouvant s'établir dans celui-même, s'en rapproche le plus qu'il peut, en se faisant construire une salle, rue Saint-Thomas-du-Louvre, près la place. La redoute Chinoise, qui craint aussi de devenir déserte durant la foire Saint-Laurent, a choisi un emplacement sur le boulevard, non loin de l'opéra. On y travaille à force.

18 *Avril.* A l'occasion de la qualification de duc *de Normandie*, donnée par le Roi au fils de France nouveau-né, on a recherché les époques où ce titre a été porté par ses pareils, & l'on trouve que le second fils de *Charles VII*, depuis duc de Guienne, mort en 1472, est le dernier qui en ait été revêtu.

18 *Avril.* Le magnétisme animal qu'on croyoit proscrit, anéanti par le ridicule, devient plus à la mode que jamais: ses merveilles s'accroissent & se multiplient. Le docteur *Mesmer* se repose, dit on, sur ses lauriers, & jouit de l'argent immense qu'il a ramassé; il ne fait plus que présider. On parle d'un marquis *de Puységur*, qu'il convient être plus habile que lui. Celui-ci endort les malades; il les jette dans un somnambulisme parfait, les fait obéir à la baguette & à ses gesticulations. En sorte que leurs volontés correspondent absolument aux siennes. Il y a plus: cette situation est souvent telle, que les somnambules acquierent un sentiment de prescience, ont des révélations de l'avenir & prophétisent.

Cette famille de *Puységur* a une vocation pour cet apostolat. On a déjà dit qu'un de ses freres, nommé *Chastenoy*, qui est dans la marine, a été le premier à dérober le secret du docteur. Il l'exerce dans les ports, & sur les vaisseaux avec tant de succès, qu'on l'y regarde comme un dieu, & qu'on se met à genoux devant lui.

Depuis les convulsions, on n'avoit point vu d'extravagance pareille. C'est le même délire, & un plus grand, puisqu'au moins les convulsionnaires attribuoient leurs prétendus prodiges à une force surnaturelle, & que les Mesméristes d'aujourd'hui se vantent de tout tirer de la nature.

19 *Avril*. Depuis la retraite de Mlle. *Duplan*, Mad. *Sainte-Huberti* s'est avisée de vouloir prendre ses rôles. Elle a commencé par *Iphigénie en Aulide*, où elle fait celui de *Clitemnestre*. Elle y a paru pour la troisieme fois aujourd'hui, & non-seulement sans succès, mais avec une défaveur marquée. Elle le dénature absolument, la foiblesse de son organe ne lui permettant pas de s'élever aux tours forts & véhéments qu'il exige, l'orchestre est obligé de se proportionner à son articulation molle & rallentie; encore la couvre-t-il le plus souvent. Ce rôle perd dans sa bouche la plus grande partie de son énergie, & *Gluck* n'est plus reconnoissable.

Il n'en est pas de même de la nouvelle actrice, Mlle. *Dozon*, qui, peu au fait du personnage d'*Iphigénie* la premiere fois, se l'est rendu propre dans les représentations suivantes. Sa jeunesse & la fraîcheur de sa voix s'accordent à merveille avec les graces qu'il exige, ses gestes sont simples & nobles, & malgré la difficulté d'unir au chant une prononciation bien nette, on ne perd pas un mot de son rôle.

19 *Avril*. Le secours annuel, destiné par le feu

comte *de Valbelle*, à l'homme de lettres qui sera le plus dans le cas de l'obtenir au jugement de l'académie françoise, a été accordé cette année à M. *de Murville*, qui regardé comme fort à l'aise jusqu'à présent, depuis son mariage se trouve dans la détresse. Il avoit pour concurrent un M. *Chabri*, auteur peu connu, mais dans une telle pénurie que, dénué de ressources, il a pris le parti de quitter la vie & de se tuer. M. le duc *de Nivernois*, qui l'avoit proposé à l'académie, avoit prévu ce désespoir & en est très-affligé.

10 *Avril*. Entre les divers concurrents qui font les visites, & se mettent sur les rangs pour obtenir la place vacante à l'académie françoise, deux nouveaux ont singuliérement étonné.

L'un est M. *Gin*, d'abord avocat, puis conseiller du parlement *Maupeou*, & repoussé aujourd'hui au grand-conseil. C'est un traducteur infatigable d'Homere. Il est allé avec ses œuvres qu'il a présentées à chaque électeur, se doutant bien qu'il ne les connoîtroit pas. Il paroît qu'on lui a ri au nez.

Le second est le président *Roland*, qui n'étant ni grand seigneur, ni homme de lettres, mais fort enflé de son mérite magistral, a tâté quelques-uns des chefs, tels que M. le duc *de Nivernois*. Ce postulant n'avoit à offrir que des comptes rendus. Ils n'ont pas semblé un titre suffisant à l'aimable seigneur, qui l'a persifflé de façon à lui ôter l'envie de se présenter chez les autres.

20 *Avril*. Le sieur *de Beaumarchais* continue à rester en retraite chez lui, & bien des gens commencent à croire que, malgré ce qu'il a écrit

au

au marquis *de Ximenès*, elle n'eſt rien moins que volontaire. Pluſieurs de ſes partiſans, ſans avouer qu'ils le tiennent de lui, l'inſinue & le diſent publiquement. Ils veulent même qu'avant la fin de l'année il ſoit forcé de ſortir de Paris. Tout cela eſt ſingulier & s'éclaircira peut-être.

21 *Avril.* Les aſſemblées publiques de l'académie françoiſe devenant des jours de ſolemnité très-importants pour la compagnie, aux approches d'un nouveau jour de cette eſpece, elle s'eſt occupée de remédier à un abus trop favorable à l'amour-propre du ſecretaire, & trop contraire à celui de ſes confreres: c'eſt que, tandis que chaque membre n'avoit que huit billets à diſtribuer, le ſecretaire, poſſeſſeur du moule, pouvoit en fabriquer & diſtribuer tant qu'il vouloit à ſes créatures, conſéquemment s'emparer de la ſcene, & ſe faire applaudir comme & quand bon lui ſembloit, & *vice verſa*, s'il avoit eu cette méchanceté, faire huer & ſiffler tout autre lecteur.

D'après ces conſidérations l'académie a délibéré que, déſormais on fixeroit la quantité de billets à diſtribuer, & qu'elle ſeroit répartie également entre tous les membres.

21 *Avril.* On peut ſe rappeller une brochure intitulée: les *Joueurs*, qui parut en 1781. Elle fut ſuivie peu après d'une autre: *Tableau de Spa*, bien propre à lui ſervir de pendant. On la donna comme un manuel indiſpenſable à ceux qui fréquentent ce lieu funeſte, & à tout homme qui veut connoître les mœurs de ce ſiecle. Ces ſortes de pamphlets ſont enlevés rapidement, & l'on n'a pas manqué d'en faire une autre édition, tellement augmentée & corrigée, qu'on l'a appellée *Nouveau Tableau de Spa*. Elle n'a paru que

deux ans après, & quoique datée de 1784, elle ne se répand que de cette année à Paris. Elle est encore très-rare. Si elle en vaut la peine, on en parlera plus au long.

22. *Avril.* On fait que le comte *d'Arcq*, tenu par le parlement à se retirer pardevant S. M. avoit été débouté de sa requête au conseil, demandant son renvoi en cette cour. On assure aujourd'hui qu'il a été jugé à fond, & a perdu absolument.

22 *Avril.* C'est le 12 mars que l'abbé *Motret*, en sa qualité de promoteur-général de l'officialité diocésaine de Paris, a remontré au lieutenant-criminel du Châtelet, avoir eu connoissance que les sieurs *Barruel* & *Giraud de Soulavie*, tous deux prêtres du diocese de Viviers, sont en instance pardevant lui, pour raison d'injures que le sieur *Soulavie* assure être contraires à sa foi, à son honneur, à sa réputation, & qu'il prétend avoir été consignées par le sieur *Barruel* dans un livre intitulé : *les Lettres Helviennes*, imprimé avec approbation & privilege, dans lequel le sieur *Barruel* se propose entre autres choses de prouver qu'un autre livre aussi imprimé avec approbation & privilege, & composé par ledit sieur *Giraud de Soulavie*, contient des propositions dangereuses, & un systême de prétendus faits aussi contraires à la narration de Moyse & à l'enseignement public, qu'à la saine physique & à la vérité, & attendu que ladite contestation ne présente qu'une action purement personnelle entre deux ecclésiastiques, & que d'ailleurs le jugement de la cause dépend en grande partie de l'examen d'un point de doctrine qui intéresse essentiellement la révélation, il a requis, que conformément aux

loix canoniques obſervées dans le royaume & aux ordonnances de nos Rois, il lui plût renvoyer la cauſe & les parties à l'officialité, &c.

Sur un *ſoit montré* du lieutenant-criminel, du 13 mars, au procureur du roi, celui-ci a déclaré qu'il n'empêchoit pour le Roi la cauſe & les parties d'être renvoyées, &c. à la charge néanmoins du délit privilégié, comme auſſi à la charge par leſdites parties, dans le cas où il auroit lieu à des dommages & intérêts, à ſe pourvoir pardevant le juge laïque : & ledit jour 13 mars, M. BACHOIS a mis un *ſoit fait ainſi qu'il eſt requis*.

23 *Avril*. Une brochure intitulée : *Le bon Homme Anglois*, quoique timbrée de 1783, & deſtinée à la circulation, ne nous tombe que depuis peu ſous la main. Il paroît qu'en effet l'auteur, tel qu'il ſoit, ne l'a point compoſée *proprio motu*, & y a été excité par quelque autorité puiſſante. D'abord ce n'eſt ni un *Anglois*, ni un *bon homme* ; c'eſt un François très-méchant qui attaque, il eſt vrai, un autre méchant homme, Me. *Linguet*. Il le connoît très-bien, quoiqu'il diſe ne l'avoir jamais vu, & le peint à merveille. Il eſt ſur-tout queſtion dans ce pamphlet de ſon *Hiſtoire de la Baſtille*, & de ſa détention dans cette priſon. Le défenſeur du miniſtere de France ſe décele ſans doute, non-ſeulement pour n'être pas Anglois, mais même pour ne pas ſentir la dignité de ſon être, en approuvant une captivité qui, fût-elle motivée ſur des délits avérés, devient injuſte, dès qu'elle eſt illégale. Au principe près, il dit des choſes aſſez judicieuſes. On y en rencontre qui ne peuvent guere lui avoir été ſuggérées que par le miniſtere.

Une anecdote que l'écrivain saisit avec complaisance, qu'on avoit regardée comme une fable, acquiert plus de vraisemblance depuis que Me. *Linguet* s'est déclaré ouvertement & à toute outrance l'apologiste de l'Empereur dans l'affaire de l'Escaut. Cette anecdote consiste dans l'envoi fait par le journaliste à ce souverain de mémoires politiques, qui pourroient bien contenir le germe des réclamations que nous avons vu éclore depuis.

L'obstination de l'auteur du pamphlet à vouloir attribuer à cette cause la punition de Me. *Linguet*, prouve de plus en plus qu'il étoit soufflé par l'autorité, qui étoit bien aise de se disculper d'une détention qu'on avoit regardée généralement comme accordée à la vengeance du maréchal duc *de Duras*.

La violence de la brochure fait soupçonner que le sieur *Morande* en pourroit être l'auteur. On y verroit alors tout naturellement le germe de la querelle entre ces deux journalistes, & l'opinion qu'on y annonce de la poltronnerie de Me. *Linguet*, expliqueroit l'audace de son ennemi à l'outrager aussi fortement qu'il l'a fait.

De quelque part qu'il vienne, ce pamphlet est curieux & se fait lire avec avidité.

23 *Avril*. Extrait d'une lettre de Boulogne, du 19 avril.... M. *Pilâtre de Rozier*, qui reste constamment ici pour saisir le premier moment favorable de passer en Angleterre dans son aérostat, hier 18 comptoit enfin appareiller. Tout étoit prêt. Déjà deux coups de canon du départ s'étoient fait entendre ; presque toutes les cordes étoient coupées, & la machine ne tenoit plus qu'à un léger cordon, lorsque le maire de la ville,

accompagné des officiers de port, vinrent annoncer le changement de vent en mer, l'approche d'un orage violent, & la témérité de partir en ce moment. En conséquence, l'aérostat fut reconduit tristement sur le chantier, où il est enchaîné depuis quatre mois.

14 *Avril.* L'accident malheureux arrivé le 3 de ce mois à Mlle. *Lavau*, pensionnaire de la comédie françoise, ayant des suites fâcheuses & la tenant dans un état de souffrance considérable, ses camarades ont arrêté de donner mardi 26 avril, une représentation à son profit; ils invitent le public à seconder leur zele bienfaisant, par une lettre du sieur *Vanhove*, secretaire du comité, adressée au *Journal de Paris*.

14 *Avril.* Il y a peut-être vingt-cinq ans au plus que des Anglois donnerent à Spa la célébrité dont il jouit, & qu'il ne mérite guere. Sa situation n'a rien d'attrayant. C'est un trou entouré de montagnes incultes qui bornent la vue de toutes parts & n'offrent aucun aspect pittoresque. Le climat n'en est pas plus sain que celui des autres eaux. Au contraire, les chaleurs de la canicule y sont insupportables; aucun fleuve, aucun lac n'y offre la douceur du bain. A la moindre goutte de pluie le froid succede promptement; les maisons, décorées à l'extérieur, n'ont ni commodité, ni agrément dans leur distribution. On y vole, pille, écorche sans pitié l'étranger. Cependant c'est-là que se rendent les personnages les plus augustes, les gens de distinction, les gens opulents de différentes nations; mais sur deux ou trois mille étrangers qui s'y rencontrent chaque année on n'en compte pas 200 qui fassent usage des eaux; tout le reste sont des joueurs,

des crocs, des libertins, des filles. En un mot, si c'est au physique le cloaque de la corruption, c'est au moral le réceptacle de tous les vices.

Spa est dans les états de l'évêque prince de Liege, qui ferme les yeux sur les désordres qui s'y commettent, sans doute à raison des revenus que lui procure ce lieu par sa vogue & par son affluence. Nulle justice, nulle police; c'est un brigandage général. Tel est le *nouveau tableau de Spa*, qui contient d'ailleurs peu d'anecdotes, peu de choses intéressantes.

25 *Avril*. Depuis qu'on rit aux dépens des moines, on croiroit que toutes les manieres sont épuisées; cependant un plaisant en a trouvé encore une nouvelle. C'est l'auteur de *l'Essai sur l'histoire naturelle de quelques moines*. Le germe en est sans doute dans *Rabelais*: il en convient; mais il l'a développé avec une grande fécondité. Il les décrit à la maniere de *Linné*; il donne son ouvrage comme traduit du latin, & l'a orné de figures. Elles consistent en trois planches. La premiere sur les divers capuchons; la seconde, sur les différentes souquenilles, & la troisieme, sur toutes les especes de chaussures. Il faut avouer que si cette idée paroît heureuse d'abord, elle est dans l'exécution si monotone qu'elle devient bientôt insipide.

L'auteur s'appelle *Jean d'Antimoine*, & se qualifie de *Naturaliste du grand Lama*.

26 *Avril*. C'est en effet M. le marquis *de Puységur*, qui prétend avoir rencontré par hasard dans certains procédés de l'administration du magnétisme animal, les effets merveilleux qu'il obtient aujourd'hui. Il appelle cela *mettre en rapport*. Il commence par faire entrer en crise une fille, qui

tombe enfuite en léthargie & devient fomnambule. Il magnétife alors celui qui veut être *en rapport* avec la fomnambule : elle ne peut plus le quitter; elle exécute toutes fes volontés & les devine fans qu'il parle. On affure cependant que fi elles étoient malhonnêtes, elle ne les exécuteroit pas. Cette affection, cette fervitude & cette efpece d'identification ne dure, au furplus, qu'autant que la léthargie. Quand la fomnambule fe réveille, elle n'eft pas plus habile qu'auparavant & recommence à méconnoître celui qu'on avoit mis *en rapport* avec elle, autant que fi elle ne l'avoit jamais vu.

La moindre chofe auffi, le moindre attouchement, le plus léger corps intermédiaire dérange & rompt cette intimité.

Quoique le marquis *de Puyfégur*, d'ailleurs homme froid, grave, fenfé, rempli de connoiffances phyfiques & chymiques, convienne ne pouvoir rendre raifon lui-même de ce qu'il fait exécuter, il a compofé & fait imprimer un petit ouvrage fur fa prétendue découverte, mais il ne le donne à perfonne, & ne le laiffe lire qu'à fes parents ou amis très-intimes.

Plufieurs miniftres, tels que MM. les maréchaux *de Caftries* & *de Segur*, plufieurs prélats, beaucoup de femmes de qualité, ont voulu être témoins de ces prodiges ; mais le concours devenant trop immenfe, il a pris le parti de faire ceffer ce fpectacle & d'aller à fa terre.

Au refte, ce n'eft pas dans fon hôtel feul que M. le marquis *de Puifégur* opere. Il a donné une repréfentation chez Mad. la marquife *de Saint-Jal*, fa grand-mere, & rien n'a manqué. Un incrédule même, un nommé *Gondran*, charlatan qui fe vante d'avoir un fpécifique particulier contre la goutte, a été *mis en rapport*, & n'a pu se souftraire à la divination & aux tendresses de la somnambule. Il se donne au diable pour y comprendre quelque chose.

26 *Avril.* Le capitaine *Paul Jones*, qui s'est si fort distingué dans la guerre des Américains, durant sa croisiere sur les terres d'Angleterre en 1779, avoit eu l'occasion de faire une descente en Ecosse. Son objet étoit de s'emparer de quelques seigneurs Anglois pour servir d'otages au congrès, & faire craindre les représailles au cas qu'on en usât mal avec les prisonniers ses compatriotes. En fouillant les châteaux de plusieurs, il ne trouva point les maîtres, mais dans un, une caisse d'argenterie précieuse, dont il se saisit.

A la paix, cet officier, devenu seul propriétaire de la caisse par le remboursement fait aux gens de l'équipage de ce qui leur revenoit, a écrit à madame la *comtesse de Selkirck*, à qui appartenoit l'argenterie, qu'il étoit bien fâché qu'elle en eût été privée durant la guerre ; qu'il la prioit de lui indiquer une personne à laquelle il pût l'adresser, & de la recevoir sans aucune condition. Elle vient d'être renvoyée à Londres pour être remise à cette dame, sans aucun frais.

27 *Avril.* Entre la foule des brochures qui paroissent pour & contre *le Mesmérisme*, nous choisissons seulement pour en parler celles qui ont un caractere particulier, & sur-tout une clandestinité les rendant d'ordinaire plus dignes d'être connues. De ce petit nombre est une qui, composée au commencement de l'année, ne commence à percer que depuis peu. Le titre en est très-baroque & très-long. *Les vieilles Lanternes, conte nouveau, ou Allégorie faite pour ramener les uns & consoler les*

autres: *Etrennes pour rire & des Notes pour pleurer.* C'est un historique assez piquant de tout ce qui s'est passé depuis l'arrivée du docteur *Mesmer* en France, mais absolument en sa faveur, & surtout en faveur du docteur *Delon*. L'auteur nous apprend que c'est sous les auspices du comte *de Vergennes* que s'est propagée la nouvelle doctrine; que ce ministre la soutient de tout son crédit. Il désigne dans le parti adverse trois grands seigneurs comme les ennemis déclarés du magnétisme : le premier fort puissant par ses services & ceux de ses ancêtres; le second très-important par ses proches, ses amis, ses liaisons, ce qu'on appelle parti & coteries; le troisieme, redoutable par ses bons mots. L'un est tranchant, l'autre intrigant & le dernier transcendant. C'est une énigme qu'il propose aux faiseurs de clefs.

Cette allégorie est infiniment plus agréable, plus variée, plus remplie de sel que celle contre les moines.

28 *Avril.* M. *de Gaule*, ingénieur de la marine, correspondant de l'académie des sciences, l'a prié d'accepter une médaille de 240 livres pour un prix sur cette question : *N'y auroit-il pas des moyens pour placer, en mer, le long des côtes de France, dans les parties qui en sont susceptibles, des esplanades ou digues artificielles qui, dans les gros temps, puissent servir à rompre l'impétuosité de la mer, & sous le vent desquelles un navire de Roi, du commerce, & toutes autres embarquations qui n'ont d'autre ressource contre la côte, puissent, en y mouillant, trouver un asyle où ils n'aient d'autres efforts à vaincre que celui du vent, dont la résistance peut être diminuée par les manœuvres usitées en pareille circonstance ?*

Cette compagnie a consenti à se charger du jugement du prix proposé, & la piece couronnée sera proclamée à l'assemblée publique de pâques 1786.

28 *Avril*. Le chevalier *de Cubieres* est un poëte aimable, qu'on peut regarder comme le successeur de *Dorat* dans le genre des pieces fugitives ; ce n'est donc que par plaisanterie qu'a été composée la charade suivante, peut-être faite même en sa présence, & dans une sorte de défi poétique, à la justesse près du sujet, mal trouvé. Elle est originale & piquante ; c'est un distique :

Tes vers à ton premier serviront de mouchoir,
Jusqu'à ce qu'au dernier le tout s'en vienne choir.

28 *Avril* M. l'abbé *Mably*, (Bonnot en son nom) vient de mourir : il avoit le titre singulier de *chanoine infirmier de l'église abbatiale de l'Isle-Barbe*. C'étoit un écrivain moraliste & politique distingué, qui a fait bruit plus d'une fois & tout récemment encore, ainsi qu'on peut s'en souvenir. Il avoit fait des observations si judicieuses sur le nouveau gouvernement des Anglo-Américains, qu'ils l'avoient choisi pour leur législateur, ou du moins qu'ils avoient désiré d'avoir de plus amples éclaircissements de sa part. Il n'a pu remplir cette tâche glorieuse.

29 *Avril*. M. l'abbé *Morellet* a été élu hier membre de l'académie françoise. Son grand titre est d'être oncle de madame Marmontel. Tous les gens de lettres sont indignés de ce choix, qui prouve de plus en plus que le mérite entre pour peu de considération dans le choix des sujets.

29 *Avril*. Les comédiens italiens n'ont pas été

plus heureux que les François dans l'ouverture de leur année dramatique en nouveautés. *Théodore*, jouée hier chez eux sous le titre de comédie en trois actes, mêlée d'ariettes, quoique souvent applaudie, à raison de la musique, ne peut cependant se regarder comme ayant eu du succès.

La piece qui est un drame plutôt qu'une comédie, n'a rien de neuf au fond. Il s'agit d'une fille que son pere veut marier malgré elle, en sorte qu'elle prend le parti violent de se laisser enlever par celui qu'elle aime; la maniere dont un subalterne, amoureux de la soubrette, par jalousie révele le complot au pere qui, pour ramener sa fille, lui donne une somme considérable afin qu'elle ne soit pas du moins à la merci de son ravisseur; le dénouement, où le gendre adopté par le pere, voyant qu'il porte le trouble dans cette famille, le dégage de sa parole & intercede lui-même en faveur de l'amant favorisé, sont les trois moyens de la piece, & en constituent l'intrigue. Le premier est adroit; le second trop romanesque, si l'auteur n'eût mis la scene en Angleterre, théâtre plus vraisemblable de ces grands mouvements; le troisieme, déjà employé & malheureusement trop prévu. En outre, un major d'une franchise aimable, une suivante entreprenante, un jardinier naïf & original; tous ces ressorts qui sembleroient avoir dû soutenir la piece, n'ont pas empêché qu'elle n'ait paru longue & ennuyeuse; ce qu'on peut attribuer en grande partie à la foiblesse de l'action qui ne pouvoit comporter trois actes, & au caractere du pere, dont le choix n'est pas assez motivé, & qui, d'ailleurs, n'est pas soutenu. L'auteur est M. *Marsellier de Vivetieres*.

La musique de M. *Davaux* lui fait honneur,

Connu par de superbes symphonies, c'est un amateur qui ne consacre guere à cet art que les instants de son loisir. Il essaie pour la premiere fois ses talents au théâtre. Son ouverture a été très-applaudie : cependant elle n'est pas bien adaptée à la nature de l'ouvrage, & annonceroit plutôt une pastorale, qu'un drame à grands sentiments. Plusieurs autres morceaux plus caractéristiques ont été fort goûtés, entr'autres un air très-piquant, chanté par le sieur *Trial*, que le public a redemandé. En général, une trop grande abondance & des ariettes trop longues.

29 *Avril*. Extrait d'une lettre de Cherbourg, du 20 avril...... Les travaux de ce port vont admirablement bien. On travaille sans relâche à terre, & l'on a tout le bois nécessaire pour placer cette année plusieurs cônes. L'hiver, comme on s'y attendoit, a raffermi ceux déjà lancés. Les pierres commencent à être parfaitement liées & réunies par le sédiment, par les coquillages & les plantes marines. En sorte que bientôt ils ne formeront plus qu'un seul rocher inébranlable à toutes les secousses.

30 *Avril*. La représentation donnée mardi au profit de Mlle. *Lavau*, actrice à pension, a rendu plus de 10,200 livres.

Le Roi lui avoit précédemment envoyé 50 louis.

30 *Avril*. Extrait d'une lettre de Brest, du 15 août..... On s'occupe avec ardeur des expériences relatives à la perfection d'un instrument propre à déterminer le sillage des vaisseaux. MM. *de Suzannet* & vicomte *de Roquefeuil*, deux officiers de marine très-distingués dans leurs connoissances, doivent partir incessamment. Le premier, en qualité de commandant la gabarre *le Barbeau*,

& le second de *la Cérès*, pour examiner les propriétés de cet instrument.

30 *Avril*. M. BOTTINEAU, ancien employé de la compagnie des Indes aux Isles-de-France & de Bourbon, vient de faire imprimer un mémoire adressé au gouvernement, dans lequel il prétend avoir découvert un moyen physique de connoître l'arrivée des navires à la distance de deux cents cinquante lieues en mer.

Il s'apperçut, il y a environ vingt ans, que leur arrivée étoit précédée de *certains phénomenes* qu'il étudia avec soin, & après beaucoup d'erreurs, d'incertitudes, de tâtonnements, d'observations & de succès, il a perfectionné, dit-il, sa méthode, au point que, depuis plusieurs années, il annonçoit à l'Isle-de-France l'approche des vaisseaux, & même leur nombre & leur distance. Sur cent cinquante-cinq, il en est arrivé au moins la moitié au temps marqué, & quant aux autres, il a été éclairci qu'une partie d'entre eux étoit alors aux environs de l'isle, mais que leur destination, la guerre ou les vents, les avoient empêchés d'arriver.

Une des observations les plus importantes est celle par laquelle M. BOTTINEAU annonça de suite plusieurs vaisseaux qu'il assura devoir être une flotte angloise, dont il étoit absolument nécessaire, suivant lui, d'avertir M. *de la Motte-Piquet*. On équipa en conséquence une corvette & une frégate, & deux jours après on reconnut la flotte angloise.

Cette prescience, qui doit paroître moins ridicule dans ce moment, où tout est merveille, a cependant besoin d'être parfaitement constatée par des expériences bien répétées & bien authentiques pour mériter quelque créance.

Ce qui doit rendre encore le talent de M. Bottineau plus suspect, c'est que, suivant l'usage de tous les charlatans, il demande une récompense pour faire part de sa découverte, & la demande proportionnée à son utilité, c'est-à-dire, très-considérable.

30 *Avril*. On peut se rappeller un tour de force de M. le chevalier *de Boufflers*, qui parut en 1780. C'est la *Somme de saint-Thomas*, mise en monosyllabes par cet auteur aimable, adressée au duc *de Choiseul*, qui l'avoit défié de lui écrire une lettre toute entiere en monosyllabes. Cette plaisanterie d'une gaieté charmante, étoit une forte impiété.

Aujourd'hui c'est un conte, intitulé : *La Fille & le Cheval*. Le chevalier *de Boufflers* avoit fait six vers, sur les rimes de ce conte. On le défia d'en faire trente de la même maniere ; il l'acheva en quarante-six, & composa ce badinage piquant, où l'on ne sent ni la gêne ni la contrainte des bouts rimés. Le voici :

>Dans un sentier passe un cheval,
>Chargé d'un sac & d'une fille :
>J'observe en passant le cheval,
>Je jette un coup d'œil sur la fille.
>Voilà, dis-je, un fort beau cheval ;
>Qu'elle est bien faite cette fille !
>Mon geste fait peur au cheval,
>L'équilibre manque à la fille ;
>Le sac glisse à bas du cheval,
>Et sa chûte entraîne la fille.
>J'étois alors près du cheval.
>Le sac tombant avec la fille,
>Me renverse auprès du cheval,

Et fur moi fe trouve la fille.
Non affife, comme à cheval
Se tient d'ordinaire une fille,
Mais comme un garçon à cheval.
En me tremouffant fous la fille,
Je la jette fous le cheval,
La tête en bas, la pauvre fille !
Craignant coup de pied de cheval,
Bien moins pour moi que pour la fille,
Je faifis le mors du cheval,
Et foudain je tire la fille.....
D'entre les jambes du cheval,
Ce qui fit plaifir à la fille.
Il faudroit être un franc cheval,
Un ours, pour laiffer une fille
A la merci de fon cheval !
Je voulois remonter...... la fille ;
Mais preft ! Voilà que le cheval
S'enfuit & laiffe-là la fille.
Elle court après fon cheval.
Et moi je cours après la fille.
Il paroît que votre cheval
Eft bien fringant pour une fille !
Mais, lui dis-je, au lieu d'un cheval,
Ayez un âne, belle fille ;
Il vous convient mieux qu'un cheval,
C'eft la monture d'une fille.
Outre les dangers qu'à cheval,
On court en qualité de fille,
On rifque, en tombant de cheval,
De montrer par où l'on eft fille.

Fin du vingt - huitieme Volume.

www.ingramcontent.com/pod-product-compliance
Lightning Source LLC
Chambersburg PA
CBHW050656170426
43200CB00008B/1317